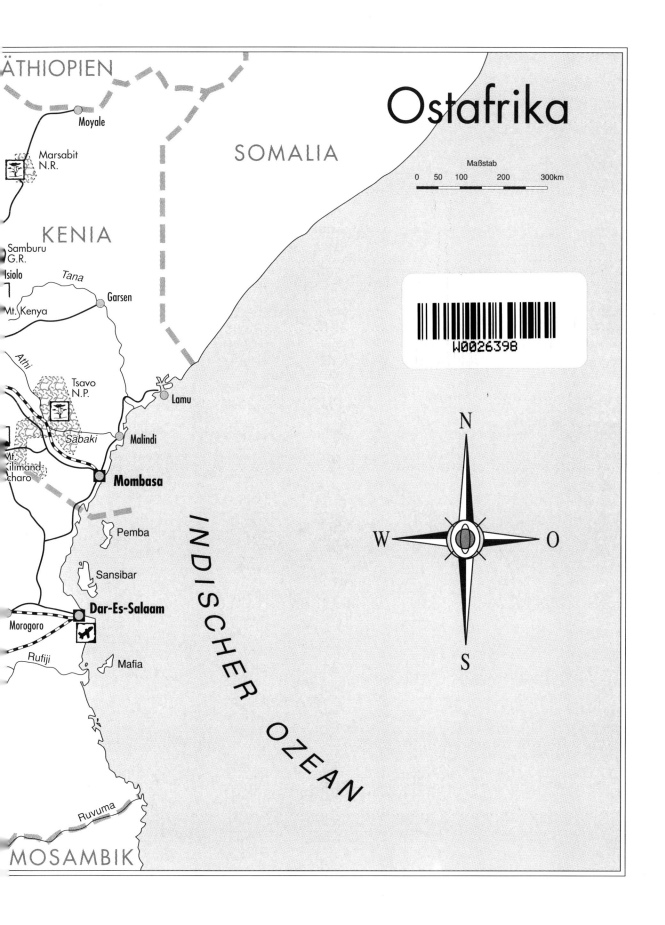

Ilija Trojanow und Christoph Speich/Text
Michael Martin/Fotos

Naturwunder Ostafrika

Ilija Trojanow / Text
in Zusammenarbeit mit Christoph Speich
Michael Martin / Fotos

Naturwunder Ostafrika

Durch Kenia, Tansania, Uganda und Ruanda.
Mit Auto, Bus, Bahn, Boot, Motorrad, Mountainbike,
Kamel und zu Fuß

Frederking & Thaler

Widmung:

Meinem Bruder Alex –
zur Erinnerung an die Kindheit in Kenya
Ilija Trojanow

Für Walter Heimbach
Michael Martin

Bildnachweis:

Walter Heimbach: S. 8, 80/81
Kay Maeritz: S. 68/69, 89, 132/133
Mark Savage: S. 64/65
Christoph Speich: S. 100, 110, 131
Ilija Trojanow: S. 26, 71
Alle übrigen Fotos: Michael Martin

Die Deutsche Bibliothek – CIP-Einheitsaufnahme
Naturwunder Ostafrika : durch Kenia, Tansania, Uganda und Ruanda ; mit Auto, Bus, Bahn, Boot, Motorrad, Mountainbike, Kamel und zu Fuss / Ilija Trojanow, Text, in Zusammenarbeit mit Christoph Speich. Michael Martin, Photos. (Kt.: Theiss Heidolph). - München - Frederking & Thaler, 1994
    (Strassen in die Einsamkeit)
    ISBN 3-89405-327-5
NE: Trojanow, Ilija; Martin, Michael

© 1994 Frederking & Thaler GmbH, München
Alle Rechte vorbehalten

Umschlagfotos: Michael Martin
Umschlaggestaltung: Christine Paxmann, München
Produktion: Tillmann Roeder, München
Reproduktion: ColorLine, Verona
Karten: Theiss Heidolph, Kottgeisering
Layout und Satz: Marino, München
Druck & Bindung: Mohndruck, Gütersloh
Papier: Das Papier wurde aus chlorfrei gebleichtem Zellstoff hergestellt und enthält keine optischen Aufheller

ISBN 3-89405-327-5

Printed in Germany

Inhaltsverzeichnis

Ein erster Blick von oben	**9**
Die Küste Kenias	**13**
Die Geschichte schreibt der Wind	18
Mombasa	19
Auf zwei Rädern von Malindi nach Gedi	21
Im Delta des großen Flusses	23
Ein Tag auf einer Dau	25
Lamu sehen und bleiben	28
Praktische Informationen	29
Sansibar	**33**
Praktische Informationen	35
Das Abenteuer Eisenbahn	**37**
Praktische Informationen	39
Die Metropole Nairobi	**41**
Spaziergang durch die City	47
Die Slums	51
Eines Nachts im Tal	53
Praktische Informationen	54
Ausflüge von Nairobi aus	**61**
Magadi-See	61
Ngong Hills, Naivasha-See	62
Longonot, Suswa	63
Riverrafting – Schlauchbootfahren	64
Weitere Unternehmungen der ungewöhnlichen Art	67
Auto- und Motorradfahren	**69**
Mit dem Motorrad unterwegs	71
Nordkenia	**73**
Ein Teppich von Flamingos	76
Große Hippos, kleine Inseln	78
Maralal	79
Mit Motorgleitschirm über das Samburu-Land	81

Am Lake Turkana	83
Am Krokodilfluß im Samburu-Tierreservat	85
Praktische Informationen	87

Bier — 93

Westkenia — 97

Doppelter Graben	100
Der letzte Urwald	102
Der schönste Ort Kenias	103
Die Inseln im Viktoria-See	105
Ein Morgen in der Massai Mara	106
Praktische Informationen	109
Forscher und Eroberer	115

Nordtansania — 117

Der Ngorongoro-Krater	122
Mit dem Motorrad zum Mount Lengai	123
Der Aufstieg	124
Die Serengeti lebt	126
Probleme des Naturschutzes in Ostafrika	128
Praktische Informationen	129

Uganda — 133

Das Grab der Kabaka	136
Der junge Nil	138
Die großen Kabalega-Fälle, Semliki Valley	140
Kapitän William und der friedliche Kanal	143
Praktische Informationen	146

Ruanda — 149

Die Gorillas	153
Praktische Informationen	154

Die Berge — 157

Aufstieg zum Point Lenana am Mount Kenya	159
Auf dem Kopf des Elephant	163
Ein Überblick über die Berge Ostafrikas	165

Chakula heißt Essen — 173

Anhang — 177

Ein erster Blick von oben

Kurz nach dem Start dreht sich das kleine Flugzeug zur Seite und nimmt Kurs nach Norden. Wilson Airport liegt unter uns, ein Flughafen für Privatflugzeuge an der Nahtstelle zwischen der Savanne und Nairobi, der kenianischen Hauptstadt und ostafrikanischen Metropole. Nur wenige Minuten später – wir fliegen so tief, daß wir die Häuser spielkartengroß erkennen können – werden die Ausläufer der Stadt von den Hügeln des Hochlandes verschluckt. Das Gelb der Steppe ist sattem Grün gewichen: Teeplantagen, kleine Felder, unzählige Gärten und Farmen – das fruchtbare Kikuyu-Land, Heimat des größten kenianischen Volkes. Hochland wie dieses prägt das topographische Gesicht Kenias. Auf einer Höhe zwischen 800 und 3000 Meter erstrecken sich weite Ebenen, meist vulkanischen Ursprungs. Denn das Erdinnere neigt in Ostafrika seit Urzeiten zum Aufruhr. Eine Vielzahl von Eruptionen und Verwerfungen waren die Folge. Plötzlich, ganz unvermittelt, erblicken wir das gewaltigste Resultat dieses bewegten Innenlebens: Das Hochland spaltet sich, der Erdboden fällt um mehrere hundert Meter ab. Wir überfliegen den Bruch des Rift Valley, des Großen Ostafrikanischen Grabens, der sich vom Jordan-Tal in Israel bis nach Mosambik zieht, siebentausend Kilometer lang – ein Sechstel des Erdumfangs –, und sogar vom Weltall aus mit bloßem Auge sichtbar ist. Selten breiter als fünfzig Kilometer und durchschnittlich einen halben Kilometer tief, zeugen seine Vulkane und Krater, das allgegenwärtige Lava-Gestein und die breiten Erdspalten von den gewaltigen geologischen Umwälzungen der Vergangenheit und warnen vor neuen Ausbrüchen. An dieser Stelle driften zwei geotektonische Platten auseinander, und irgendwann (zuerst müssen noch einige Millionen Jahre vergehen!) dürfte Ostafrika zu einer Insel im Indischen Ozean werden. Die Erde beherrscht zwar ihren Jähzorn oft über Jahrtausende hinweg und hält Hitze und inneren Druck unter Kontrolle. Doch ei-

Blick von oben auf einen Kamm im Samburu-Land

9

Eine Massai-Hütte im trockenen Rift Valley, dem Großen Ostafrikanischen Graben

nes Tages gibt sie nach und läßt den verborgenen Kräften freien Lauf.

Von oben wirkt das nicht so bedrohlich. Kenia erscheint überschaubar und begreifbar. Das Land reiht Verführung an Verführung, Sehenswürdigkeit an Sehenswürdigkeit. Unser Rundflug von Nairobi nach Norden in das Samburu-Reservat, dann nach Südwesten zum Massai-Mara-Nationalpark und wieder nach Nairobi zurück, ist eine bequeme und spektakuläre Art, das Land kennenzulernen… Rechter Hand ragt nun der Mount Kenya über die Wolkendecke, die dekorativen Gletscher und Schneetaschen unter den Zwillingsgipfeln Nelian und Batian vom Sonnenlicht umschmeichelt. Wenig später springen wir über einige Windlöcher und beginnen den Anflug auf eine Landebahn im Samburu-Reservat. Der hellbraune Teppich unter uns scheint den noch frisch im Gedächtnis haftenden Anblick des Mount Kenya zu verhöhnen. Wie können Eis und Schnee nur Flugminuten von solchen trockenen Gebieten entfernt, die weiter nördlich in Wüsten übergehen, existieren? Man versteht, daß die deutschen Missionare Rebmann und Krapf ausgelacht wurden, als sie in Europa von Ostafrikas schneebedeckten Bergen berichteten. Die landschaftlichen Unterschiede *sind* unglaublich, so als wollte die Schöpfung alle ihre Varianten auf einmal präsentieren.

Unser Flugzeug hüpft wie eine Antilope über die spärlich geräumte Piste. Schon beim Aussteigen spüren wir den Unterschied in der Luft: die Trägheit dieser stehengebliebenen Hitze gegenüber der Klarheit des Hochlandes. Die Erde ist spröde wie ausgetrocknete Lippen, eine karge Buschlandschaft mit Dornengestrüpp, einzelnen Akazien, Gräsern und Termitenhügeln erstreckt sich in alle Richtungen – die typische Steppe Ostafrikas, in der selten Regen fällt und das Leben sich um die Wasserlöcher sammelt. Die nomadischen Samburu leben hier seit einigen hundert Jahren, und weil man anders in dieser dürren Umwelt nicht überleben kann, haben sie ihre angestammte Existenzweise beibehalten.

Wir steigen wieder in die Höhe, lassen die Mühsal der Menschen unter uns zurück. So einfach kann das Bereisen von Afrika inzwischen sein. Die ersten Expeditionen von Europäern im letzten Jahrhundert, zu Fuß, mit beladenen Trägern sowie Eseln oder Kamelen dauerten noch Monate, manchmal sogar Jahre. Doch schon drei Jahrzehnte nachdem mit Joseph Thomson der erste Fremde das Massai-Land und somit den gefährlichsten Teil Ostafrikas durchquert hatte, flogen Piloten zwischen Farmen, Verwaltungssitzen und Goldgräbercamps hin und her, mit Post, Medikamenten und dem gelegentlichen Passagier im Laderaum. Die Geschichte der Weißen in Ostafrika ist die Geschichte zunehmender Bequemlichkeit. Doch die Bequemlichkeit verdrängt das Abenteuer, die Herausforderung.

Wieder überfliegen wir das Hochland von Zentralkenia, und zwanzig Minuten später erneut einen jähen Abbruch – dahinter die Massai-Mara-Ebene, in der sich eines der tierreichsten Reservate des gesamten Kontinents befindet. Es hat gerade geregnet, die Gräser wirken wie herausgeputzt, allerorts blinken Wassertümpel, und über allem schwebt ein grüner Schleier. Der Pilot läßt die Maschine noch weiter absacken, wohl um uns zu zeigen, wie ein Stein vom Himmel fällt (denkt mein geschockter Magen), aber dann sehen auch meine Augen die Elefantenherde. Gruppiert zu einem lockeren Rhombus traben die Tiere durch die Ebene. Selbst von oben wirken sie gewaltig. Die Massai Mara hat mehrere Landepisten. Wir machen kurz halt an zwei von ihnen. Der Flug dazwischen fasziniert mich am meisten. Wir fliegen sehr niedrig und können das Treiben in der Ebene betrachten. Bei der zweiten Landung empfängt uns eine Gruppe Wildschweine am Ende der Bahn, wohl ständige Zuschauer des Flugbetriebs – unsere heulende Maschine beeindruckt sie nicht im geringsten. Wir rollen aus und sind bald von Landrovern umzingelt.

Wie die Massai Mara sind die meisten Nationalparks mit Kleinbussen oder Geländewagen leicht zugänglich, auch viele andere Attraktionen Ostafrikas. Asphaltstraßen führen von Nairobi in alle Landesteile, und an vielen Orten empfangen Hotels mit Komfort und fließend warmem Wasser den Besucher. Nur wer dieser Bequemlichkeit ein Stück weit zu entgehen versucht, wird einen Eindruck von dem wirklichen Afrika erhalten: von der fast unbezwingbaren Weite, von der Trockenheit, von der Not der Menschen. Deshalb haben wir, Christoph Speich und Ilija Trojanow, uns vorgenommen, Ihnen auch Reisealternativen vorzuschlagen, bei denen Sie mehr Durst und Staub und harte Nächte ertragen müssen als auf üblichen Routen, bei denen Sie aber auch mehr Afrika erleben werden.

Überblick

Ostafrika umfaßt die heutigen Staaten Kenia, Tansania, Uganda, Ruanda und Burundi. Die Region wird geprägt vom Rift Valley, dem Großen Ostafrikanischen Graben, dessen zwei geologische Äste (durch den Westen Ostafrikas und mitten durch Kenia und Tansania hindurch) eine vielfältige Topographie mit entsprechendem Klima und Vegetation hervorgebracht haben: von dem feuchten Küstenstreifen bis zu den schneebedeckten Gipfeln des Kilimandscharo und Mount Kenya, von den grünen Ufern des Viktoria-Sees zu den Halbwüsten Nordostkenias, von den gewaltigen Abbrüchen des Rift Valley bis zu den scheinbar endlosen Ebenen der Serengeti. Mitten durch Ostafrika zieht sich der Äquator. Die natürlichen Grenzen sind der Indische Ozean im Osten, der Ruvuma-Fluß an der südlichen Grenze Tansanias, das westliche Rift Valley mit den Seen Tanganjika und Kivu und dem Rwenzori-Massiv und die Ausläufer des äthiopischen Hochlands im Norden.

Einige Worte zum Gebrauch dieses Reiseratgebers

Wir haben in diesem Buch eine Auswahl der schönsten Routen und der wichtigsten Informationen getroffen. Unser Anliegen war dabei, Ihnen Ostafrika mit seinen Schönheiten und Sehenswürdigkeiten so nahezubringen, wie wir es bei unserem langjährigen Aufenthalt dort kennen- und lieben gelernt haben. Wenn Sie begleitend zu diesem Buch auch einen traditionellen Reiseführer mit ausgiebigeren Informationen zu allen Gegenden benutzen wollen, empfehlen wir im Anhang einige zuverlässige und kompetente Titel.

Die Routenbeschreibungen sind gleichermaßen für Autofahrer wie auch für Reisende geeignet, die auf öffentliche Verkehrsmittel angewiesen sind. Wenn nicht ausdrücklich anders angegeben, können Sie jeden Ort in Ostafrika mit Bussen und/oder mit den allgegenwärtigen Matatus (Sammeltaxis bzw. Kleinbussen) erreichen. Letztere genießen einen zweifelhaften Ruf, weil sie häufig in Verkehrsunfälle verwickelt sind. Das sollte Sie allerdings nicht abschrecken, denn sonst dürften Sie sich auch bei uns nicht auf die Straßen wagen. Auf jeden Fall wird der fehlende Komfort in den Matatus durch die Vielzahl an Erlebnissen wettgemacht. Wenn Sie ohne eigenes Auto individuell unterwegs sind, werden Sie an ihnen nicht vorbeikommen. Wann immer möglich, haben wir auch noch andere Transportmittel angeführt, wie zum Beispiel Zug, Boot, Fahrrad, Kamel und Schlauchboot.

Bei den Übernachtungen haben wir drei Kategorien empfehlenswerter Hotels gebildet: H für die hochpreisigen, M für die mittelpreisigen und E für die einfachen. C bezeichnet eine Campingmöglichkeit. Wenn es sinnvoll ist, geben wir die Telefon- (☎) und die Faxnummer (✍) an. Wir empfehlen zumeist nur eine Unterkunft aus jeder Kategorie. Die Angaben hinter den fett gedruckten Orten entlang einer Route (z.B. **Kilifi**, 58km/1/@) beziehen sich auf die Entfernung zum vorhergehenden Ort und auf den Zustand der Straße (1 bedeutet gut und asphaltiert, 2 passierbar, 3 heißt Piste, die man nur mit Vierradantrieb befahren sollte). Das Zeichen @ weist auf eine Tankstelle hin.

Neben den bedeutendsten Sehenswürdigkeiten (✳) empfehlen wir Ihnen stets auch Ausgefalleneres, das ebenso sehens- und erlebenswert, aber meist wenig bekannt und oft mit einiger Mühsal verbunden ist (☞). Lohnende Abstecher werden im Informationsteil benannt (eingerückt). Sie liegen abseits der vorgeschlagenen Route, geben Ihnen aber die Möglichkeit, die Routen beliebig zu verknüpfen, abzukürzen oder zu verändern, je nach Interesse, Lust und Zeit.

Die Küste Kenias

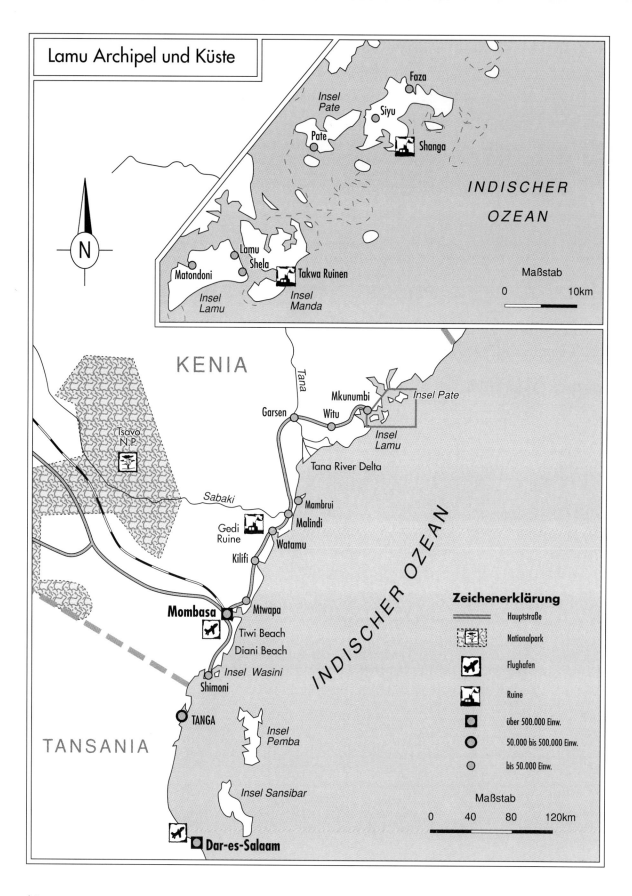

DIE KÜSTE KENIAS

Die ostafrikanische Küste profitiert seit mehr als zweitausend Jahren von ihrer Internationalität, ihren Verbindungen nach Arabien und Asien. Stets war sie das Tor zum Landesinneren, und umgekehrt zur weiten Welt, und fast immer kam ihr das zugute. Die heute noch lebendigen oder als melancholische Ruinen ihr Dasein fristenden Küstenstädte prosperierten jahrhundertelang, waren mächtige und berühmte Handelszentren. So schrieb der islamische Weltreisende Ibn Batuta im 14. Jahrhundert über die Hafenstadt Kilwa: „Sie ist eine der schönsten und elegantesten Städte der Welt."

Die Kehrseite von Reichtum und Einfluß war der Sklavenhandel. Er brachte den Küstenstädten und manchen Stammesführern, aber auch den an dem Geschäft beteiligten Kapitänen, Reedern, Weiterverkäufern und Abnehmern in fernen Ländern großen Profit. Diese gutfunktionierende Maschinerie wurde weder von den Portugiesen, die als erste Europäer im sechzehnten und siebzehnten Jahrhundert eine Zeitlang die ostafrikanische Küste beherrschten, noch von den Sultanen aus Oman, die im achtzehnten Jahrhundert die Herrschaft übernahmen, gestört. Erst die imperialen Gelüste der Engländer im darauffolgenden Jahrhundert, die den Menschenhandel zum Anlaß nahmen, sich militärisch einzumischen, führten zu einer Änderung. Der Sklavenhandel wurde weitgehend abgeschafft. Ostafrika wurde kolonisiert – unter gewichtiger Beteiligung des Deutschen Reiches, das sich nach turbulenten Rangeleien mit dem britischen Imperium Tanganjika, Burundi und Ruanda als Deutsch-Ostafrika sichern konnte. Vor dreißig Jahren wurden die Flaggen einer neuen Epoche der Geschichte der Küste – nun auch der Geschichte ganz Ostafrikas – gehißt: Die Länder Kenia, Tanganjika und Sansibar (später vereinten sich letztere zu Tansania) erlangten die nationale Unabhängigkeit. Die Kolonialherren verschwanden, die Zahl der Touristen nahm zu.

Lamu ist eine der schönen alten Küstenstädte, die auf eine reiche und bewegte Geschichte zurückblicken

Die Geschichte schreibt der Wind

Das Meer, der Wind und die Daus, sie haben sich wenig verändert durch die Jahrhunderte an der ostafrikanischen Küste. Sie gehören zusammen, seit Menschengedenken. Schon immer hat die Natur den Weg zum östlichen Afrika geebnet, schon die ersten Händler, die ersten Matrosen und Kapitäne, Forscher und Eroberer konnten sich auf die Winde verlassen. Soweit es den Indischen Ozean betraf, hätte das Dampfschiff nicht erfunden werden müssen. Von Asien aus segelte man entlang einer ozeanischen Autobahn. Die einheimischen Suaheli nennen den vom Nordosten kommenden Monsunwind *kazkazi,* ihm verdanken sie eine angenehm erfrischende Brise zwischen Oktober und April. Und sein Gegenläufer, der in den sechs Monaten danach in die entgegengesetzte Richtung atmet, heißt *kuzi.* Beide haben den Charakter eines Dieselmotors: zuverlässig, beständig und nicht ungestüm.

Die ersten Benutzer dieser Fernstraße noch vor unserer Zeitrechnung waren Händler aus Kleinasien, Persien, Indien und China. Porzellan, Seide und Gewürze brachten sie und fuhren mit Ambra, Elfenbein, Gold und Edelsteinen wieder nach Hause.

Um so erstaunlicher, daß diese Straße der Reichtümer lange Zeit den raffgierigen Augen aus Europa entging. Zwar schrieb ein Matrose aus Alexandrien im zweiten Jahrhundert nach Christus einen Reisebericht über den Indischen Ozean. Er schilderte ausgiebig den blühenden Handel, ohne damit jedoch einen antiken Goldrausch auszulösen. Ostafrika und Arabien fielen in einen Dornröschenschlaf, aus dem sie erst ein halbes Jahrtausend später erwachen sollten; nicht durch einen Kuß, sondern durch den Ruf des Propheten.

Mohammed starb im Jahre 632 n. Chr.; die Einheit des Glaubens überdauerte seinen Tod nur wenige Jahre. Der Anspruch des Propheten, die Menschheit in einer Gemeinschaft Gleicher, der *umma,* zu vereinen, zerbrach an den wachsenden Widersprüchen von Machterhalt und Machtzuwachs. Die Kämpfe um seine Nachfolge führten zur Aufspaltung in zwei große Glaubensgemeinschaften: die Sunniten und die Schiiten. So waren die Wanderungsbewegungen der Küste entlang nach Süden nicht immer freiwillig, und ähnlich wie bei der Besiedlung von Nordamerika waren auch hier Flüchtlinge vor religiöser Verfolgung die Vorreiter. Bis zum heutigen Tag sind die meisten Küstenbewohner Schafiiten, Anhänger einer der sunnitischen Rechtsschulen.

Den Neuankömmlingen muß die Küste mit den vorgelagerten Inseln wie ein Paradies vorgekommen sein – ein Land des Überflusses. Es gab frisches Wasser, der Fisch brauchte nur aus dem Meer geholt, die Früchte nur von den Ästen gepflückt zu werden. Sie ließen sich nieder und vermischten sich mit der einheimischen Bevölkerung, wie schon in den Jahrhunderten davor die verschiedenen Bantuvölker mit Indonesiern, Persern, frühen Arabern und Kuschiten. Es entstand die Zivilisation der Suaheli, mit eigener Sprache und einer eigenen urbanen Kultur, als ein Teil der islamischen Welt. Die ostafrikanische Küste öffnete sich vollends dem Indischen Ozean und wurde vertraut mit den Regeln und Instrumenten des Handels. Es begannen goldene Zeiten im Reich des *Zinj* – im „Land der schwarzen Menschen".

Ihre Geschichte, so sagen Suaheli wie dieser Fischer, schreibt der Wind

Aus: Martin/Trojanow, In Afrika. Marino Verlag.

Mombasa

Der Weg zur kenianischen Küste führt fast immer über Mombasa, die zweitgrößte Stadt des Landes und eines *der* historischen Zentren zwischen Somalia und Mosambik. Mombasa ist schon von Natur aus ein Hafen. Nirgendwo sonst öffnet das Riff seine Pforten so großzügig und ermöglicht selbst den größten Schiffen den Zugang zur Insel Mombasa über zwei tiefe und geschützte Kanäle. Bereits der schon erwähnte griechische Matrose Diogenes beschrieb diesen Hafen im zweiten Jahrhundert nach Christus. Als der Portugiese Vasco da Gama als erster Europäer das Kap der Guten Hoffnung umrundete und auf dem Weg nach Indien in Mombasa haltmachte, stieß er auf eine reiche Stadt und gab die Kunde von der verführerischen Beute an seinen König weiter. Zwei Jahre später wurde Mombasa zum ersten Mal von den Portugiesen geplündert – ein Schicksal, das sie in unregelmäßiger Folge über die nächsten Jahrzehnte noch mehrmals erleiden sollte. Um sich festzusetzen, erbauten die Portugiesen zwischen 1593 und 1598 das gewaltige Fort Jesus oberhalb des damaligen Hafens, heute die Sehenswürdigkeit der Altstadt Mombasas. Das Fort wirkt allerdings etwas ramponiert und müde. Kein Wunder angesichts der 400 Jahre Krieg und Unruhen, die seine schweren Schutzmauern aushalten mußten! Verschiedene Besitzer gaben sich die Schlüssel in die Hand – Mombasa erhielt den Beinamen „Insel des Krieges".

Die heutige Altstadt verdankt ihren Charme und Charakter vor allem den arabischen Einflüssen. Solange der Handel blühte, gedieh auch die arabisch inspirierte Kultur und Architektur. In dem heute verwaisten Alten Hafen liefen vor allem im März und April sowie im September schwere Daus aus Indien, Persien und Arabien ein. Auf Schritt und Tritt trifft man in der knapp einen Quadratkilometer großen Altstadt auf Erinnerungen an diese Zeit. Alte Schilder verweisen auf englische und deutsche Handelsvertretungen, palastähnliche Häuser prahlen mit dem Reichtum der Stadtpatrizier. Doch die Zeit ist über die labyrinthisch angelegten Korallensteinhäuser hinweggegangen. Die Bevölkerung ist so angewachsen, daß Mombasa „aus allen Gassen platzt". Darin liegt auch der Reiz eines Spaziergangs durch die Stadt – es herrscht Trubel und Lärm wie in einem orientalischen Suk. Für den Besucher ist das natürlich ein Erlebnis, wenn auch für die Einwohner weniger angenehm.

Ihr Rundgang sollte sich auf das Dreieck zwischen der *Nyerere/Digo Road*, der *Ras Serani Road* und des *Mama Ngina Drive* konzentrieren. Lassen Sie sich

Eine mit zwei kanga-*Tüchern umhüllte Frau in der Altstadt von Mombasa*

Nachts in der Altstadt

einfach treiben. Sie können sich nicht verlaufen, da Sie irgendwann entweder am Wasser landen oder auf eine der Hauptverkehrsadern stoßen werden.

Wenn Sie Zeit und Lust haben, fahren Sie mit einem Taxi zur Uferpromenade *Mama Ngina Drive* – die Namensgeberin war die Hauptfrau des ersten kenianischen Präsidenten, Jomo Kenyatta. Hier geben sich Männer dem Müßiggang hin, kauen *miraa* (auch *khat* genannt, ein leichtes Rauschmittel, das von manchen Suaheli ohne Unterbrechung genossen wird). Straßenhändler verkaufen kleine Snacks, vom Meer her weht eine Brise, Wellen schlagen gegen die Klippen. Hier trifft sich am Abend halb Mombasa. Im Park stehen die Affenbrotbäume an der Stelle, wo sich die altertümliche Stadt Cuaca, Vorläufer von Mombasa, befand. Beim New Florida Club können Sie einen wohlverdienten Drink zu sich nehmen. Gehen Sie dann vor zum Likoni Ferry – dem Anlegeplatz der Fähre, der einzigen Verbindung zur Südküste. Sie können die kleinen Stände am Wegrand abklappern, Kokosmilch (*madafu* auf Kisuaheli) trinken und in Zeitung gewickelte Erdnüsse und Kaschunüsse knabbern. Oder Sie warten mit der Menschenmenge auf die Fähre, inmitten verschleierter Frauen, die gewaltige Lasten tragen, und zwischen den Fahrrädern. Busse spucken ihre Passagiere aus, bevor sie sich auf die Fähre manövrieren. Fast jeder klettert die eiserne Treppe zur Reling hoch, genießt von dort oben den Ausblick über die Bucht und den modernen Hafen, mit den angedockten Frachtern, den gelegentlichen Kriegsschiffen der US-amerikanischen oder britischen Marine (das Nachtleben wird dann von den Matrosen okkupiert) oder den Kreuzfahrtschiffen. Wenn eine wandelnde Ferieninsel wie die *Queen Elizabeth* in Mombasa Anker wirft, kann man ihr Oberdeck bis in die Innenstadt hinein sehen. Von den Büros aus erkennt man dann zwischen Palmen und Mangobäumen, zwischen Häusern und Kränen die Spitze dieses überdimensionalen Schiffes, das an Land gekrochen zu sein scheint.

Und wenn Sie einkaufen wollen, empfiehlt sich ein Schlendern entlang der Biashara-Street, in der Sie *kangas* der neuesten Mode finden werden. Diese bedruckten Baumwolltücher werden vielfältig verwendet. Die Frauen wickeln sie um ihren Körper und ihren Kopf, die Männer benutzen sie als eine Art Morgenmantel, der Fremde kann sie als Strandtuch, Tischtuch, Schal verwenden oder sich einfach nur an den vielfarbigen Mustern erfreuen. Lassen Sie sich auf jeden Fall den Spruch übersetzen, der jede *kanga* ziert. Er besteht immer aus einer Frotzelei, einem Scherz, typisch für den oft derben, aber auch hintergründigen Humor der Suaheli.

Auf zwei Rädern vom Touristenzentrum Malindi zur Ruinenstadt Gedi

Kalt, überall Gänsehaut – das Frösteln steigt von den Zehen bis zum Oberkörper. Ich nehme meinen ganzen Mut zusammen, stürze mich in die Wellen hinein und kraule wie ein übertouriger Motor in Richtung Riff hinaus. Wer in Ostafrika dem Sonnenaufgang entgegenschwimmen will, muß nicht nur früh aufstehen, sondern sich auch auf die wenig einladende Kühle der Lagune einlassen. Sonst hat das Wasser Badewannentemperatur, wenn man wie gewöhnlich erst mit gesundem Abstand zum Frühstück schwimmen geht. Doch an diesem Tag wollen wir das Farbenspektakel am Horizont vom Wasser aus beobachten und danach zu den knapp zwanzig Kilometer entfernten Ruinen von Gedi radeln …

Die Fahrräder mieten wir bei dem Silversands Campground (ein berechtigter Name, denn die kleinen Holzhütten und der angrenzende Zeltplatz blicken unmittelbar auf den sonnen- oder mondlichtüberfluteten weißen Strand): zwei in die Jahre gekommene chinesische „Damen", die jeden zurückgelegten Meter mit Quietschen und Kreischen kommentieren. Wir fahren auf die Hauptstraße und durch die Innenstadt von Malindi. Während sich die Hotels noch verschlafen an ihre Hecken schmiegen, ist hier schon einiges los. Die *mkokoteni*-Karren werden, mit Obst, Gemüse oder Gerümpel beladen, vorangeschoben, die kleinen Lokale haben bereits geöffnet. Christoph schlägt ein Frühstück vor. In einem wenige Quadratmeter großen Raum bietet eine Kreidetafel typische Kost an: *chai* (Tee mit viel Milch und Zucker), *mandazi* (Mürbeteigtaschen), *chapati* verschiedener Art (dicke Pfannkuchen) sowie Überbleibsel englischer Eßkultur: Eier, Bacon, Sausages, gebratene Tomaten und Bohnen.

„Wohin?" fragt der Betreiber beim Servieren. „Nach Gedi", antworten wir. „Mit den Rädern?" fragt er ungläubig und schenkt Tee nach. „Ja, ist doch nicht weit, in zwei Stunden sind wir dort." Aus lauter Höflichkeit schüttelt er nicht einmal den Kopf, aber in seinen Augen grinst amüsierte Skepsis.

Gestärkt fahren wir los. Selbst die leichtesten Steigungen nehmen uns die chinesischen „Damen" übel. Die widerspenstigen Zahnräder lassen sich nur wie zäher Teig bewegen. Die Dörfer sind längst aufgewacht, die Menschen auf den Beinen. Am Straßenrand laufen Frauen mit schweren Lasten auf dem Kopf, Reisigbündeln, Sisaltaschen, Töpfen, Säcken oder Wasserbehältern, die sie an einem der weit entfernten Brunnen auffüllen müssen. Fast überall an der Küste herrscht Wassermangel, und es ist normal, daß der Tag mit einem zehn Kilometer langen Marsch zur nächstgelegenen Quelle beginnt. Kinder in Schuluniform warten auf einen Bus oder ein Matatu, Männer radeln pfeifend vorbei, grüßen lautstark, voller Staunen, daß sich da tatsächlich zwei Weiße auf Fahrrädern voranquälen. Aber es ist keine Qual. Die Morgenfrische hält sich noch gegen den Heißhunger der Sonne, die Düfte der Pflanzen umschweben uns, die Luft schmeckt nach dem nahegelegenen Meer. Bei unserem gemächlichen Tempo haben wir viel Zeit, die Verrenkungen der Baobabs (Affenbrotbäume) zu bewundern, deren wurzelartige Äste wie fiebrige Hände in den Himmel greifen. Die Legende erzählt, daß dieser Baum eines Tages von Gott zur Strafe auf den Kopf gestellt wurde und seitdem zusehen muß, wie sich seine Wurzeln in der Luft zurechtfinden.

Häufig werden wir angeredet oder mit Scherzen bedacht. Ein Matatu, das vor uns anfährt, läßt sich viel Zeit damit. Die Passagiere auf den hinteren Sitzen drehen sich um und gucken uns durch die verstaubten Fenster an, während der Schaffner noch am Trittbrett hängt und uns auffordert, das Strampeln doch sein zu lassen und lieber bei ihm einzusteigen, zum Sondertarif. Auf dem Dach sei noch Platz für die Räder. Sein freier Arm zirkelt umher, zeigt nach oben. Da gibt der Fahrer plötzlich Gas, der Anwerber taumelt in den kleinen Bus hinein. Ein Kioskbesitzer sprintet, nachdem er uns wohl schon von weitem gesehen hat, mit einer Coca-Cola-Flasche in der Hand zum Straßenrand und ruft: *baridi sana, drink.* Selbst das kalte Getränk kann mich allerdings nicht zum Anhalten bewegen. Ich fürchte, danach nicht mehr aufs Rad steigen zu wollen. Wir sind schätzungsweise schon bei Kilometer zwanzig, und die Oberschenkel scheinen aus Blei zu sein.

Doch dann erscheint das grüne Schild mit der Angabe GEDI, und es ist nur noch eine kurze Strecke auf Sand bis zum National Monument. Zu unserem großen Erstaunen werden wir schon erwartet. Geöffnet wird erst in zehn Minuten. Aber die Angestellten stehen vor ihrem Büro und klatschen Beifall. Einer guckt auf seine Uhr und lobt unsere Schnelligkeit. Er

Vom Untergang einer reichen Suaheli-Stadt

Ihre beleuchteten Paläste glühten mit kupfernen Lampen und Kristall, bis die Nacht selbst wie Tag war. Und in ihren Sälen wohnte die Schönheit an jedem Ort. Verehrung war ihr ständiger Begleiter. Porzellan aus China war in ihren Häusern gefaßt, auf jeder Tasse, jedem Glas weicher Linien Gravur … Derweil schimmerten inmitten glitzernder Ornamente riesige Kristallkrüge voll Licht, Brokatgewänder hingen, Reihe um Reihe, auf Geländern aus Teak und Ebenholz.

Zur Ruhe begaben sie sich mit Massage und Fächern, mit Frauen in den Farben der Sinne und Musikanten, die sie vergnügten, bis in den Schlaf.
Den Schlaf fanden sie auf exquisiten Betten aus feinstem Holz, sanften Matratzen und grünen Kissen zu allen Seiten, bestickt mit Silber und Gold.
Stoffe drapierten die Baldachine und gaben ihnen Schatten, ihre Glieder waren besprengt mit Rosenöl und Weihrauch und ihre Körper eingeölt mit Blumensäften und Sandelholz.

Nun rascheln die Schaben in leeren Höfen; wo Männer sich einst trafen, lärmen die Grillen. Und anstelle von Stimmen in weiten Zimmern nur Schmutz und Verfall. Die Räume ersticken an Unkraut und Dornen, Büsche und wilde Lianen überall. Die Männer fürchten die gähnenden Türen, denn hinter ihnen herrscht allmächtig das Schweigen der Dunkelheit.
Wenn du mir nicht glaubst, gar eine Lüge vermutest, dann geh dorthin und schau dich um in den Sälen.
Rufe hinaus. Dein Echo wird dir Antwort geben, sonst nichts, denn menschliche Stimmen werden dort nie mehr vernommen.

Aus dem epischen Poem AL-INKISHAFI, *Katechismus der Seele*, von Sayyid Abdalla Bin Ali Bin Nassir, einem Meister der Suaheli-Dichtung aus dem vorigen Jahrhundert und Nachfahre eines Sharifs, somit des Propheten Mohammed selbst.

Das Hauptportal des ehemaligen Palastes in der Ruinenstadt Gedi

hatte uns aus einem der Matatus gesehen. Wie ausgepumpte, aber erfolgreiche Sportler steigen wir schwitzend ab. Die Souvenirverkäufer reichen uns zwei junge Kokosnüsse mit viel Milch und versprechen, die Fahrräder im Auge zu behalten. Zur Belohnung für unsere Strampelei haben wir nun eine Privataudienz bei den Ruinen von Gedi.

Gedi erschließt sich von den Rändern her. Ich habe hier immer den Eindruck, man dürfe nur sehr behutsam vordringen, wie bei einer geheimnisvollen Frucht. Aber an diesem Morgen hat uns das Fahrradfahren schon so viel Geduld gelehrt, daß wir uns nun gemächlich auf die rätselhafte Ruinenstadt einlassen. Die allgegenwärtigen Affenbrotbäume, die ersten Schatten und die Schreie der Affen scheinen das Geheimnis noch verstärken zu wollen. Wir kaufen den kleinen grünen Führer, in dem der englische Archäologe James Kirkman erklärt, wieso das Schicksal der Stadt unergründlich bleibt. Alles, was man weiß, liegt ohnehin vor Augen: Sie ist als einst blühende Stadt von ihren Einwohnern verlassen worden, von einem Tag auf den anderen.

Die Ruinen liegen zwar fünf Kilometer vom Meer entfernt, aber die wenigen Bruchstücke, die ausgegraben worden sind, zeigen, daß auch diese Stadt einst regen Handel mit Arabien und Asien trieb. Porzellanscherben chinesischen Ursprungs sind die spektakulärsten Beweise dieser Weltläufigkeit.

Wir wandern an der fast vollständig erhaltenen inneren Stadtmauer entlang, die das „Zentrum" mit seinem Palast und dessen imposanter Pforte, den angrenzenden Häusern und der zentralen Moschee mit ihren beeindruckenden Ausmaßen umgrenzt.

Außerhalb dieser Mauer existierte noch ein anderes Gedi, und nur wenn man sich dieses vorstellt, erspürt man auch die Bedeutung des Kerns. Außerhalb der Mauer finden sich nur spärliche Steinreste, vereinzelt eine kleine Moschee. Abseits von Macht und Reichtum lebten dort die Ärmeren in ihren Lehmhütten, geschützt von einer zweiten Stadtmauer. Es war das dörfliche Gedi. Matrosen, Fischer und Händler tummelten sich auf den Märkten, aber auch Scharen zwielichtiger Küstenbewohner, Verbannte oder Hochstapler, Wahrsager oder Führer ins Landesinnere.

An der äußeren Stadtmauer entlangzugehen gehört zu den wunderbaren Erlebnissen in Gedi. Sie ist zum Großteil überwachsen, gelegentliche Pfade verlieren sich im Gebüsch, und die Affen führen sich ohne falsche Demut wie die neuen Herren der „Vororte" auf. Verspielte Kleine tanzen auf den jahrhundertealten Mauern, faule Männchen kratzen sich an Baumstämmen, umtriebige Mütter fangen ihre davongepurzelten Babys wieder ein.

Allmählich erschlaffen wir, und mit der zunehmenden Müdigkeit schleichen sich Phantasien in unsere Gedanken, über das Leben vor fünfhundert Jahren, über eine Ankunft damals, als fremde Matrosen ... Das Hupen eines Busses schreckt uns auf. Wir haben den Eingang wieder erreicht.

Leider lassen sich die meisten Besucher nicht genügend Zeit, um der Atmosphäre von Gedi verfallen zu können. Und leider geht kaum einer über die großen und bedeutenden Ruinen zum Rand hinaus, wo die Steine in Symbiose mit dem Gebüsch und den Bäumen leben, so wie es ganz Gedi vierhundert Jahre lang tat, ehe Archäologen das Gestrüpp lichteten.

Dichtes Mangrovengewächs

Im Delta des großen Flusses

Wir verlassen Malindi und überqueren die Brücke über den Sabaki-Fluß. Schon bald befinden wir uns auf der Piste, die weit nach Norden in die Northeastern Province, in das Land der Somalis, aber auch nach Lamu führt. Zwischen den dornigen Akazien erhaschen wir zur rechten Seite immer wieder einen Streifen vom Blau des Indischen Ozeans, erblicken jedoch meist nur die Rückseite der Stranddünen. Wir passieren die riesigen Salzgewinnungsanlagen von *Kensalt*, dann entfernt sich die Straße vom Ufer, und die Abfolge kleiner Siedlungen mit lehmgemauerten, *makuti*-bedeckten *dukas* (kleine Geschäfte) auf beiden Seiten bricht ab. (Die Makuti-Dächer bestehen aus verknüpften Palmblättern.) Wir biegen von der Hauptstraße ab. Nun begegnen uns nur noch Akazien, dazwischen spärlich gesäte Baobabs – weit und breit keine Menschen. Erste kleine Wasserläufe tauchen auf. Die Piste wird zur Spur, windet sich den Wasserläufen entlang und sucht nach einem Übergang. Mit Ästen und Steinen haben die Leute vom Tana Delta Camp einen wackeligen Damm gebaut, über den wir nun mit angehaltenem Atem fahren. Ein haarsträubender Balanceakt des Fahrers. Wenig später herrscht helle Aufregung im Auto. Eine Tsetsefliege! Und eine zweite, eine dritte, fünf, zehn, unzählige. Schmerzhafte Stiche, ungenaue Schläge, wachsende Aufregung. Der Fahrer hält an, wir befestigen Netze an den Fenstern und versuchen nun gezielt, den im Wageninneren verbliebenen Fliegen den Garaus zu machen. Kurz darauf erreichen wir das Ende eines breiteren Wasserlaufes. Hier hätten eigentlich die Boote warten müssen. Eigentlich.

Wir steigen aus, trinken eine kühle Soda aus der Eisbox und staunen, daß die Tsetsefliegen im Freien so harmlos sind. Zumindest scheinen sie sich auf die Farbe Schwarz zu konzentrieren. So hat nur eine glücklose Dame in der Gruppe mit den Viechern zu kämpfen – sie trägt ein schwarzes T-Shirt. Die Afrikaner bleiben auch nicht verschont, nur ignorieren sie die Plage einfach.

Motorengeräusch aus der Ferne – die Boote. Die weitverzweigten Arme des Deltas winden sich aber so, daß wir noch mehr als zehn Minuten auf die Boote warten müssen. Dann tauchen sie hinter der letzten Biegung auf: zwei lange, schmale Fiberglasboote mit Außenbordmotoren. Wir laden das Gepäck ein und steigen über schmierigen, schwarzen Lehm in die wackeligen Kanus. Der Pechvogel der Gruppe rutscht aus. Sein nunmehr schwarzer Rücken ist den Tsetses wie ein rotes Tuch. Sie fliegen Angriff auf Angriff, während die Boote auf dem engen, von einem etwa meterhohen Wall begrenzten Kanal entlangfahren, um häufige Kurven herum, zwischen tiefhängenden Mangroven hindurch. Die Wasserböcke am Ufer sieht man bei dem niedrigen Gezeitenstand nur, wenn man in dem wackligen Boot aufsteht und einen schnellen Blick wagt, ehe man wieder auf die Bank taumelt. Weitere Wasserläufe stoßen zu unserem, bis wir in einem etwas breiteren Kanal eine mit Dieselmotor ausgerüstete Dau erreichen, die *African Queen*.

Nach einem Mittagessen mit kaltem Bier fahren wir auf den Langbooten weiter. Der Kanal wird breiter, beheimatet immer mehr Tiere. Wir treffen auf eine Gruppe Nilpferde, die uns aus kürzester Entfernung mißtrauisch beäugen. Auf beiden Seiten steigen die Ufer zu Dünen an, die sich im Laufe der Zeit aus Flußablagerungen gebildet haben. Unvermittelt rutschen einige Krokodile von diesen ins Wasser herab. Die Landschaft öffnet sich, ein zweiter breiter Flußlauf mündet in eine große Lagune. Dünen bewachen den Horizont, und zwischen ihnen erkennen wir die Naht zwischen Himmel und Ozean. Am Fuße einer der Dünen breitet sich ein Waldstück aus, in dem sich das Camp befindet. Wenig später legen wir an.

Den Willkommenstrunk nehmen wir zwischen Hipposchädeln und Schlangenhäuten zu uns, fühlen uns glücklich an diesem so abgelegenen, fast unberührten Ort. Nach einer Siesta in den komfortabel eingerichteten Zelten fahren wir mit der *African Queen* ins Landesinnere. Noch nie habe ich so viele Wasservögel gesehen: ein ornithologischer Traum inmitten der Mangroven, von denen es im Delta zehn verschiedene Arten gibt. Auf den Grasflächen zwischen den Wasserläufen tummeln sich verschiedenste Antilopenarten. Doch der größte Reiz sind die sich ständig wandelnden Ausblicke auf Wasser, auf Himmel, auf Land, wie ein Puzzle, das sich immer wieder neu ordnet. Das Delta, kürzlich zum Reservat erklärt, ist einmalig darin, daß die Flußvegetation des Süßwassers nahtlos in die Meeresvegetation übergeht, bedingt durch eine frühere Veränderung des Flußlaufes.

Am Abend kriechen wir dann durch das Gestrüpp auf die Düne hinauf und rennen wie Kinder auf der anderen Seite hinunter, in die schäumenden Wellen des Ozeans hinein. Ein kühlendes Bad für die vor Begeisterung erhitzten Gemüter.

Am nächsten Morgen steht eine Wanderung über die Dünen an. Unser Führer vom Volk der Orma zeigt uns frische Löwenspuren. Im frühen Morgenlicht sitzen wir auf dem Dünenkamm und schauen verzaubert auf das Deltainnere. Eine Landschaft wie aus prähistorischen Zeiten, sumpfig, mit glitzernden Lagunen und Waldstücken – nur die Dinosaurier fehlen.

Bei einer weiteren Bootsfahrt nach dem Frühstück springt der Bootsführer plötzlich in einen der Wasserläufe. Nach kurzem Staunen folgen wir ihm und versinken bis zu den Hüften im Schlamm. Zuerst mißtrauisch und unsicher, werden wir von dem Führer schnell überzeugt, wieviel Spaß das Wühlen in dem weichen, warmen, schwarzen Lehm bereitet. Der Spaß ufert aus – lauter erwachsene Männer kreischen wie Sandkastenhelden, bewerfen sich gegenseitig mit Lehm und stapfen johlend durch den Schlamm. Schönheitsfördernd ist das auch noch, wie eine amerikanische Untersuchung festgestellt hat.

Nachdem wir uns im Camp die mittlerweile getrocknete Erde aus Haaren, Ohren und Nasen geklaubt haben, verspeisen wir einen feinen Fisch und ruhen uns etwas aus, ehe uns am Nachmittag eine weitere Ausfahrt auf der *African Queen* auf einem dritten großen Flußarm ins Landesinnere hinein erwartet. Wir legen irgendwo an und gehen zu Fuß weiter, hinter unserem bewaffneten Guide. Hinter einem Wäldchen taucht unvermittelt ein Dorf auf. Hütten aus Schilf, fünf, sechs Meter hoch, in wunderschöner Kegelform mit einem schmalen, hohen Eingang. Die ersten Augenblicke, als wir noch unentdeckt beobachten können, geben mir einen seltenen Eindruck von dem einstigen, sich selbst genügenden Afrika. In den vielen Jahren, die ich auf dem Kontinent verbracht habe, war mir so ein Erlebnis nicht mehr als zwei-, dreimal gegönnt. Aber schon bald nehmen uns die Dorfbewohner wahr, und wir fühlen uns reichlich fehl am Platz. Doch die wenigen Augenblicke der ungestörten Beobachtung sind mir unvergeßlich.

Früh am Morgen des nächsten Tages nehmen wir ein zweites Bad. Die Strömung läßt den Genuß jedoch fast zum Drama werden, als wir immer weiter abgetrieben werden und trotz eifrigen Gegenhaltens dem Strand nicht näher kommen. Erst als wir etwas schräg zum Ufer hin schwimmen, erreichen wir mit letzten Kräften festen Boden unter den Füßen. Einer von uns hat derweil am Strand einen Hipposchädel inklusive Eckzahn ausgebuddelt und schleppt ihn nun schwitzend mit. Der Schädel wird der beachtlichen Barsammlung übereignet.

Ein Tag auf einer Dau

Unsere Dau gleitet bedächtig über die Wellen, das Segel leicht an den schwachen Wind gelehnt. Einzig die Reggae-Rhythmen aus dem Kassettenrecorder versuchen anzutreiben. Ansonsten haben sich alle ausgestreckt und genießen die letzte Tagesstunde. Der Steuermann hat das Ruder zum Müßiggang überredet. Der Kapitän summt mit einer qualmenden *Sportsman* im Mund. Unsere Gedanken umspielen einen schönen, ereignisvollen Tag, der all das geboten hat, was die Inselgruppe des Lamu-Archipels so einmalig macht.

Eine andere Dau nähert sich der unseren aus der entgegengesetzten Richtung. Rufe sind vernehmbar, ein Lachen, das höhnisch klingt. Unser Kapitän fühlt sich veranlaßt, die Augen aufzureißen und die jungen Männer auf dem anderen Boot scharf anzugucken. Er murmelt etwas, der Steuermann antwortet so langsam, als müßte er die Worte erst aus seinem Inneren fischen. Die Rufe der jungen Männer werden lauter, drängender, die Provokation deutlicher. Und plötzlich, ohne Vorwarnung oder Besprechung springt der Kapitän auf, gibt ein knappes Kommando, löst ein Seil, der dritte Mann krabbelt unter dem Segel hindurch auf die andere Seite, wobei wir aufpassen müssen, daß uns nicht eines der herumfliegenden Teile trifft. Ein Wettrennen offenbar – unsere Dau wird mit schnellen Griffen zu einem Rennboot umfunktioniert. Wir drehen, der Kapitän weist mich an, mich hoch oben auf die Planke zu setzen, die bei Gegenwind die Dau im Gleichgewicht hält. Das habe ich schon den ganzen Tag geübt.

Wir ziehen seitlich zum anderen Boot hinüber und segeln nun parallel mit ihm aufs Meer hinaus. Die zwei Kapitäne geifern sich an, werfen sich Sticheleien zu. Der Steuermann treibt mich bis an den Rand des

Daus vor Lamu

Balkens hinauf, zwei Meter über dem Wasser. Ich halte mich an einem dünnen Seil, um nicht herunterzufallen. Einige Minuten später haben wir den Herausforderer abgehängt. Unsere Mannschaft lacht herzhaft, alle drei Männer schreien und gestikulieren eifrig in Richtung des anderen Bootes. Dann drehen wir wieder um, strecken uns wieder aus und setzen die Entspannung dort fort, wo sie so rüde unterbrochen worden war.

„Ha", sagt der Kapitän mit Namen Moses, „und die dachten, sie seien schneller!"

Moses hatten wir am Abend zuvor im Petley's Inn kennengelernt, dem ältesten Hotel in Lamu, mitten an der Uferpromenade gelegen und eines der wenigen Lokale, die Bier servieren. Gebaut wurde es von dem exzentrischen Percy Petley, dessen landwirtschaftliche Experimente im Inland ein katastrophales Ende nahmen und der in seinem Lokal ungewöhnliche Sitten einführte: Die Gäste mußten ihr Essen selbst kochen, oder sie wurden des Hauses verwiesen. Von der oberen Terrasse aus hat man einen schönen Blick über den Kanal, der Lamu von der Insel Manda trennt, über das Ufer hin zum offenen Meer. Moses setzte sich neben uns und versuchte herauszufinden, woher wir kamen. Kaum hatte er es erraten, bot er seine Dienste an. Nichts ist leichter in Lamu, als einen der Daukapitäne oder ihre Schlepper kennenzulernen. Schnell stellt man fest, daß es eher einer besonderen Kunst bedarf, ihrem Werben zu entkommen. Doch Moses hatte eine ruhige, unaufdringliche Art, und wir verabredeten uns zu einer Tagesfahrt. Es blieb nur noch, den Preis auszuhandeln, also bestellten wir für jeden ein weiteres Bier…

Früh am Morgen wateten wir in knietiefem Wasser zu seiner Dau, auf den Schultern einen Kasten Getränke – das einzige, was wir bei diesem kurzen Dautrip mitbringen mußten, neben dem Sonnenschutz natürlich: am besten ein langärmliges Hemd und einen Hut. Wir hatten vor, zuerst zum Fischen aufs Meer hinaus zu segeln und dann die Takwa-Ruinen auf der Insel Manda zu besuchen. Kaum waren wir auf offener See, hatten wir schon anregende Begleitung: Eine Schule Delphine tummelte, tobte, trieb sich um unser Boot herum, als hätte sie die Verantwortung übernommen, uns zu schützen und zu unterhalten. Ich versuchte, ähnlich ausgelassen wie die Delphine auf der Außenbordplanke herumzuklettern, um das Suaheli-Segeln zu erlernen. Das bewahrte mich vor dem giftgrünen Gesicht, das manche Passagiere bekommen, wenn die Wellen des scheinbar so friedvollen Indischen Ozeans sich ereifern und die Dau kippt, schaukelt, auf und ab hüpft. Moses hatte Angeln ausgeteilt, einfache Plastikschnüre mit einem Haken daran, an dem er jeweils einen klitzekleinen Fisch befestigte. Ein Wettfischen begann, das mit einer vernichtenden Niederlage für uns endete: sieben zu null für die Einheimischen, trotz unserer Bemühungen, ihnen ihre Tricks abzugucken und alle Varianten auszuprobieren. Es nützte nichts – allein auf unsere Fischkünste gestellt, wären wir verhungert. In der Zwischenzeit war die Sonne schon unangenehm hoch gestiegen, und Moses beschloß, zur Mittagspause die Insel Manda anzusteuern. Am Strand entzündete der Steuermann Abdul ein Feuer, spießte die Fische an einem Stock auf und begann zu grillen. Fertiger Reis wartete schon in einem Topf, ein Salat war schnell zubereitet, und wir setzten uns zu einer der leckersten Mahlzeiten meines Lebens.

Ein enger Kanal führt durch dichten Mangrovenwald zu den Takwa-Ruinen. Die ganze Küste nördlich und südlich von Lamu besteht überwiegend aus Mangrovenwäldern. Aus den Ästen werden Pfähle, genannt *boriti*, gewonnen, früher ein wichtiges Handelsgut, geliefert bis nach Arabien und dem Persischen Golf, wo die Hölzer (wie auch heute noch an der ostafrikanischen Küste) zur Stützung der Häuserwände und zum Dachbau verwendet wurden. Im ersten Weltkrieg wurden in einem Jahr sage und schreibe eine Million Pfähle nach Basra im Irak exportiert. Seit mehr als einem Jahrzehnt ist der Export verboten, damit die Mangrovenwälder erhalten bleiben. Die Arbeit eines Mangrovenfällers ist unvorstellbar schwer. Das bemerkten wir selbst an der Anstrengung, deren es bedurfte, um einige hinderliche Mangrovenäste wegzuhacken. Die Stämme der Mangroven, zum Großteil unter Wasser, sind mit Korallen und Muscheln überzogen – und dementsprechend messerscharf und glitschig. Das Holz ist biegsam und natürlich naß. Der Mangrovenfäller muß hüfttief im Wasser stehen, hat keinen richtigen Halt,

Die Ruinen von Takwa – der Eingang eines Hauses

Die Uferpromenade von Lamu

holt sich ständig Schürfwunden, die im Salzwasser brennen, und kann am Ende eines schweren Arbeitstages nur eine kleine Ausbeute an Holz vorweisen.

Wir hatten Mühe genug, vorankommen. Die Siesta war etwas zu lang geraten. Jetzt mußten wir mit der anschleichenden Ebbe zurechtkommen. Die Segel hatten wir eingeholt – nun war jeder Meter harte Arbeit. Die Dau blieb öfter stecken, verhedderte sich in ausladenden Mangrovenwipfeln. Freddie, der dritte Mann (eine Art Bootsmaat), mußte öfter ins Wasser springen, um Äste zu entfernen, das Boot zu schieben, während wir mit den Pfählen in den weichen Meeressand stachen und uns abzustoßen versuchten. Der Kanal wurde immer enger, bis zu einer winzigen Bucht, in der ein kleines Kunstfaserboot bereitlag, mit dem wir zu einem bootsgroßen Anlegeplatz paddelten.

Ähnlich wie Gedi sind auch die Takwa-Ruinen von den Geheimnissen einer ungeklärten Geschichte umhüllt. Auch die Stadt Takwa ist einst von ihren Einwohnern verlassen worden, verfiel dann, wurde nur noch als Steinbruch mißbraucht. Zeitweilig diente sie tiefgläubigen, geistigen Menschen als Rückzugsort. Einem Grabmal am einen Ende der Ruinenstadt schreibt man wundersame Kräfte zu. Zwei Baumkronen beugen sich über die hochragende Säule (*das* Merkmal eines bedeutenden Suaheli-Grabes) und fächeln ihr Luft zu. Der Ort ist heilig und hat ein offenes Ohr für die Gebete der Gläubigen. Jährlich kommen die Männer aus Shela über den Kanal gesegelt und bitten in einem beharrlich fortbestehenden Brauch um Regen. Stets nur um Regen. Vor einigen Jahren wurden ihre Gebete nicht nur erhört, sondern sogar übererfüllt. Kaum waren sie zu ihren Booten zurückgekehrt, brach ein Sturm los, wie er nur alle Jahrzehnte einmal vorkommt. Mit Mühe und Not erreichten sie Shela wieder.

Hinter Takwa könnte sich ein Wasserfall befinden, so sehr donnerte und rauschte es, während wir durch dachlose Häuser schritten, durch Scharten lugten, Moscheehälften bestaunten und die Menschenleere genossen. Doch hinter der Düne erwartete uns kein Wasserfall, sondern ein Wellentraum. Wie nirgendwo sonst in Kenia brechen hier Wellen über den Strand, die noch eine Spur der ozeanischen Wucht mit sich führen. Begeistert sprangen wir hinein, und begeistert zog uns das Meer den Boden unter den Füßen weg, verwechselte uns mit einem Stück Treibholz und spuckte uns wieder an den Strand. Mit Sand zwischen den Zähnen und Salz in den Augen schritten wir nun etwas vorsichtiger hinein, tauchten durch einige Wellen und trauten uns erst in einigem Abstand zum Ufer, mit den Wellen zu spielen. Moses mußte mehrmals zum Aufbruch drängen.

Eine halbe Stunde später gleitet unsere Dau bedächtig über das Wasser, das Segel leicht an den schwachen Wind gelehnt. Einzig die Reggae-Rhythmen aus dem Kassettenrecorder versuchen anzutreiben. Wir haben uns ausgestreckt, genießen die letzte Tagesstunde. Abdul hat das Ruder zum Müßiggang überredet. Moses summt mit einer qualmenden *Sportsman* im Mund. Wir denken an einen schönen, ereignisvollen Tag zurück, der all das geboten hat, was die Inselgruppe des Lamu-Archipels so einmalig macht.

Lamu sehen und bleiben

Nach einigen Tagen auf Lamu merke ich, wie Stadt und Insel einen seltsamen Einfluß auf mich auszuüben beginnen. Eile und Hektik fallen von mir ab, die Gedanken geben sich dem Müßiggang hin oder beschreiten ungewohnte Wege. Ich gewöhne mich an die Gebetsaufrufe, an den Eselweckdienst, an das Frühstück mit Mango, Paw-Paw, Ananas und Bananen, freue mich auf die langen Diskussionen über Religion mit dem eifrigen Kioskbesitzer auf halbem Weg zum Strand von Shela. Ich genieße es, auf dem Dach zu sitzen, die Geräusche und Stimmen von unten aufzufangen und mir auszumalen, welche Formen und Bewegungen zu ihnen gehören.

Immer wieder gehe ich in der letzten hellen Stunde zum Hauptplatz vor dem Fort. Nach dem letzten Städtebauplan wurde dieser Platz und die Verbindung zur Uferpromenade sehr vorteilhaft umgestaltet. Während sich auf den steinernen Bänken hinter der Mole wartende Bootspassagiere mit gerüchteliebenden Einwohnern unterhalten, lädt der Platz als einziger Freiraum im Labyrinth zu politischen Veranstaltungen und Festen ein. 1821 erbaut, war das Fort stets den Mächtigen der Zeit zu Diensten, zunächst als Garnison der Omari (Sultanat von Oman), dann als Stützpunkt der Briten und schließlich als Polizeistation und Gefängnis. Heute – ein ironisch friedfertiges Schicksal für ein Fort – beherbergt es ein Museum und die Bibliothek der Stadt.

Vom Platz aus kann man die *njia kuu* entlangspazieren, die Hauptstraße Lamus, die sich durch die Jahrzehnte kaum geändert hat.

Mit einbrechender Dunkelheit versiegt der Strom geschäftigen Treibens, die verschleierten Frauen eilen nach Hause, die hektischen Rufe der Eseltreiber und Karrenschlepper verstummen. In den Häusernischen nisten sich die Schatten ein – gelegentlich springt eine Katze heraus –, aus dem Inneren der Geschäfte leuchtet der schwache Schein von Petroleumlampen und einzelnen Glühbirnen. Nun ist es an der Zeit, in einem der vielen Eßlokale Meeresfrüchte nach Art der köstlichen Suaheli-Küche zu verspeisen.

Der oft menschenleere Dünenstrand von Shela, nur einige Kilometer von Lamu entfernt

Praktische Informationen

Mombasa – Kilifi – Malindi – Gedi – Watamu – Arabuka-Soboke-Forest – Tana Delta – Lamu Archipel – Südküste

MOMBASA

Anreise. Flugzeug: Moi International Airport. Charterflüge von Europa direkt nach Mombasa (LTU, Hapag Lloyd, Condor und Balair). Kenya Airways und private kenianische Fluggesellschaften von Nairobi. Weiterfahrt in die Stadt per Taxi (ca. 4 US$) oder mit dem öffentlichen Bus.
Zug: Täglich um 19:00 Uhr ab Nairobi, Ankunft 8:00 Uhr. Weitere Informationen siehe Kapitel ABENTEUER EISENBAHN.
Bus: In Nairobi gibt es eine Vielzahl von Busgesellschaften, die nach Mombasa und nach Malindi verkehren. Für weitere Informationen siehe Kapitel NAIROBI.
Übernachtung. Outrigger (H, ☎20822), Manor Hotel (M, ☎314643, ✍311952, etwas verblichener kolonialer Charme), New Palm Tree (E), Taj (E).
Essen. Tamarind (☎471747), das beste Restaurant für Meeresfrüchte, spektakulär über der Bucht gelegen – vorab buchen und einen vollen Geldbeutel mitbringen; Recoda Hotel, Suaheli-Küche in reizvoller Altstadtatmosphäre, früh am Abend kommen, mittags geschlossen; Singh Restaurant, indisches Essen.
Nachtleben. New Florida Nightclub, Terrasse mit schönem Ausblick, manchmal Live-Musik; Rainbow House Night Club, lebhaft gemischte Kundschaft von Matrosen, Einheimischen, Prostituierten und Reisenden.
✳ Fort Jesus (8:30-16:00 Uhr, 3 US$); Spaziergang durch die Altstadt – Sie können sich nicht verlaufen, denn letztendlich stoßen Sie immer auf die Digo bzw. Nkrumah Road; der Alte Hafen (Old Port); Mama Ngina Drive (Bus zur Likoni-Fähre, dann links an der Seefront entlang); MacKinnon-Markt mit den vielen Gewürzgeschäften in der Umgebung.

NORDKÜSTE (an der Straße nach Malindi, Bus Nr. 31 ab Mwembe Tayari Bus Station oder Abdel Nassar Rd.): Serena Beach Hotel (H, ☎485721-4, ✍485453), Kanamai Centre (E, C, ☎2046 Kikambala), Continental Beach Cottages (E). Zu den letzteren zwei müssen Sie ab der Hauptstraße einige Kilometer zu Fuß gehen oder ein Auto anhalten.
✳ Bamburi Nature Trails (Haltestelle *Nature Trail* der Nr. 31 sowie alle Matatus Richtung Kilifi, Wegweiser zehn Kilometer hinter Mombasa beachten), 14:00-17:30 Uhr, 1 US$; dem Schweizer Agronomen René Haller ist in den Kalksteinbrüchen einer Zementfabrik in zwanzigjähriger Arbeit die Rückgewinnung von total verödetem Boden gelungen. Dieser ökologische Mikrokosmos mit seinen Krokodilen, Antilopen, Vögeln und einer reichen Pflanzenwelt ist unbedingt einen Besuch wert.
KILIFI (58km/1/@). Malerische Bucht.
☞ Takaunga, Suaheli-Ruinenstadt, 10km südlich von Kilifi, 8km von der Hauptstraße.
MALINDI (61km/1/@/☎0123).
Busverbindung. Große Busse und eine Vielzahl von Matatus ab Mombasa (Haltestelle: Abdel Nassar Road).
Unterkunft. Silversands (E, C, ☎20412), Driftwood Club (H, ☎20155 oder Nairobi☎337604, hervorragendes Essen und familiäre Atmosphäre). Meiden Sie die Hotels nördlich des Stadtzentrums: Der Strand ist wegen des Sabaki-Flusses immer braun, das Wasser trüb.
☞ Mit Auto oder Fahrrad nach Mambrui (15km/2), ein Fischerdorf mit hübscher Moschee. Sehr lohnenswert wegen des wilden und breiten Strandes mit großen Dünen. Menschenleer, von einigen Strandkühen abgesehen. Wenn Sie nicht so weit strampeln wollen, fahren Sie einfach nach der Sabaki-Brücke in die Dünen.
✳ Malindi Marine National Park. Einer der besten Orte, um vielförmige Korallen und schillernde Fische schnorchelnd zu erleben. Entweder Sie fahren direkt zum Parkeingang beim Casuarina Point 6km südlich der Stadt oder Sie buchen beim Driftwood Club (auch Sporttauchen) bzw. einem der fliegenden Anbieter (ca. 10 US$ mit Transport).

Lohnende Abstecher:
GEDI (18km,1), mit dem Fahrrad (erhältlich bei Silver Sands) oder mit Matatu vom Markt

aus. Ruinen (7:00-18:00 Uhr, Broschüre des Archäologen James Kirkman empfehlenswert). Kommen Sie möglichst früh, um dem großen Andrang zu entgehen.

WATAMU (7km von Gedi/1/☎0122). Ocean Sports Hotel (H, ☎32088, ✍32266), Hemingway´s (H, ☎32624, ✍32256); beide verfügen über gutausgerüstete Boote zum Hochseefischen und veranstalten mehrmals im Jahr Wettkämpfe. Tauchen und Schnorcheln im Watamu Marine National Park.

ARABUKO SOKOKE FOREST. Westlich der Gedi-Malindi-Straße gelegener einzigartiger Urwald. ☞ Mit Matatu zur Forststation 3km vor Jilore (20km/2 von Malindi). Links durch den Wald bis zur Küstenstraße zurück. Informationen über den Wald bei KIFCON (Nairobi ☎767700, ✍767947).

TANA DELTA. Nur als Package bei Tana Delta Ltd. (Nairobi ☎882826, ✍882939)

LAMU ARCHIPEL (232km/2/☎0121). Erkundigen Sie sich in Malindi nach der Sicherheitslage auf der Strecke! Das Auto wird in Mokowe geparkt. Trinkgeld an Wächter erhöht Sicherheit!

Busverbindung. Garissa Express, Tana River Bus Service und Malindi Bus verkehren täglich ab Mombasa oder Malindi (7 US$).

Flug. Tägl. ab Nairobi (120 US$ hin und zurück/ Air Kenya ☎501421, ✍500845), Mombasa (165 US$ hin und zurück/86 US$ einfach/Prestige Air, ☎21443) oder Malindi (125 US$ hin und zurück/ 65 US$ einfach/Prestige Air, ☎21258).

LAMU. Bus und Autofahrer per Fähre von Mokowe, Flugreisende per Boot von Manda Airstrip. **Übernachtung.** Yumbe Guest House (M, ☎33101), stilvoll traditionell eingerichtet mit viel Atmosphäre und einem schönen Innenhof! Eine Vielzahl einfacher Pensionen in der Altstadt, schauen Sie sich mehrere an, bevor Sie sich entscheiden, und lassen Sie sich nicht von Schleppern einschüchtern.

Essen. Bush Gardens, Hapa Hapa, Ghai´s Restaurant (preiswertes Menü), alle an der Hafenpromenade.

Nachtleben. Petley´s Inn, die einzige Bar (Terrasse im 1. Stock); Civil Servant´s Club, Disco freitags und samstags. ☞ Freilichtkino hinter der Altstadt, fragen Sie sich durch.

✳ Altstadt-Spaziergänge: Geben Sie sich dem Labyrinth hin, es gibt immer was Neues zu entdecken. Sollten Sie sich verirren, gehen Sie die Gassen abwärts, und Sie werden unweigerlich zur Hafenpromenade kommen. Lamu Museum (8:00-18:00 Uhr, 2 US$), eines der besten des Landes. Suaheli House Museum (8.00-18.00 Uhr, 2 US$), ausgeschildert in der Nähe von Yumbe House. Lamu Fort mit neuem Naturmuseum (8:00-18:00 Uhr, 2 US$).

SHELA (3km), ständige Dauerverbindung oder angenehmer Spaziergang bei Ebbe. **Unterkunft.** Kijani House (H, ☎33235, ✍33237), Peponi Hotel (H, ☎33029, Bar!).

✳ acht Kilometer langer Strand mit großen Dünen, jeder findet ein einsames Plätzchen. Achtung: zeitweise starke Strömung; nicht zu spät nach Lamu zurückkehren.

Dau-Touren: Sie bekommen ständig Angebote, fast schon eine Plage. Preise vergleichen, sich mit anderen Reisenden zusammentun. Halber Tag ca. 15 US$, Ganzer Tag ca. 30 US$ pro Boot. Ziele:
1) **Matondoni**, Halbtagesausflug zu dem auf der Landseite der Insel gelegenen Dorf, wo die Daus gebaut werden. Rückkehr auch zu Fuß oder mit Esel möglich.
2) **Takwa-Ruinen**, Halbtagesausflug durch einen Mangroven-gesäumten Kanal zu den Überresten einer Suaheli-Stadt. Wilder Strand mit wuchtigen Wellen.
3) **Ganztagesausflug zum Fischen** auf der offenen See mit anschließendem Mittagessen irgendwo an einem Strand.
4) **Dreitagesausflug nach Kiwayu**, einer schmalen Insel im Norden. Schnorcheln, Schwimmen, Müßiggang. Nehmen Sie genug Getränke mit, schützen Sie sich besonders vor der Sonne.

☞ **PATÉ ISLAND.** Imposante Ruinen und traditionelle Suaheli-Kultur. Ein Zweitagesausflug zu dieser Insel ist ein einmaliges Erlebnis und zudem preiswert (insgesamt ca. 20 US$). Tägl. Fährverbindung, Abfahrt von der Hauptmole je nach Gezeiten; fragen Sie nach, und lassen Sie sich nicht abschrecken von Behauptungen, eine solche Bootsverbindung gebe es nicht. Entweder Sie steigen in Mtangawanda aus (2 St. Fahrt) und laufen eine weitere Stunde nach Paté Stadt (Paté

Guest House, E) oder übernachten in Siyu (3,5 St./Privatunterkunft). Wenn Sie an den verschiedenen Ruinenstädten besonders interessiert sind, fragen Sie beim Lamu-Museum nach; ein Mitarbeiter namens Bakari Maalim Bakari bietet Unterkunft in Siyu und Führungen nach Paté-Stadt (8km) und Shanga (4km) an.

SÜDKÜSTE.

Tiwi Beach (18km/1, ☎0127), Bus nach Ukunda Nr. 32, von der Haltestelle 3km zum Strand. Twiga Lodge (M, C, ☎4061). Der Campground ist einer der schönsten und populärsten an der Küste. Einkaufs- und Verpflegungsmöglichkeiten vorhanden.
Diana Beach (35km/1/☎01261). Eine sehr touristische Enklave, in der die meisten Pauschalreisenden ihren Strandurlaub verbringen und wo es kaum Möglichkeiten zur preiswerten **Übernachtung** gibt. Fast alle Sport- und Freizeitangebote vorhanden. Einige der vielen Luxushotels: Leisure Lodge Hotel and Club, in Deutschland bei vielen Reisebüros zu buchen (H, ☎2011), Indian Ocean Beach Club (H, Nairobi ☎335807, ✍340541), Safari Beach Hotel (H, ☎2726 oder Nairobi ☎337501, ✍219212 – gilt auch für Africana Sea Lodge und Jadini Beach Hotel). Nomad Beach Hotel (M, ☎2155, gutes Restaurant).
Essen. Ali Barbour´s (nur abends, vorab buchen ☎2033), exquisite Meeresfrüchte in einer Korallenhöhle, hochpreisig. Gallo´s (☎3150, beim Diani Beach Shopping Center).

Lohnende Abstecher:
SHIMBA HILLS NATIONAL PARK (30km von Diani/2). Bewaldete Hügel und frische Luft, die nur hier beheimatete Sable Antilope und der Ausblick auf die Küste machen diesen kleinen Nationalpark sehenswert. Campingplatz (C, E); Shimba Hills Lodge (H, Nairobi ☎335807, ✍340541).
SHIMONI (50km von Diani/1, Bus von Ukunda oder Mombasa), Halbinsel mit interessanten Höhlen, *der* Ort zum Hochseefischen. Pemba Channel Fishing Club (H, Mombasa ☎313749, ✍316875).
WASINI ISLAND. Fähre von Shimoni aus. Ziemlich unberührte Insel mit hervorragenden Schnorchelmöglichkeiten im Kisite/Mpunguti Marine National Park. Mpunguti Lodge (E, C). Pauschaltour kann in jedem Hotel am Diani Beach gebucht werden.

Ein Bootsmaat mit ausgeprägten Sympathien für Fußball

Sansibar

Wir fliegen von Mombasa nach Sansibar mit Kenya Airways, einer relativ zuverlässigen Fluggesellschaft. Von oben entsprechen Sansibar und ihre Schwesterinsel Pemba dem typischen Bild tropischer Inseln: weiße Strände, die sich wie ein Saum um das dichtgrüne Inland ziehen. Nach unserer Landung auf dem kleinen, verschlafenen Flughafen müssen wir zuerst durch die strenge Impfkontrolle. Wer in seinem Ausweis nicht den Vermerk einer Gelbfieberimpfung hat, wird in einem Nebenzimmer schnell nachgeimpft. In einem kahlen Raum mit zwei thekenhohen Tischen werden Ausweise und Pässe kontrolliert. Der Beamte kann mit meinem EG-Impfausweis wenig anfangen. Er hebt die Augenbrauen, schaut mich fragend an. Ich erkläre ihm, soweit ich dazu in der Lage bin, die EG und ihre Befugnisse, zum Beispiel Dokumente auszustellen. Aha, meint er nach einiger Zeit – die lange Schlange, die sich aufgrund unseres Fachgesprächs gebildet hat, stört ihn wenig –, aha, das ist so wie mit Tanganjika und Sansibar. Ich müsse nämlich wissen, erklärt er mir in gestelztem Englisch, daß Tansania aus zwei Teilen besteht. Aus dem größeren *mainland* (Tanganjika) und aus den Inseln Sansibar und Pemba. Deshalb heiße das Land ja auch Tan-sa-nia. Ob das gutgehe, frage ich ihn. Ja, alle seien sehr zufrieden. Auch wenn sein Enthusiasmus berufsbedingt etwas aufgesetzt ist, so ist Tansania doch tatsächlich einer der seltenen Fälle eines überwiegend erfolgreichen Zusammenschlusses zweier Länder. Und das bei all den kulturellen, geschichtlichen und religiösen Unterschieden zwischen der Küste und den Inseln. Doch bis es dazu kam, mußten viele Gezeiten kommen und gehen.

Anfang des 19. Jahrhunderts gehörte Sansibar zum Sultanat von Oman. Eines Tages im Jahr 1828 besuchte Sultan Sayyid Said diese entlegene Provinz seines Reiches. Er verliebte sich auf der Stelle in die Insel. Er ließ Nelkenbäume anpflanzen, verlegte bald darauf seinen Herrschaftssitz hierhin und machte aus der verschlafenen Insel ein Handelszentrum und den wichtigsten Nelkenproduzenten der Welt. Vertreter aus Connecticut und Hamburg ließen nicht lange auf sich warten. Der Kern von Sansibar-Stadt, die heutige Stone Town, wurde in wenigen Jahren er-

Leuchtturm auf der Insel Sansibar

33

baut. Eine imposante Metropole erwuchs aus dem kleinen Fischerdorf. Nur kurze Zeit später war Sansibar zu einem Spielball kolonialer Interessen geworden. Engländer und Deutsche rangelten sich um Ostafrika. Aufgrund des unermüdlichen Wirkens von Karl Peters konnte Bismarck 1885 das heutige Tansania zum deutschen Protektorat erklären. Wenige Jahre später einigten sich die Kontrahenten Deutschland und das britische Imperium über ihre Einflußsphären in diesem Teil der Welt. Dabei tauschte das Deutsche Reich unter anderem die blühende Insel Sansibar gegen das steinerne Eiland Helgoland ein.

Ein altes Gebäude in der typischen Sansibar-Bauweise

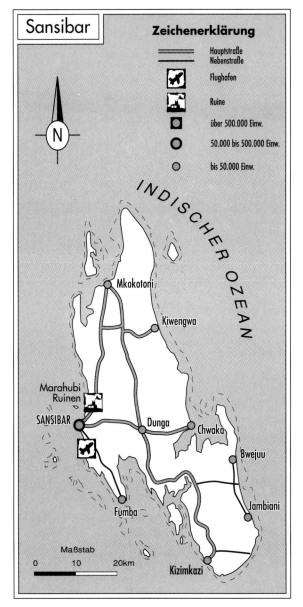

Stone Town, die Altstadt Sansibars, von der UNESCO zum Weltkulturgut erklärt, ist ein Ort der Fragmente. Man sieht selten ein Gebäude ganz und erhascht in dem Labyrinth meist nur einen kurzen Blick auf einen Rücken, einen Kopf oder auf verschwindende Beine. Einen Überblick erhält man nur vom Meer aus oder von einem der Dächer.

Gerade in den heißen Mittagsstunden merkt man, wieviel Komfort die enge Architektur der Suaheli bietet. Die hohen, schlanken Gebäude mit ihren eleganten Balkonen, ineinander und übereinander gebaut, spenden viel Schatten, tauchen die Gassen in Kühle ein. Die steinernen Bänke neben den Eingängen dienen als Rastplatz für Fremde und männliche Gäste. Die Altstadt hat ihre architektonische Eigenart und Geschlossenheit überwiegend bewahrt. Auch heute noch werden die Häuser aus Korallenstein gebaut; Mangrovenpfähle dienen als Stützen. Leider sind aber auch einige Hotels und Villen errichtet worden, die mit ihrem modernen Stil wie uneingeladene, häßliche Gäste wirken.

Sie können auf Sansibar nichts Interessanteres tun, als durch die Altstadt spazieren. Sie werden ähnlich bezaubert sein wie in den mittelalterlichen Städten Europas, Volterra zum Beispiel oder Siena. Besondere Freude macht es, das eigene Orientierungsvermögen am Labyrinth der Stadt zu messen. „Am Anfang ist es schwer, doch nach zwei Tagen hast du es heraus", sagen die Sansibarer, und wer ihnen glaubt, wird schwer Trost finden, wenn er eine Woche später immer noch eine halbe Stunde braucht, um einen Katzensprung weit zu kommen. Sorgen aber brauchen Sie sich keine zu machen. Letztendlich erreicht man immer eine der Grenzen der Stone Town, die Tangente Creek Street, den Hafen oder die südliche Meeresfront, und kann sich dann zu seinem Ziel weitertasten.

Ein besonderes kulturelles Ereignis findet meist am Freitag abend statt oder zu Ehren eines Hochzeitspaares: ein *taarab*-Konzert. Fragen Sie unbedingt nach, ob ein öffentliches Konzert während Ihres Aufenthalts irgendwo stattfindet. Taarab ist eine eigenständige Musikform, die an der Küste entstanden ist und besonders in Sansibar gepflegt wird. Bei jedem Schlendern durch die Gassen hört man die Klänge der „Taarab Top Ten", die momentanen Hits. Es finden internationale Taarab-Festivals statt. Die Musik läßt arabische, aber auch indische Einflüsse erkennen. Wir kommen zufällig an einer Halle vorbei und lassen uns von den Klängen anlocken. Es haben sich vor allem Frauen versammelt. Sie bleiben nicht lange ruhig sitzen. Kaum ist ein besonders beliebtes Lied angestimmt, gehen sie zur Bühne und stecken den Musikern einige Scheine zu. So entsteht Unruhe in den Gängen und vor der Bühne. Auf den Plätzen wird eifrig diskutiert, angefeuert, gelacht und über die Liedtexte geschimpft. Als Motor des Ganzen rast der Rhythmus der Musik, und regelmäßig setzt die singende Frauenstimme zu einem Looping an.

Praktische Informationen

Eine Reise nach Sansibar lohnt sich nur, wenn Sie länger bleiben und sich auf die Insel und die Stadt einlassen wollen. Bei einem Kurzbesuch werden Sie nichts von dem Zauber und der Kultur der Insel mitbekommen. Sansibar hat viel von seiner Eigenart bewahrt – um das kennenzulernen, brauchen Sie Geduld, Zeit und tiefergehendes Interesse. Für einen Strandurlaub ist die kenianische Küste erheblich besser geeignet.

Anreise. Air Tanzania von Dar-es-Salaam, Kenya Airways von Nairobi und Mombasa. Tägliche Bootsverbindung von und nach Dar-es-Salaam.

Übernachtung. Es gibt in Sansibar ca. 130 Gasthäuser und Pensionen, von denen die meisten sauber und gut geführt sind. Wir haben eine kleine und persönliche Auswahl getroffen. Sie müssen zur Hochsaison damit rechnen, viele Pensionen aufsuchen zu müssen, bis Sie ein freies Zimmer finden. Emerson House (H) – ein wunderbar in altsansibarisch inspiriertem Stil eingerichtetes Hotel mit persönlicher Note, Marson Hotel (H), Hotel International (M), Africa House Hotel (mit der besten Bar der Stadt und einer Veranda, von der aus Sie den Sonnenuntergang über dem Meer erleben können), Tufah Inn (M), Narrow Street Hotel (M), Spice Inn (M), Clove Hotel (M), Jambo Guest House (E), Flamingo Guest House (E), Kiponda Hotel (E), Riverman Hotel (E).

☞ Stadtplan und Plan der Insel im Tourist Bureau (☎32344) im Livingstone House sowie an der Creek Road.

Transport. Gutes Busnetz; Abfahrt gegenüber dem Hauptmarkt an der Creek Road. Es ist auch möglich, ein Fahrrad zu mieten. Fragen Sie herum.

✳**Stone Town**, die Altstadt. Gehen Sie so oft durch, wie Sie nur können. **Spice-Tour** – eine Tagesrundfahrt, bei der man einige Ruinen besichtigt sowie die tropische Vielfalt an Gewürzen, Gemüse und Obstsorten gezeigt bekommt. Ein leckeres Mittagessen in angenehmer Atmosphäre gehört zu der Tour. Es gibt eine Vielzahl von Anbietern. Der bekannteste – er selber behauptet, die Spice Tour erfunden zu haben – ist ein älterer Inder namens Mitu. Sie finden ihn vor oder gegenüber dem Ciné Afrique. Fragen Sie sich einfach durch. Konkurrenten: Fazea Tours (☎33326, 32660) – junge und engagierte Leute. Spice Tours, (☎30728, 30224, verschiedene Touren im Angebot). **Changuu Island**, auch Prison Island genannt, vor Sansibar-Stadt gelegen. Strand, Ruinen, Schildkröten, Pfauen und Idylle. Ein Muß! Fast jeder Bootsmann wird Ihnen die Überfahrt anbieten. Wenn Sie mit einer Gruppe übersetzen, verringern sich die Kosten erheblich.

Ausflüge. Ruinen des Dunga-Palastes, mitten auf der Strecke von Sansibar-Stadt zur Ostküste. Jozani Forest im südlichen Teil der Insel, beherbergt die letzten Red Chested Colobus Monkeys. Bwejuu-Strand – wird von vielen als schönster Strand der Insel bezeichnet (Dere Guest House, E). Mangapwani Sklavenhöhlen, beklemmender Eindruck vom Sklavenhandel.

☞ Mnemba Club (H/Archer´s Tours & Travels Nairobi, P.O. Box 40097, ☎223131, 331825, ✍212656). Auf der gleichnamigen privaten kleinen Insel, zehn Minuten mit dem Boot von der Nordspitze Sansibars entfernt. Ihr tropischer Inseltraum! Abgeschiedenheit und Luxus für nur zehn Bungalows.

Das Abenteuer Eisenbahn

Der Bau einer Eisenbahnlinie von Mombasa bis zum Viktoria-See bzw. bis nach Uganda war die entscheidende Voraussetzung für die Kolonialisierung Ostafrikas und gleichzeitig eine der gewagtesten technischen Unternehmungen des imperialen Zeitalters. Schon früh wurde vor allem den Engländern klar, daß es unmöglich sein würde, das riesige Territorium mit dem Transportmittel der Karawane zu erschließen und zu verwalten. Außerdem war das weit im Landesinneren gelegene Uganda Anfang der neunziger Jahre des letzten Jahrhunderts die verlockendste Beute im Gerangel der Kolonialmächte. Die Fruchtbarkeit und der Reichtum des Landes hatten sich herumgesprochen. Zudem besaß der Oberlauf des Nils enorme strategische Bedeutung für den gesamten Fluß und somit auch für die britischen Interessen im Sudan und in Ägypten. Die Idee, den britischen Einfluß entlang der Küste über die Gleise auszudehnen, war naheliegend. Nach langwierigen und heftigen Debatten im britischen Parlament wurde der Bau schließlich genehmigt, im August 1896 wurden die ersten Schienen in Mombasa gelegt. Mehr als fünf Jahre später, am 20. Dezember 1901, hämmerte die Frau eines Ingenieurs den letzten Bolzen ein – vom Gleisende aus überblickte man den Viktoria-See. Mehr als fünf Millionen Pfund hatte der Bau verschlungen, eine für damalige Verhältnisse gigantische Summe, und die Linie hatte nur noch einen Namen: „Lunatic Express" – Zug des Wahnsinns.

Es ist wichtig, rechtzeitig am Bahnhof anzukommen. Denn obwohl die Zeit in Afrika keine besondere Rolle spielt, fahren die kenianischen Züge auf die Minute pünktlich ab. Die Ankunftszeiten sind dagegen weniger verläßlich. Außerdem braucht man einige Zeit, bis man sein Abteil gefunden hat. Zuerst guckt man auf den ausgehängten Zetteln nach dem eigenen Namen, um so die Wagen- und Abteilnummer zu erfahren. Anschließend sucht man den richtigen Waggon und macht es sich im Abteil bequem. Eine kurze Lautsprecheransage, ein Pfiff des Stationsvorstehers, und der Zug setzt sich ruckartig in Bewegung ...

Abfahrt am Abend vom Bahnhof in Mombasa

DAS ABENTEUER EISENBAHN

Schon wenige Minuten später verläßt er Mombasa über die Makupa Causeway und zieht die erste Steigung hinauf. Die Geschwindigkeit ist gemächlich, man kann den Kopf zum Fenster hinausstrecken und ein letztes Mal die Meeresluft und die Düfte der üppigen Gärten genießen. Die Gleise drehen einige Spiralen, um an Höhe zu gewinnen, verlassen allmählich die Küstenregion. Als der Waggonbetreuer vorbeikommt, um die Frage des Abendessens mit uns zu besprechen, haben wir schon eine Strecke zurückgelegt, für die die Bauarbeiter ein Jahr benötigt hatten. Da wir als eines der letzten Abteile gefragt werden – wahrscheinlich dürfen die Passagiere der ersten Klasse zuerst wählen –, bleibt uns nur der Zehn-Uhr-Termin. Auf das Abendessen möchten wir auf keinen Fall verzichten. Was wäre diese Zugfahrt ohne das Erlebnis des Speisewagens!

Gebaut wurde die „verrückte" Bahnstrecke von indischen Kulis, die man in großer Zahl verpflichtete, weil sie zum Teil schon Erfahrung mit Eisenbahnbau hatten und die Afrikaner sich für Lohnarbeit schlecht eigneten. Man konnte letztere nicht überreden, sich für einen Hungerlohn weit weg von ihrer Heimat zu plagen. Die angeworbenen Träger pflegten bald wieder zu verschwinden. Die Inder dagegen, 1899 schon 33 000 Mann stark, hatten sich erheblich länger mit den Eigenarten des europäischen Denkens und Wirtschaftens vertraut machen können. Sie arbeiteten beständig und zuverlässig für einen Gegenwert von monatlich ungefähr fünf US-Dollar und starben in großer Zahl an den tropischen Krankheiten.

Durch unser Fenster strömt trockenere Luft, und trotz des Fahrtwindes spüren wir den Abschied von der Küste und den Beginn der Taru-Wüste, der ersten großen und fast tödlichen Herausforderung während des Baus. Die Nacht hüllt den Zug ein, so daß wir im fahlen Mondlicht kaum etwas von diesem 160 Kilometer breiten Ödland sehen können. Doch keiner, der mit dem Auto von Nairobi nach Mombasa fährt, wird das dürre, gnadenlos heiße Gebiet vor der Küste je vergessen. Monatelang mußte man Wasser über die schon erbauten Schienen herantransportieren, das kurzfristig den quälenden Durst löschte. Tag um Tag, ohne Schutz vor der Sonne, bei Temperaturen, die selbst im Schatten schwer auszuhalten waren, mühten sich die Arbeiter voran. Wahrscheinlich waren sie so erpicht darauf, dieser Hölle zu entkommen, daß sie in wenigen Monaten den Schatten der Taita-Hügel erreichten und ein wenig Linderung fanden.

Genau um zehn Uhr läuft der Waggonbetreuer den Gang entlang und ruft, unterstützt von einem

Xylophon, zur letzten Schicht Abendessen. Ausgehungert eilen wir zum Speisewagen. Unser Zug hat diesmal einen gemütlichen alten Waggon dabei, der einen europäischen Kokon um den Reisenden spinnt und vergessen läßt, daß draußen der Tsavo beginnt, eines der größten Tierreservate des Kontinents und Schauplatz des gruseligsten Dramas des „Lunatic Express". Schwere Holztäfelung umrahmt die Fenster, die Stühle sind gepolstert, die Tische von einer niedrigen Stehlampe erleuchtet, das Besteck ist silbern, zumindest die überdimensionierten Löffel. Der einstige Stil ist verblichen: Der Ober trägt eine imposante weiße Livree mit Epauletten, doch prangen darauf Flecken, zahlreich wie die Orden eines hochdekorierten Generals. Das Essen beginnt mit Suppe, und der Engländer, der neben uns seine Bouillon in alter Manier nach außen hin auslöffelt, erzählt von den einstigen Schrecken des Tsavo River ...

Die Eisenbahnbauer glaubten schon, das Schlimmste hinter sich gelassen zu haben, als sie die Taita-Hügel umkurvten und durch die Tsavo-Steppe weiter nach Westen vordrangen. Doch kaum hatten sie eine vorläufige Holzbrücke über den Tsavo-Fluß gespannt, als sie eines Besseren belehrt wurden: Ein Streckenarbeiter verschwand. Als seine Leiche gefunden wurde, wiesen unzählige Prankenhiebe auf Löwen hin. Die Jagd auf die selten vorkommenden menschenfressenden Löwen wurde eröffnet. Sie sollte mehrere Monate dauern, während die Arbeit an der Bahn fast zum Erliegen kam und die Zahl der Opfer mit erschreckender Regelmäßigkeit wuchs. Bald stellte sich heraus, daß es sich um ein Löwenpärchen handelte, dessen Instinkt und Gerissenheit unheimlich waren. Welche Fallen ihnen auch gestellt, wie sehr die Wachen auch intensiviert wurden, es half nichts. Die indischen Arbeiter zogen die Konsequenz: Sie „desertierten" in Massen, so daß der verantwortliche Brückenbauer, Colonel Patterson, schließlich nur noch fünfzig Getreue um sich scharen konnte. Die Menschenfresser wurden zur größten Herausforderung für diesen erfahrenen Offizier. Er schlug sich die Nächte um die Ohren, wechselte oftmals den Standort des Lagers, fand immer raffiniertere Tricks, bis er endlich Erfolg hatte. Nachdem er mehrmals knapp danebengeschossen hatte, gelang es ihm am 9. Dezember 1899, den ersten Löwen zu erlegen, und drei Wochen später den zweiten. Vielleicht wären die Engländer und Inder nicht ganz so sehr von dieser Bedrohung überrascht gewesen, wenn sie sich den einheimischen Namen Tsavo hätten übersetzen lassen – er bedeutet „Schlachtung".

Der Engländer nimmt sich drei Gänge Zeit für seine

38

Erzählung – er hat wohl das Buch „The Lunatic Express" gelesen, in dem der Autor Charles Miller den Eisenbahnbau mit der Geschichte Ostafrikas auf spannendste Weise verknüpft. Als der Kaffee serviert wird, ist alles gesagt. Schwer vorstellbar, wie aufreibend und gefährlich dieser Eisenbahnbau war, wenn man gut gegessen hat und sich kurz danach in die behaglichen Pritschen legt (nur in der ersten und zweiten Klasse!) und tief schläft, während draußen die Savanne vorbeirauscht.

Am Morgen wird man von der kühlen Frische des Hochplateaus geweckt. In der Nacht hat der Zug knapp 1600 Meter Höhe erreicht, und nun durchquert er das letzte Stück der goldenen Athi-Ebene vor Nairobi.

Im Mai 1899 hatten die Ingenieure und Arbeiter bereits fünfhundert Kilometer (327 Meilen) Gleise gelegt. Doch die größte technische Herausforderung stand noch bevor: der Aufstieg ins Hochland und der steile Abbruch des Rift Valley. Im letzten Flachstück davor wurde an einem Bach ein Camp aufgeschlagen, als Basislager für die künftigen Aufgaben. Das Flüßchen hieß Uaso Nairobi, kaltes Wasser. Mit dieser Entscheidung des leitenden Ingenieurs George Whitehouse begann die Geschichte der ostafrikanischen Metropole Nairobi – die Geschichte eines Fleckchens Sumpf, das trotz der widrigen natürlichen Bedingungen innerhalb einiger Jahrzehnte zur Millionenstadt wurde.

In den Zug nach Westkenia muß man in Nairobi umsteigen. Am Friedhof und an dem Nyayo-Fußballstadion vorbei beschleunigt die Lok auf die Reisegeschwindigkeit von etwa 50 Stundenkilometer und beginnt den langen Aufstieg zum Rand des Ostafrikanischen Grabens. In einer langgezogenen Kurve eröffnen sich Ausblicke über die östlichen Vororte der Stadt, bevor sich nach einer Unterführung das Bild radikal ändert. Die Strecke durchquert nun Kibera, eines der drei größten Slumgebiete Nairobis. Die meiste Zeit ist nicht viel zu sehen, weil die Trasse tief in den Fels eingeschnitten ist, doch zeitweise fährt man mitten durch einen Markt mit Ständen zu beiden Seiten. Einige Male am Tag werden die Gleise für Züge freigegeben, ansonsten befindet sich hier eine Fußgängerzone. Erfahrene Zugreisende schließen ihre Fenster, denn von hier bis zu der nächsten Station Dagoretti ist der Zug eine beliebte Zielscheibe für steinewerfende Jungen.

Hinter Dagoretti – die Stadt weicht dem üppigen Grün des Kikuyu-Landes – ziehen wir die Scheiben wieder herunter; der Duft des Hochlandes strömt in den Wagen. Kleingehöfte reihen sich aneinander, Gärten mit Spinat, Kohl und anderem Gemüse. Der Zug

windet sich in seinem unermüdlichen Kampf gegen die Steigung durch schmale Täler, über breite Rücken und zwischen ständig winkenden Kindern in die Höhe. Kleine Bahnhöfe folgen in regelmäßigen Abständen, adrette koloniale Gebäude mit gepflegten Gärten und Rasen. In der Ferne verschwindet die Skyline Nairobis im Dunst. Die Strecke erreicht durch einen Tunnel den Sattel des Grabenrandes. Unvermittelt dann der erste Blick nach unten, zu dem Boden der Senke zwischen den Vulkanen Suswa und Longonot, der erstere behäbig und flach, der zweite steil in den Himmel ragend. Die Eisenbahnlinie schlängelt sich den Abhang entlang, mal in den Fels eingeschnitten, mal über der Tiefe hängend, überquert das Plateau von Kijabe und rollt schließlich am Fuße des Longonot aus.

Praktische Informationen

Eisenbahnmuseum (1 $, 8:30-16:45), im rechten Trakt des Hauptbahnhofes von Nairobi.
Buchung. Bei ausgewählten Tour-Operatern (siehe Anhang) oder am Hauptbahnhof von Nairobi bzw. Mombasa. Dort müssen Sie zuerst am Buchungsschalter ein Abteil reservieren, dann an der Kasse bezahlen, danach am Schalter die Buchung bestätigen. 1. Klasse: Zwei-Bett-Abteile mit Waschbecken. 2. Klasse: Vier- oder Sechs-Bett-Abteile mit Waschbecken, nach Geschlecht getrennt.
Preise (beinhalten Abendessen, Bettzeug, Frühstück; alle in US$):
Mombasa – Nairobi (oder umgekehrt), Abfahrt in beiden Richtungen täglich um 19:00, Ankunft um acht Uhr morgens. 1. Klasse 40 $. 2. Klasse 26 $.
Nairobi – Kisumu, Abfahrt Nairobi täglich um 18:00, Ankunft in Kisumu um acht Uhr morgens. 1. Klasse 30 $. 2. Klasse 20 $.
Nairobi – Malaba, Abfahrt Nairobi freitags und samstags um 15:00, Ankunft Malaba um acht Uhr morgens. 1. Klasse 42 $. 2. Klasse 27 $.
Nairobi – Kampala, Abfahrt Nairobi dienstags um 10:00, Ankunft Kampala um zehn Uhr am nächsten Morgen. 1. Klasse 65 $. 2. Klasse 44 $.
☞ Die letzten beiden Züge befahren die wunderschöne Strecke über den Rand des Ostafrikanischen Grabenbruches im Tageslicht, so daß sich eine Fahrt auf dieser Strecke bis nach Naivasha oder Nakuru empfiehlt. Ankunft in Naivasha um ca. 18:00. 1. Klasse: 6 $. (Nakuru: 17 $.)

Die Metropole Nairobi

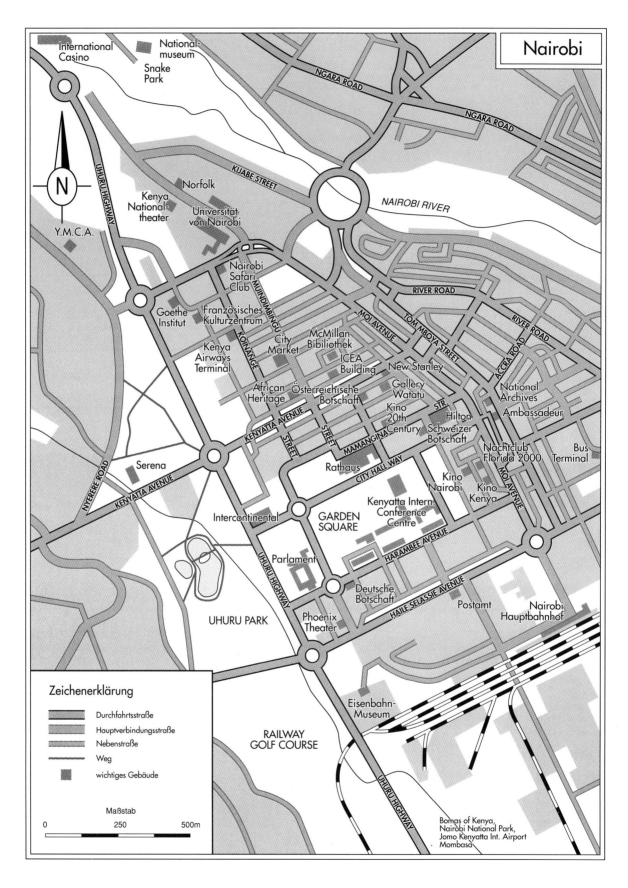

DIE METROPOLE NAIROBI

An Nairobi werden Sie kaum vorbeikommen. Als Zentrum Ostafrikas wird die kenianische Hauptstadt wahrscheinlich der Ort Ihrer Ankunft und Abfahrt sein. Auf dem Weg zur Küste oder zwischen zwei Safaris werden Sie hier den einen oder anderen Tag verbringen. Zwar ist Nairobi an sich keine Sehenswürdigkeit, und nicht wenige seiner Einwohner würden Ihnen raten, so schnell wie möglich wieder abzureisen, doch nirgendwo sonst zeigen sich die Widersprüche und Extreme Ostafrikas deutlicher als in dieser Millionenstadt. Nairobi ist weder attraktiv, noch kann es sich eines historisch gewachsenen, in sich stimmigen Stadtkerns rühmen. Aber es vermittelt viel von dem städtischen Leben Afrikas und von den Schwierigkeiten der Ballungsgebiete auf diesem Kontinent. Etwas Interesse vorausgesetzt, werden diese Eindrücke Ihr Bild von Ostafrika abrunden. Auch befindet sich die Stadt an der Nahtstelle zwischen zwei grundverschiedenen Klima- und Vegetationszonen. Auf der südlichen Seite rollt die flache, trokkene Steppe der Nomaden aus, auf der anderen Seite beginnen die hügeligen Felder der Ackerbauern und die Kaffee- und Teeplantagen. So liegen auch die Villenvororte eher im Westen, während sich gegen Südosten endlose Reihenhaussiedlungen ausbreiten.

Schon die Fahrt vom Flughafen in die Innenstadt macht Sie mit der einmaligen Lage Nairobis bekannt. Der Jomo Kenyatta Airport befindet sich in der Athi-Ebene, einer goldbraunen, weiten Steppe. Kurz nachdem Sie vom Zubringer auf die Hauptstraße eingebogen sind, die in der anderen Richtung bis nach Mombasa führt, erkennen Sie schon die moderne Silhouette der Stadt. Zu beiden Seiten der Straße begleiten Sie neue Häuser, Mauern und andere Zeichen einer unermüdlichen Bautätigkeit. Wundern Sie sich nicht über Mauern, die nur eine Grasfläche

Die moderne Skyline Nairobis

umgrenzen. Es ist üblich, als allererstes sein Land abzustecken und mit dem Bau später zu beginnen, wenn man über die nötigen Mittel verfügt.

Auf der linken Seite erstreckt sich der Nairobi National Park, der erste seines Zeichens in Kenia. 1946 wurde der 117 Quadratkilometer große Park als erster im Land eröffnet. Trotz seiner Nähe zu Wolkenkratzern und Staus beherbergt er eine erstaunliche Vielfalt an Fauna und Flora: mehr als achtzig Säugetierarten, darunter auch Löwen, Leoparden, Nashörner und Büffel; von den großen Savannentieren fehlen nur die Elefanten. An klaren Tagen muß man nur etwas Geduld besitzen, um eine Giraffe, die vor der Silhouette des Kenyatta Conference Centre stolziert, zu fotografieren. Selbst wenn man in Nairobi lebt, gewöhnt man sich kaum daran, daß in solcher Nähe zur Stadt ein ökologisches System mit dem Großteil des tropischen Tierlebens erhalten worden ist.

Auf der rechten Straßenseite weist die auffällige Firestone-Reifenfabrik auf die *Industrial Area* hin, den Schauplatz der überwiegend kleinindustriellen Produktion der Hauptstadt. Doch auch Fahrzeuge werden in diesem riesigen „Gewerbegebiet" montiert. Nach nur wenigen Minuten erreichen Sie den ersten Kreisverkehr (roundabout), ein Vorgeschmack auf das englisch inspirierte Verkehrssystem und das afrikanisch adaptierte freie und ungeregelte Verkehrsverhalten. Sollten Sie am Flughafen einen Wagen gemietet haben, werden Sie spätestens hier auf etwas einschüchternde Weise dem individuellen Fahrstil der Kenianer begegnen. Höchste Vorsicht ist geboten. Ab jetzt wird der Uhuru Highway dreispurig, überquert die Bahngleise (links der erste Golfclub der Stadt) und führt Sie mitten in die City hinein.

Die Geburtsstunde von Nairobi schlug am 30. Mai 1899, als die erste Dampflok die wenigen vorab errichteten Buden erreichte. Der leitende Ingenieur George Whitehouse hatte seine Entscheidung für ein Basislager an diesem Ort schon gefällt, und in den nächsten Jahren gab es ausreichend Gelegenheit, die Unüberlegtheit dieser Wahl zu verfluchen. Der Boden war schwere, schwarze Erde, die Umgebung sumpfig und moskitoverseucht. Der Name stammt übrigens von dem Massai-Wort *Nairobi* ab – Ort des kalten Wassers. Die Massai tränkten hier ihre Herden.

Von Anfang an war Nairobi eine koloniale, kulturell gemischte Stadt. Schon nach wenigen Jahren – und nach zwei Pestepidemien – war das sprießende Städtchen einerseits mit den Vorzügen britischer

Eine noch junge und aufstrebende Mittelklasse entwickelt sich in den Städten, vor allem in der Hauptstadt Nairobi

Straßenkinder

Zivilisation ausgestattet – einem Postamt, einer Sodawasserfabrik, einem Gemeinderat, einer Galopprennbahn und einem Golfclub. Die Straßennamen kopierte man einfach aus London. Erste Siedlerfrauen schlenderten die Victoria Street entlang, Pferdewagen mühten sich durch den Matsch. Andererseits hatten die indischen Arbeiter am Ende dieser Allee ihren Basar errichtet, bunt, laut und eng. Den Afrikanern dagegen war der Zuzug in den ersten Jahrzehnten untersagt, oder er war auf eigene, abgetrennte Wohngebiete beschränkt. Doch sie sollten der Stadt ihren Stempel später noch aufdrücken.

Heute existieren in Nairobi extreme Kontraste nebeneinander, was in vielen kleinen Ausschnitten zu erleben ist: Vor einem Hochhaus aus Marmor, Glas und Chrom, in dem Banken, Versicherungen und Handelsfirmen ihre Büros haben, verkauft ein junger Mann auf einem Holzkohlenofen gebratene Maiskolben. Im Erdgeschoß eines Verwaltungsgebäudes bietet ein Inder in seinem vier Quadratmeter großen Kiosk Krämerwaren an. Im Stau des dreispurigen Uhuru Highway stehen Limousinen neben tattrigen Taxis und schwerbeladenen Karren, *mkokoteni* genannt, deren Besitzer ihre Fracht noch einige Kilometer zu einem Kunden ziehen müssen, die sich kein Fahrzeug leisten können. Zwischen den so verschiedenen Transportmitteln hasten Jungen hin und her, verkaufen Zeitungen und Zeitschriften, springen flink zur Seite, wenn der Verkehr wieder loszieht. Nur einige Straßen voneinander entfernt empfangen Nobelrestaurants ganz andere Kunden als die einfachen Lokale, die als günstige Tagesmahlzeit Innereien, Spinat und Maisbrei anbieten.

Nachts ist die City von Nairobi wie ausgestorben. Reiche und Arme eilen nach getaner Arbeit in ihre Häuser und Hütten. Nur Nachtwächter, Polizisten, Prostituierte, Bettler und Obdachlose bewegen sich nach Einbruch der Dunkelheit auf den gespenstisch wirkenden, meist unbeleuchteten Gehsteigen. Die City wird zu einem gefährlichen Ort. Vor den wenigen besuchten Orten, Restaurants, Kinos und Nachtclubs, sorgt ein Nachtwächter für die Sicherheit des Wagens und gegen ein kleines zusätzliches Trinkgeld auch dafür, daß die Radkappen nicht verschwinden. Um sich zu wärmen, zünden die *askari* genannten Schutzmänner kleine Lagerfeuer auf dem Gehsteig an. In der tiefen Nacht sind das die einzigen flackernden Lebenszeichen.

Vor einem Barackenhaus im Stadtteil Kangemi

Spaziergang durch die City

Obwohl Nairobi eine wuchernde Großstadt geworden ist, fällt die Orientierung in dem kompakten Stadtzentrum nicht schwer. Hauptachse ist der Uhuru Highway, der die City von dem langgestreckten Uhuru Park trennt. Diese sechsspurige „Stadtautobahn" setzt sich einerseits als Mombasa Road zum Flughafen und weiter in Richtung Küste fort, andererseits als Transafrican Highway zum Grabenbruch und weiter nach Westen. Zwischen der Eisenbahnüberführung und dem Casino bildet sie die Hypotenuse eines Dreiecks, das die Innenstadt umfaßt. Die zweite Seite wird von der historischen Hauptachse der Stadt markiert, der ehemaligen Government Road und heutigen Moi Avenue. Diese Straße reicht vom Bahnhof bis zum Norfolk Hotel und grenzt damit die reichere Uptown von der vom Besucher besser zu meidenden Downtown ab. Die dritte Seite bilden die Schienenstränge der Bahn und die dazu parallele Haile Selassie Avenue. Quer durch dieses Dreieck schneidet die Kenyatta Avenue, eine breite Allee mit baumbestandenen Parkplatznischen.

Bevor Sie sich auf einen Rundgang durch die Innenstadt aufmachen, empfiehlt es sich, das National Museum zu besuchen. Es liegt auf dem Museum Hill, direkt neben dem Casino. Hier wird von prähistorischen Funden über Steine und ausgestopfte Tiere bis hin zu Hütten und Waffen alles ausgestellt und erklärt, was für die Entwicklung von Kenia von Belang ist, sei es aus der Paläontologie und Frühgeschichte, aus Ethnologie und neuerer Geschichte, aus Geologie, Botanik oder Zoologie. Wenn Sie sich besonders für letzteres interessieren, bietet sich auf der anderen Straßenseite der Snake Park mit seiner Sammlung hochgiftiger Reptilien an.

Wenn Sie Ihren Spaziergang an der Universität beginnen, einem frischen und angenehm gestalteten Komplex, sollten Sie von dem University Way in die Muindi Mbingu Street einbiegen. Gleich zu Ihrer Linken liegt der Jeevanjee Garden, der schon 1907 gestaltet wurde und mittags zu einer lärmigen Hyde-Park-Version wird, natürlich von erheblich kleineren Ausmaßen. Einige Schritte weiter biegen Sie in die Biashara Street ab, wo Sie noch einen Hauch von der Eigenart des einstigen indischen Viertels spüren können. Stoffgeschäfte reihen sich aneinander, kleine Nischenläden bieten Reis, Nüsse und Gewürze in riesigen Säcken an, hinter denen manchmal alte Männer sitzen, die den Großteil der Stadtgeschichte erlebt haben. Doch Sie werden hier auch den Hunger nach Baufläche sehen, die vielen Abrisse und Neubauten. Bald wird auch die historische Einheitlichkeit der Biashara Street mit ihren kolonialen zweistöckigen Flachbauten verloren sein. Etwas weiter an der Muindi Mbingu Street erreichen Sie zu Ihrer Rechten den Haupteingang des City Market – der andere Eingang liegt an der Koinange Street. Im Zweiten Weltkrieg als Flugzeug-Hangar erbaut, wurde der seltsame Bau mit seiner inneren Terrasse zu einem Markt umfunktioniert, der die Fülle an tropi-

DIE METROPOLE NAIROBI

schen Gewächsen anbietet. Auf engstem Raum türmt sich an den Ständen all das auf, was das kenianische Hochland gedeihen läßt und was durch Europäer und Inder ins Land gebracht wurde. Es ist ein Genuß für das Auge, an den Obst-, Gemüse- und Blumenständen entlangzublicken. Kaufen Sie eine Kleinigkeit, damit Sie sich nicht fremd fühlen und mit den Händlern ins Gespräch kommen. Allerdings ist es an allen Ständen, erst recht bei dem auch angebotenen Kunsthandwerk aus ganz Kenia, Pflicht, zu handeln. Sie können davon ausgehen, daß Sie ein Drittel herunterhandeln müssen, um ortsübliche Preise zu erreichen. Aber spätestens wenn der Verkäufer keine Scherze mehr macht und sich lustlos zeigt, sollten Sie aufhören.

Gegenüber dem City Market befindet sich an der Banda Street die Jamia Mosque, die schönste Moschee der Stadt, die Sie mit gebührendem Respekt und nach einer Bitte um Erlaubnis besichtigen können. Neben der Moschee überrascht der massive, im Kolonialstil gehaltene Bau der MacMillan Library, 1928 erbaut. Lassen Sie die Stirnseite des Gebäudes hinter sich – Sie erreichen nach einigen Schritten die Kenyatta Avenue, die Aorta Nairobis, an der sich sogar noch einige koloniale Gebäude halten, wie das Kipande House (1913 erbaut und heute von der Kenya Commercial Bank genutzt; es liegt gegenüber der Hauptpost), das Stanbic House (das erste Backsteingebäude, aus dem Jahre 1923 stammend) sowie das Westminster House (1928). Wenn Sie rechts in die Kenyatta Avenue einbiegen, ragt das moderne ICEA-Building vor Ihnen auf, in dem Sie in einem an der Außenseite angebrachten gläsernen Fahrstuhl zu einer lohnenswerten Aussicht hinauffahren können. Allerdings bedeutet das eine gewisse Zweckentfremdung des Lifts, so daß Sie bei skeptischer Nachfrage dem Portier vorflunkern müssen, Sie hätten in der japanischen Botschaft ganz oben zu tun. Einige hundert Meter weiter lädt das African Heritage zu seinem qualitativ guten Angebot afrikanischen Kunsthandwerks ein, das auch Stücke aus Zentral- und Westafrika umfaßt. Ein Besuch lohnt sich auch, wenn Sie keine Kaufabsichten hegen. Außerdem ist es inzwischen an der Zeit, im gleichnamigen Café – einfach durch den Laden hindurchgehen – einen Mango- oder Passionsfruchtsaft, einen Tee oder Kaffee zu trinken. Überqueren Sie dann vorsichtig die Kenyatta Avenue – selbst wenn Sie bei Grün über die Straße gehen, gibt es keine Gewähr dafür, daß Ihr Vorrecht von allen akzeptiert wird – und gehen Sie die Kenyat-

Vorhergehende Doppelseite: City Market, Muindi Mbingu St.

ta Avenue wieder hinab, bis Sie die Kimathi Street erreichen. An der Ecke liegt der bestens ausgestattete Nation Book Shop und um die Ecke das einzige Straßencafé der Stadt, das um eine dreißigjährige Akazie herumgebaute Thorn Tree. Am Ende der Kimathi Street (Sie kommen an der Lufthansa-Filiale vorbei) erhebt sich das Hilton wie ein Zeigefinger in die Höhe. Wenn Sie sich links vom Hilton Hotel halten, stoßen Sie auf die Moi Avenue und an der Ecke auf ein weiteres koloniales Gebäude, die National Archives. Der Eintritt zu den gelegentlichen und eher zufälligen Ausstellungen ist frei. Nördlich der Moi Avenue beginnt ein Straßenwirrwarr, der in jeder Hinsicht mit der reichen City kontrastiert und in den Sie sich besser nur mit kundiger Begleitung wagen sollten. Die wichtigsten Straßen dort sind die Latema und die Accra Road, die an ihrem Ende auf die berüchtigte River Road stoßen.

Umkurven Sie den Hilton-Komplex hingegen rechts und überqueren den City Hall Way, geraten Sie auf den Aga Khan Walk, die Fußgängerzone Nairobis. Zur Mittagszeit strömen aus den unzähligen Büros der Umgebung die Angestellten in diese Straße und in die vielen Lokale der Innenstadt. Straßenkünstler versuchen ihr Glück mit flüchtiger Unterhaltung. Nairobi wirkt hier wie eine wohlhabende mittelständische Stadt. Biegen Sie nun rechts in die Harambee Avenue ein, um zu dem architektonisch beeindruckendsten Teil der Stadt zu gelangen, dem Kenyatta Conference Centre. Es ist das auffälligste Merkmal der Silhouette und das auf allen Prospekten und Postkarten abgebildete Wahrzeichen Nairobis, inmitten der großzügigen Grasfläche des City Square gelegen, die vom Rathaus, Obersten Gerichtshof und vom Parlament umrahmt wird. Die dreißig Stockwerke des Konferenzturms steigen 105 Meter in die Höhe, die Form vermengt afrikanische und römische Elemente. Der Hauptsaal bietet Sitzplätze für viertausend Delegierte sowie ein fürstliches Ambiente. Die Wachmänner am Fuße des Turms sind gegen ein Trinkgeld gerne bereit, Besucher zur obersten Etage zu begleiten. Die Aussicht von dort läßt sich nicht überbieten! Einen Katzensprung entfernt befindet sich das Parlament, das man ebenfalls besichtigen kann. Erkundigen Sie sich bei den Wachmännern. Wenn Sie etwas länger in Nairobi bleiben, sollten Sie auch nachfragen, wie und wann Sie einer Sitzung beiwohnen können. Sollten Sie noch genügend Energien haben, können Sie bis zum Railway Museum laufen (zwischen Uhuru Highway, Haile Selassie Avenue und den Gleisen des Bahnhofs), in dem historische Lokomotiven, Waggons und eine

Halle voller Memorabilien zu besichtigen sind.

Falls es schon Nachmittag ist, nehmen Sie ein Taxi zum Norfolk Hotel, wo Sie auf der Delamere-Veranda mit Tee oder einem Sundowner einen schönen Abschluß des Rundgangs genießen können. Sie befinden sich, zumindest historisch gesehen, in guter Gesellschaft. Hemingway hat hier seine Stifte gespitzt und die englische Königsfamilie sich entspannt.

Die Slums

Um nicht durch die City von Nairobi einen einseitigen Eindruck von der Stadt zu erhalten, einen Eindruck von Fortschritt und Reichtum, sollten Sie auch die ärmsten Gebiete Nairobis zumindest kurz zu Gesicht bekommen. Es gibt eine Vielzahl von Slums. Ihre Zahl steigt, ihre Ausdehnung wächst. Das bekannteste ist das Mathare Valley. Am besten, Sie lassen sich zur Juja Road und an ihr entlang fahren. Sie kommen zunächst an vielen kleinen Geschäften und Handwerksläden mit phantasievollen Malereien, an Kiosken und Buden vorbei. Eine Unmenge von Bussen, Matatus und Menschen formt ein sehr lebendiges und chaotisches Bild. An einigen Stellen eröffnet sich dann ein Blick über das Tal, in dem der Slum liegt. Wenn Sie aussteigen möchten, sollten Sie auf die Aggression vorbereitet sein, die Ihnen hier als privilegiertem und wohlhabendem Menschen entgegenschlagen kann. Ein ortskundiger Führer ist deshalb unbedingt zu empfehlen, erst recht wenn Sie vorhaben, in das Mathare Valley hineinzugehen.

Mehr als hunderttausend Menschen leben hier auf einer Fläche von zwei Quadratkilometern. Die Hütten aus Holzplanken, halben Baumstämmen, Pappe, Lehm und Wellblech sind meist gemietet. Ein Wochenverdienst aus schlechtbezahlter körperlicher Arbeit reicht gerade für die Monatsmiete eines winzigen Zimmers ohne Wasser, das sich bis zu zehn Menschen teilen müssen. Solche Slums sind ein zentrales Merkmal afrikanischer Städte. Sie bieten mehr als der Hälfte der Bevölkerung Unterkunft. Ihre

In einem der Slums von Nairobi

Existenz verdanken sie dem Strom von Neuankömmlingen vom Land, den hohen Preisen für menschenwürdigen Wohnraum sowie der Unfähigkeit offizieller Stellen, auch nur ansatzweise Abhilfe zu schaffen. Trotz ihrer baurechtlichen Illegalität werden sie von den Behörden zunehmend geduldet. Nur noch gelegentlich beschließt der Stadtrat, die Buden und Hütten mit Bulldozern dem Erdboden gleichzumachen. Das hat seine Gründe: Zwar schädigen die Slums das Image der Hauptstadt, beleidigen das Selbstwertgefühl der einheimischen Elite und verspotten den Anspruch der Regierung, modern zu sein, doch finden die Armen, die sonst lästig werden könnten, wenigstens eine Bleibe. Nur noch selten wird Räumungsbefehl erteilt. Dann werden innerhalb einiger Nachtstunden die Unterkünfte Tausender von Menschen zerstört. Wie man sich fühlt, wenn das eigene „Heim" im Laufe einer Nacht plattgewalzt wird, hat der kenianische Autor Meja Mwangi beschrieben.

Kinder im Mathare Valley

Dieser frohgelaunte Taxifahrer hat es geschafft, aus einem der Slums von Nairobi wegzuziehen

Eines Nachts im Tal

Plötzlich wird die dunkle Nacht in Bens Kopf von einem gewaltigen Donnern unterbrochen. Sein Kopf fühlt sich kochend heiß an und wie vollgestopft mit spitzen, rostigen Nägeln. Er dreht sich langsam um und öffnet die Augen. Das Licht der Morgendämmerung schlüpft schüchtern in die Hütte. Ocholla schimpft im Halbdunkel auf seinem Lager, murmelt etwas darüber, daß er die verdammte Tür einreißen und dem Sack draußen den Hals brechen will. Der Krach vor der Tür erreicht seinen Höhepunkt und wird begleitet von einem Hintergrunddonner wie von einem weit entfernten Gewitter. Das gesamte Tal ist auf den Beinen. Ocholla flucht, robbt zur Tür und tastet nach dem Riegel.

„Hurensöhne", flucht er. Die Tür geht quietschend auf. Er blickt nach draußen. Einen Augenblick lang hört Ben nur heftiges Atmen. Dann räuspert sich Ocholla.

„Ihr ... schon wieder", stöhnt er.

„Ja, wir sind's wieder."

Eine zögernde Pause.

„Was wollt ihr dieses Mal?" fragt Ocholla unwirsch.

„Dasselbe wie letztes Mal", antwortet eine harte, brüske Stimme.

Ocholla scheint eine Zeitlang nachzudenken. Dann: „Haut ab." Seine Stimme ist rauh und gebrochen. „Wir schlafen noch fest."

„Was zum Teufel ist los?" Bens Stimme krächzt entsetzlich.

„Es sind ein paar Bullen", antwortet Ocholla.

„Was wollen sie? Sag ihnen, sie sollen zum Teufel gehen."

„Sie können nicht", antwortet Ocholla traurig. „Sie wollen die Hütte niederbrennen."

„Was wollen sie?"

„Die verdammte Hütte abreißen", antwortet Ocholla. „Frag sie selbst."

„Beeilt euch", antwortet der Leiter des Trupps ungeduldig. „Wir haben unsere Arbeit zu erledigen."

„Wann werdet ihr Kerle es jemals aufgeben?" ist alles, was Ocholla herausbringt.

„Wir haben unsere Arbeit zu erledigen", antwortet eine der Gestalten.

Ocholla steht da und atmet wie ein Nashorn, nahe dran, aus der Haut zu fahren.

„Nun ... sag doch irgend etwas, Ben", sagt er, ohne sich umzudrehen.

Ben räuspert sich. „Wir können es uns nicht leisten, euch Kerlen Schmiergelder zu zahlen. Wir Kerle sind arm und ..."

„Verflixt, irgend etwas anderes, Ben", seufzt Ocholla. „Das kennen sie schon längst ... oh Scheiße."

Er dreht sich abrupt um und stürmt zurück in die Hütte. Ben zuckt die Achseln und folgt ihm. Ocholla bündelt sein Bettzeug und wirft es nach draußen. Ben weckt Baby auf und schiebt das schläfrige Waisenkind raus, damit die Männer es sehen können. Sie bleiben unbeeindruckt. Er geht wieder in die Hütte zurück. Die beiden Männer bergen ihr Eigentum: Aluminiumbecher, Geschirr, Kisten, Papier, Lumpen. Das ganze Nairobi-Tal ist wach und im Chaos. Rauf und runter entlang des stinkenden, trüben Flusses züngeln Feuer, große Zungen roten, heißen Feuers zerstören merkwürdige Gebilde aus Pappe und Holz und schicken kraftlosen, schwarzen Rauch in den dunklen Himmel. Hüttenbewohner irren umher, um zu retten, was noch zu retten ist. Keiner weint, nicht einmal die Säuglinge. Sie sind alle Profis in diesem Spiel. Das Spiel heißt Überleben. Die ganze Familie spielt einfach ihre Rolle. Die Rolle bedeutet, daß sie ruhig bleiben, geduldig, und sobald die öffentliche Gesundheitsarmee verschwunden ist, wieder aufbauen, mit der gleichen ruhigen Geduld und Bestimmtheit.

Ochollas Hütte entflammt schnell, so als sei sie es ebenfalls gewohnt, niedergebrannt zu werden. Ihre Bewohner stehen ein bißchen abseits und sehen zu.

Aus: Meja Mwangi, Nairobi River Road, aus dem Englischen von Carola Böhnk, Peter Hammer Verlag, 1986.

Praktische Informationen

In Nairobi lassen sich gut einige Tage verbringen. Ohne daß es herausragende Sehenswürdigkeiten gäbe, bietet die Hauptstadt neben einem atmosphärischen Einblick in das Leben afrikanischer Metropolen auch viele Möglichkeiten für kürzere Ausflüge und ein kulturelles Angebot, das vom Theater bis zur Kunst-Galerie, vom Spezialitäten-Restaurant bis zum Nachtklub mit Live-Musik reicht.

Einreise. Visumpflicht für Besucher aus Österreich und der Schweiz. Gelbfieberimpfung.
Flugzeug. Jomo Kenyatta International Airport, der wichtigste internationale Flughafen zwischen Kairo, Lagos und Johannesburg, wird von den meisten europäischen Fluglinien angeflogen; natürlich auch von Kenya Airways (vom Preis-Leistungs-Verhältnis her durchaus zu empfehlen). Er verfügt über einen preiswerten Duty-Free-Shop sowie 24-Stunden-Banken mit guten Kursen. Erfahrungsgemäß werden Neuankömmlinge gern übers Ohr gehauen – von Kofferträgern, Taxifahrern und Taschendieben oder beim Geldwechseln. Etwas Vorsicht ist also angebracht.

Geldwechsel. Keine Währungsdeklaration nötig. Die Banken bieten deutlich bessere Kurse als Hotels an. Sie sind gut beraten, wenn Sie gleich am Flughafen wechseln. Behalten Sie die Quittungen, dann können Sie bei Bedarf auch zurückwechseln. In den gehobeneren Hotels wird mittlerweile in Devisen abgerechnet.

Kreditkarten. Diner´s wird nach dem Zusammenbruch der lokalen Vertretung nicht mehr akzeptiert, doch die sonstigen großen Karten werden in ausgewählten Geschäften und Lokalen angenommen. Für Bargeldbezug mit Amex ist Express Kenya Ltd. zuständig (Bruce House, Standard Street, ☎334722) und für Visa jede größere Filiale der Barclay´s Bank (z.B. Kenyatta Avenue, ☎222141).

Verkehrsmittel in die Innenstadt. Taxi (ca. 10 US$), Bus von Kenya Airways (ca. 2 US$) oder öffentlicher Bus (Nr. 34, ca. 0,5 US$).

Ausreise. Halten Sie unbedingt, wenn möglich passend, 20 US$ oder 40 DM für die beim Abflug fällige Airport Tax bereit, die nur in Devisen bezahlt werden kann.

Sicherheit. Tagsüber ist es nicht sonderlich gefährlich, durch die Innenstadt zu schlendern. Sie sollten allerdings alle Ihre Wertsachen im Hotel-Safe lassen und nur das Nötigste mitnehmen. Alles, was die Begierde viel ärmerer Menschen wecken könnte – Schmuck, Uhren, große Kameraausrüstung, volle Handtasche –, macht Sie zum potentiellen Opfer von Dieben, Räubern oder Trickbetrügern. Vor allem junge Männer versuchen immer wieder, Touristen Wertsachen zu entreißen oder mit langen, mitleiderregenden Geschichten an Ihr Geld zu kommen. Lassen Sie sich nicht die Laune durch aufdringliche Straßenverkäufer oder Schwarzmarktwechsler verderben. Nachts sollten Sie unbedingt ein Taxi nehmen und wenn möglich in einer Gruppe ausgehen.

Gesundheit. Das beste Spital des Landes ist das Nairobi Hospital, dem man sich im Notfall durchaus anvertrauen kann (Argwings Kodhek Road, ☎722160). Einen guten deutschsprachigen Allgemeinarzt finden Sie mit Dr. Meyerhold (Bruce House Standard Street, ☎333867), einen guten Zahnarzt mit Dr. Owino (Corner House, Kimathi Street, ☎339414). Jedes der Fünf-Sterne-Hotels hat einen Hausarzt. Impfungen (z.B. gegen Gelbfieber) können Sie sowohl am Flughafen als auch in der City Hall, dem Rathaus, erhalten. Der Flying Doctors Service (Amref, Wilson Airport, ☎501301) bietet für 10 US$ einen einmonatigen Flug-Rettungsdienst innerhalb Ostafrikas an, Africa Air Rescue für 50 US$ eine einmonatige Versicherung, die neben Rettungsflügen auch Spitalaufenthalt und Rücktransport nach Europa umfaßt. Apotheken, die nachts und am Wochenende geöffnet haben, werden täglich in der „Nation" aufgelistet (z.B. Kilimanjaro Pharmacy im Hilton Hotel, ☎331744).

Fotografie. Filme sind fast überall erhältlich. Sollte Ihre Kamera Ihnen Probleme bereiten, hat sich

Expo Camera Centre an der Mama Ngina Street bewährt (☎336921).

Medien. Von den drei englischsprachigen Tageszeitungen – Standard, Kenya Times und The Nation – ist letztere für Besucher die informativste. Einige der Wochenzeitschriften sind lesenswert, wenn Sie sich für Kenias Innenpolitik interessieren. Angesichts der sehr fragilen Pressefreiheit muß man jedoch selber herausfinden, welche Zeitschrift gerade kritisch und fundiert berichtet. Zu den wichtigen zählen: The Economic Review, The Weekly Review, Finance und Society. Der staatliche Rundfunk (Kenya Broadcasting Cooperation) sendet ein englischsprachiges Radioprogramm und ein sprachlich gemischtes Fernsehprogramm. Konkurrenz gibt es nur von dem CNN-Ableger Kenya Television Network. Doch während der Rundfunk das bedeutendste Medium ist und allerorts von kleinen Geräten knisternd empfangen wird, spielt das Fernsehen eine noch marginale Rolle.

Bücher. Ein gutes Angebot an Büchern und Landkarten führen der Nation Book Shop beim New Stanley Hotel (Kenyatta Avenue/Kimathi Street), das Textbook Centre im Sarit Centre in Westlands sowie einige andere Buchläden im Zentrum.

Platten/Kassetten. Ein guter Musikladen ist Assanands an der Moi Avenue (☎220699). Auf der Straße verkaufte Kassetten sind meist Raubkopien von schlechter Qualität.

Übernachtung.
Von den **gehobenen Hotels** der Stadt bieten viele internationale Einheitskost, so z.B. das Hilton (☎334000, ✎339462), das Intercontinental (☎335550, ✎337854) sowie der Nairobi Safari Club (☎330621, ✎331201). Doch gibt es auch einige besonders empfehlenswerte Übernachtungsmöglichkeiten, die einen eigenen Stil haben: Das Norfolk Hotel (☎335422, ✎336742), schon 1904 eröffnet, weist eine elegante Riegelarchitektur auf. Der Innenhof, auch Nicht-Gästen zugänglich, ist mit seinen Vogelvolieren und antiken Landwirtschaftsgeräten ein Genuß. Dasselbe gilt auch für die Delamere-Terrasse, auf der schon unzählige Prominente ihren Tee geschlürft oder einen Sundowner eingenommen haben. Das

Norfolk gehört zu den „Leading Hotels of the World", und entsprechend ist auch die Qualität. Das im Uhuru Park gelegene Serena Hotel (☎725111, ✎725184) besticht vor allem durch die afrikanisch inspirierte Innenarchitektur. 15 km stadtauswärts, in Richtung Thika, liegt der neue, im viktorianischen Stil gehaltene Windsor Golf & Country Club (☎862300, ✎802322). Hier finden Sie viel Ruhe und können sich von der Hektik der Großstadt erholen. Am Rande des Golfplatzes liegt ein noch erhaltener Regenwald, durch den man sich fachkundig führen lassen kann. Unweit vom Windsor Hotel befindet sich an der Thika Road das ebenfalls luxuriöse Safari Park Hotel (☎802493, ✎802477), mit sieben Restaurants, einem Nachtclub und Casino. Am zentral gelegenen New Stanley Hotel besticht nur das Straßencafé namens Thorn Tree (das einzige seiner Art in Nairobi). Am Nairobi Hill, eine kurze Fahrt vom Stadtzentrum entfernt, befindet sich das atmosphärische Fairview Hotel (M, ☎723211, ✎721320) mit seiner alten Architektur und seinem großen Garten. Nahe dem Norfolk Hotel gewährt das Boulevard Hotel (M, ☎227567, ✎334071) Besuchern ohne hohen Anspruch eine stadtnahe und trotzdem grüne Unterkunft. In Westlands wurde im Januar 1994 das Mayfair Hotel (M, ☎217497, ✎217498) wiedereröffnet, das schon in den 40er Jahren eine bekanntes Hotel war. Ungefähr 30 km stadtauswärts, in Tigoni an der Straße nach Limuru, liegt der Kentmore Club (M, ☎0154-41053), ein Landgasthaus im englischen Stil mit Kaminfeuer-Charme und wunderschönem Garten.

Von den **billigeren Hotels** ist vor allem das Iqbal Hotel (E, ☎220914) an der Latema Road sehr beliebt. Zur Zeit wird es renoviert. In diesem Stadtteil befindet sich auch das Oriental Palace Hotel (E, ☎217600, ✎212335). Im „sicheren" Teil der City zählen Hotel Embassy (E, ☎224087) beim City Market sowie Oakwood Hotel (E, ☎221439, ✎332170) gegenüber dem Hotel New Stanley zu den guten Angeboten. Schließlich gibt es für Mitglieder auch eine Jugendherberge (Ralph Bunche Road, ☎723012).

Für **Camper** sind die Alternativen begrenzt: Mrs Roche (Third Parklands Avenue), seit Jahren die einzig sichere, wenn auch ziemlich schmuddelige Basis für „Durch-Afrika"-Fahrer. Rowallan Camp (Kibera Drive, ☎568111) gehört zur kenianischen Pfadfinder-Organisation – Zelte sind nur in der Nähe des Büros sicher. Waterfalls Inn (Tigoni ☎0154, 40672) ist ein schöner Ort für Camper mit eigenem Transport. Hippo Valley Inn (Kitengula ☎339122) befindet sich ziemlich abgelegen an der Südseite des Nairobi National Park, ca. 30km von der City entfernt.

Essen.

In den letzten Jahren ist die Zahl guter Restaurants ins Unermeßliche gewachsen. Es folgen einige Empfehlungen hochpreisiger Restaurants. Unter den einfachen Lokalen einige zu empfehlen ist unmöglich – zu schwankend ist bei ihnen die Qualität.
Afrikanisch: African Heritage Café (Kenyatta Avenue, ☎337507 und Libra House an der Mombasa Road, ☎541975), Malindi Dishes (Gaberone Road, ☎333191), Legacy Africa (Plums Lane off Ojijo Road, ☎744318). Indisch: ☞ Minar (Sarit Centre Westlands, ☎748359 und Banda Street, ☎330168), Khyber (Meridian Court Muranga Road, ☎339956). Chinesisch: Hong Kong (Koinange Street, ☎228612), Rickshaw (Kaunda Street, ☎223604). Italienisch: Trattoria (Wabera Street, ☎ 340855, auch ein beliebtes Café). Französisch (exquisit und teuer): Ibis Grill im Norfolk Hotel (☎335422), Alain Bobbe´s Bistro (Koinange Street, ☎336952). Japanisch: Akasaka (Muindi Mbingu Street, ☎220299).
Für Fleischliebhaber: ☞ Carnivore (Langata Road, ☎501775, an dem offenen Grill wird auch Wild wie Impala und Kongoni zubereitet). Für Liebhaber von Meeresfrüchten: Tamarind (Harambee Avenue, ☎338959). Weitere Empfehlungen für Fleischfans: Nyama Choma (Safari Park Hotel, ☎802493), Steak House (Chester House Koinange Street, ☎223093), Red Bull (Mama Ngina Street, ☎335717).

Einkaufen.

Außer am City Market können Sie beim Curio Market (gegenüber Jamia Mosque zwischen Tubman und Kigali Road) Andenken jeglicher Art finden. Dienstags gibt es an der Kenyatta Avenue gegenüber dem Postamt einen kleinen Markt. Vor allem Massai-Frauen kommen in die Stadt, um hier Schmuck, verzierte Gefäße, Gürtel und vieles mehr (zu günstigen Preisen) anzubieten. Spinners Web Ltd. bei Kenya Broadcasting Corpora-

tion an der Kijabe Street hat hervorragende Webstoffe aus 60 Werkstätten im ganzen Land. Gegenüber offeriert ein Laden namens Kichaka eine Vielzahl origineller Souvenirs. Maridadi Fabrics (☎554288), eine Organisation mit dem Namen „Schöne Stoffe", bietet etwas außerhalb des Stadtzentrums (direkt gegenüber dem City-Stadium am Anfang der Jogoo Road) ein reiches Angebot hauptsächlich von Hand gewobener und gefärbter Stoffe an. Diese Organisation arbeitet auf wohltätiger Basis, um Frauen aus den Slums zu unterstützen. Für die Gegend jenseits der Moi Avenue und den dortigen Märkten Kariokor und Wakulima braucht man einen Führer, so z.B. Levi, ☎226170.

Sehenswürdigkeiten außerhalb der City.

Es empfiehlt sich ein Ausflug per Auto oder Taxi in die Vororte Karen und Langata, wo es gerade auch für Kinder einiges zu sehen gibt.
Karen-Blixen-Museum (ca. 3 US$, ☎882779), das Haus der dänischen Schriftstellerin, in welchem auch Szenen des Films „Jenseits von Afrika" gedreht wurden.
Giraffe Centre (ca. 2US$, ☎891658), wo eine Gruppe bedrohter Rothschild-Giraffen besichtigt und gefüttert werden kann.
Ostrich Park (ca. 1US$, ☎884154), Massai-Strauße aus unmittelbarer Nähe sowie einige Bungalows mit gutem und preiswertem Kunsthandwerk.
Bomas of Kenya (ca. 3 US$, ☎891801). Am Nachmittag werden verschiedene traditionelle Tänze in touristischem Ambiente aufgeführt.
Animal Orphanage (am Haupteingang des Nairobi National Park, an der Langata Road zwischen Carnivore und der Abzweigung nach Magadi, ca. 1 US$), ursprünglich errichtet, um Tierwaisen aufzupäppeln und auf ihre Rückführung in die freie Wildbahn vorzubereiten, inzwischen aber zu einer Art Zoo geworden, in dem es sogar zwei hier nicht heimische Tiger zu sehen gibt; und natürlich den oben schon beschriebenen Nationalpark selbst, in dem man auch mit normalem PKW zurechtkommt. Der Eintritt beträgt für Touristen 20 US$ pro Person und 3 US$ pro Wagen. Es empfiehlt sich, vorab die ausführliche Parkkarte zu erwerben.

Unterhaltung.

Das Angebot variiert ständig. Die Freitagausgabe der führenden Zeitung „Nation" informiert recht ausführlich über das Wochenprogramm.

Theater: Phoenix Players, die einzige professionelle Schauspielgruppe, die gelegentlich auch einheimische Stücke aufführt (Parliament Road, ☎225506), National Theater (gegenüber dem Norfolk Hotel) mit einem sehr unregelmäßigen und durchwachsenen Spielbetrieb. Manchmal bietet auch das French Cultural Centre (Loita Street, ☎336263) Vorführungen. Informationen in der Tagespresse und auf Straßenpostern. Es lohnt sich, sich das vielfältige Programm des französischen Kulturzentrums direkt zu besorgen, wenn man mehrere Tage in Nairobi zu verbringen gedenkt.

Kino: Meist drittklassige Produktionen aus Hollywood, Hongkong oder Bombay, doch die Atmosphäre und das Publikumsverhalten sind ein Erlebnis. Nairobi (Nkrumah Lane), 20th Century (Mama Ngina Street, ☎226981) und Kenya Cinema (Moi Avenue, ☎227822) im Stadtzentrum, Fox Drive-In (Autokino an der Thika Road; wenn Sie noch nie einen indischen Film gesehen haben, fahren Sie hin – es ist nicht nötig, den Text zu verstehen).

Kunst: Gallery Watatu, die einzige Galerie von Format (Lonrho House, ☎211742); gelegentlich auch das French Cultural Centre und African Heritage (Libra House Mombasa Road, ☎541975).

Musik: Simba Saloon beim Carnivore (Langata Road, ☎501775), populärer Nachtclub mit Rock-Disco am Mittwoch, Jazz am Donnerstag und manchmal Live-Bands am Wochenende. Zanzibar (Moi Avenue, ☎226940), stilvolle Bar mit Live-Bands am Wochenende. Arturo´s (Moi Avenue, 226940), Bierschuppen mit afrikanischer Live-Musik. Garden Square (City Hall Way, ☎226474), Bar in einem Teil des Gartens des City Square im Schatten des Kenyatta Conference Centre, manchmal afrikanische Live-Musik am Wochenende. African Heritage (☎337507), im Café an der Kenyatta Avenue spielen afrikanische Percussion- und Tanzgruppen, im Libra House an der Mombasa Road (☎541975) am Samstag Live-Musik (Talentwettbewerb), manchmal auch Modeschauen. Legacy Africa (siehe oben), am Wochenende Live-Musik meist aus Zaire. Bombax Club (Ngong Road, ☎565691) mit afrikanischer Live-Musik. Hollywood (Moktar Dadda Street, ☎227949), Reggae-Disco, manchmal live.

Discos: Die populärsten und mondänsten sind neben dem Simba Saloon das Visions (Kimathi Street, ☎332331) und Dreams 90 (Mombasa Road). Die beiden Floridas – Florida 2000 (Moi Avenue, ☎217269) und New Florida (Koinange Street, ☎334870) – dienen vor allem der Prostitution.

Casino: International Casino (Museum Hill, ☎742600, ein Komplex mit mehreren Restaurants, einem exklusiven Club und einer Disco).

Sport.

Fitneß: Fast jedes gute Hotel hat ein Schwimmbecken und oft auch ein eigenes Fitneßstudio, das auch von Nicht-Gästen gegen eine z.T. erhebliche Gebühr benutzt werden kann.

Schwimmen: Das „Splash" besteht aus einem Wasserpark mit zwei langen Rutschbahnen und verschiedenen Becken (Carnivore, Langata Road, ☎501775).

Tennis/Squash: Neben einigen der Hotels bietet eine Vielzahl von Clubs Plätze und Hallen an (z.B. Parklands Club, Ojijo Road, ☎745164).

Golf: Nairobi weist eine Reihe von guten 18-Loch-Plätzen auf, auf denen auch Nicht-Mitglieder spielen können, gegen Entrichtung einer kleinen green-fee (am besten im voraus buchen, am Wochenende meist nicht möglich): Karen (☎882801), Limuru (☎0154, 40033), Windsor (siehe Unterkunft) und Muthaiga (☎767754), der nahe der Innenstadt liegt und wo das internationale Kenya Open Turnier ausgetragen wird. Wenn Sie länger in Nairobi bleiben, lohnt es sich, nach einer befristeten Mitgliedschaft in einem der Golf- bzw. Tennisclubs zu fragen.

Reiten: Bookings Ltd. (Standard Street, ☎225225) organisiert Halb- oder Ganztagesausritte in Karen, inklusive Transport dorthin.

Pferderennen: Finden am Sonntag nachmittag auf dem Ngong-Racecourse statt (Ngong Road). Die Tageszeitungen bringen Vorschauen auf die Rennen, bei denen sich ein Teil der High Society trifft.

Rallye: Die Safari Rallye, die zur Weltmeisterschaft zählt und als besonders schwierig berüchtigt ist, findet über Ostern statt. Sie beginnt am Gründonnerstag vor dem Kenyatta Conference Centre. Die Route wird in dem Programmheft ausführlich beschrieben.

Fußball: Im Nyayo National Stadium (an der Mombasa Road in Richtung Flughafen). Nur die Haupttribüne ist zu empfehlen (Spiele siehe Zeitungen).

Busverbindungen innerhalb Nairobis.

Das Bussystem versteckt sich hinter Chaos. Nicht umsonst versucht jeder Einwohner Nairobis, sich so bald wie irgend möglich ein eigenes Fahrzeug zu beschaffen. „Kenya Bus Services" betreibt ein Netz von Strecken, das laufend seine Linien ändert, als sei es nicht schon unübersichtlich genug. Es existiert weder ein Plan, noch sind die Stationen in irgendeiner Weise gekennzeichnet. Sie müssen sich durchfragen. Schließlich kennt jeder Nairobianer wenigstens die von ihm benutzte Linie. Die zur Stoßzeit aberwitzig überladenen staatlichen Busse fahren in der Regel von einem Außenviertel quer durchs Stadtzentrum zu einem anderen Vorort, so daß Sie auf die Richtung achten müssen, da die Routenschilder selten umgedreht werden.

Die wichtigsten Strecken werden bis 23:00 bedient, andere nur bis 21:00. Auf jeden Fall sollten Sie die Stoßzeiten (7:00 – 8:30 und 16:30 – 18:30) vermeiden, sich vor Taschendieben in acht nehmen und beim Schaffner nach der Route und Ihrem Zielort fragen. Etwas Selbstbewußtsein und Kontaktfreude können ebenfalls von Nutzen sein. Und doch erhalten Sie auf einer solchen Fahrt einen lebhaften Eindruck von dem Stadtleben und von den Menschen. Am besten, Sie steigen in der Innenstadt in eine der Hauptlinien ein, bleiben bis zur Endstation in dem Bus und fahren mit demselben Wagen auch wieder zurück. Bei einer Fahrt nach Wangige (Busnum-

Busse wie dieser verbinden alle größeren Orte Kenias miteinander, wobei die meisten Linien natürlich von Nairobi ausgehen bzw. nach Nairobi führen

mern 103, 108, 118, 119 oder 129) oder Ngong (111 oder 126) können Sie die ländlichen Vororte Nairobis kennenlernen.

Die buntbemalten, übervollen und laut dröhnenden Privatbusse, Matatus genannt, machen den KBS-Bussen auf allen Linien Konkurrenz – mit einem Unterschied: Sie fahren immer in einer Richtung von der City zum Stadtrand und wieder zurück. Sie zu ordnen und ihr System zu durchschauen wäre eine Herkules-Aufgabe. Nur die größeren Matatus sind guten Gewissens zu empfehlen. Die PKWs mit aufgesetzter Passagierkabine werden selbst von den Nairobianern soweit es geht gemieden. Achten Sie immer darauf, was die anderen Passagiere zahlen. Das gibt Ihnen einen Eindruck von den Preisen.

Reiseunternehmen/Tour Operator. Siehe Anhang.

Weiterfahrt.
Das Reisen in die bevölkerten Gebiete des Landes wird durch ein weitverzweigtes und ziemlich effizientes Netz von Überlandbussen leichtgemacht. Große Linien bieten Verbindungen in jede größere Stadt, von wo aus kleinere Busse die Umgebung befahren. Auf gewissen Linien existieren auch Minibusse mit 18 Plätzen sowie Peugeots mit bis zu acht Passagieren (weniger empfehlenswert). Im folgenden sind die wichtigsten Busgesellschaften aufgeführt. Daneben gibt es noch Dutzende von Linien, die vom sogenannten „Machakos Airport" an der Landhies Road in alle Richtungen fahren.

Nach **Mombasa**: Abfahrt zu allen Tageszeiten, meist aber am Abend. Preise schwanken zwischen 4 und 10 US$ (letzteres deluxe). Vorausbuchung ist empfehlenswert. Akamba Bus, Lagos Road, ☎222027; Malaika Bus, Accra Road, ☎220916; Coast Bus, Accra Road, ☎227653; Goldline, Cross Road, ☎225279; Nairobi Bus Union, Latema Road, ☎333945.
Nach **Malindi**: mehrmals täglich, ca. 5-6 US$. Malindi Bus Services, Duruma/Kumasi Road, ☎229662. Tana River Bus Service, ☎338920.

Nach **Nyeri, Nanyuki, Isiolo**: mehrmals täglich. Minibusse fahren von der Accra Road ab (nach Nyeri ca. 1,50 US$; nach Isiolo ca. 4,50 US$). Akamba Bus Services, Lagos Road, ☎222027 (nach Isiolo ca. 4 US$). Eastern Bus Service, Duruma Road, ☎220896 (nach Isiolo ca. 3 US$).
Nach **Nakuru**: stündlich. Minibusse fahren von der Cross Road ab (ca. 4,50 US$).
Nach **Eldoret, Kitale**: mehrmals täglich. Minibusse fahren von der Cross Road ab (nach Eldoret ca. 5,50 US$; nach Kitale ca. 6,50 US$). Akamba Bus Services, Lagos Road, ☎222027 (nach Kitale ca. 6,50 US$).
Nach **Kakamega, Malaba, Busia**: mehrmals täglich. Akamba Bus Services, Lagos Road, ☎222027 (nach Kakamega ca. 5 US$). Nairobi Bus Union, Latema Road, ☎333945 (nach Kakamega ca. 5 US$). Goldline, Cross Road, ☎225279 (nach Malaba ca. 4,50 US$). Mawingo Bus Services, Accra Road, ☎223069 (nach Bungoma ca. 5 US$). Eastern Bus Service, Duruma Road, ☎220896 (nach Busia ca. 5 US$).
Nach **Kisumu, Kisii, Homa Bay**: mehrmals täglich. Akamba Bus Services, Lagos Road, ☎222027 (nach allen Orten ca. 5 US$). Coast Bus Services, Accra Road, ☎227653 (nach Kisumu ca. 4,50 US$). Nairobi Bus Union, Latema Road, ☎333945 (nach Kisumu ca. 5 US$). Goldline, Cross Road, ☎225279 (nach Kisumu ca. 4,50 US$). Mawingo Bus Services, Accra Road, ☎223069 (nach Kisumu ca. 4,50 US$). Eastern Bus Service, Duruma Road, ☎220896 (nach Kisumu ca. 5 US$). Gusii Deluxe, Temple Road, ☎220059 (nach Kisii ca. 5 US$).
Nach **Kampala**: einmal täglich. Akamba Bus Services, Lagos Road, ☎222027 (ca. 11 US$). Mawingo Bus Services, Accra Road, ☎223069 (ca. 10 US$).
Nach **Machakos**: mehrmals täglich. Eastern Bus Service, Duruma Road, ☎220896 (ca. 1,50 US$).
Nach **Garissa**: einmal täglich. Arusha Express, Accra Road, ☎212063 (ca. 4,50 US$).
Nach Arusha, Mishi: mehrmals täglich. Arusha Express, Accra Road, ☎212063 (nach Arusha ca. 10 US$). Kilimanjaro Bus Services, Accra Road (nach Arusha und Moshi ca. 9 US$).

Ausflüge von Nairobi aus

Magadi-See

Morgenstimmung am Naivasha-See, einem beliebten Ausflugsziel westlich von Nairobi

Die knapp zweistündige Fahrt von Nairobi nach Magadi ist eine Reise von satten, grünen Hügeln und Kaffeeplantagen zu dem kahlen Geröll und Lavagestein des Rift Valley, eine Reise von der Metropole der Seßhaften zu den Massai-Nomaden, von der Enge und Hektik zu Weite und Ruhe. Die klimatische Veränderung wird spürbar, wenn man die spektakuläre und kurvenreiche Asphaltstraße kurz nach Nairobi hinabfährt und die frische morgendliche Luft allmählich heiß und trocken wird, der Hals sich einem zuschnürt und eine leichte Schläfrigkeit alle Glieder durchzieht. Unten tauchen unvermittelt Massai auf. Hinter einem Gestrüpp oder Felsen stehen sie wie Wegweiser da, die Älteren auf einen Stock gestützt, die Jüngeren mit einem Speer in der Hand.

Der sodahaltige See spielt mit den Farben, aber meistens hat er einen Stich ins Rosa. Er liegt auf 600 Meter Höhe an einer der tiefsten Stellen des gesamten Grabens. Das Soda-Salz (so auch die Bedeutung von *Magadi* auf Kisuaheli) wird von der *Magadi Soda Company Ltd.* mit Unterstützung internationaler Investoren abgebaut. Das „Weiße Gold" wird vor allem in der Glas- und Waschmittelindustrie Europas und Asiens verwendet. Um die Fabrik herum ist ein kleines Städtchen entstanden, das sehr fehl am Platz wirkt, dem Reisenden aber immerhin kalte Getränke bieten kann – beim Schwimmbecken, das nicht benutzt werden darf. Am Südende des Sees befinden sich heiße Quellen, und die nur mit Vierradantrieb befahrbare Piste führt bis zum Natron-See an der tansanischen Grenze.

Die Fahrt erfolgt auf der Magadi Road, die acht Kilometer nach dem Nyayo Stadium von der Langata Road abbiegt. Auf der Hälfte der Strecke lädt ein

AUSFLÜGE VON NAIROBI AUS

Der Magadi-See

wackliges Schild zu der prähistorischen Ausgrabungsstätte Olorgosaille ein, wo Sie die Überbleibsel einer vor 200 000 Jahren verlassenen Siedlung sehen können. Fast schon interessanter als der kurze Rundgang und das winzige Museum sind die vier Hütten, in denen man gut übernachten kann. (Grillplatz mit schöner Aussicht. Bettzeug und Essen mitbringen.)

wird die Schulter der Ngong Hills erreicht, und damit öffnet sich auch plötzlich der Blick ins Rift Valley.

Die Ngong Road führt dagegen vom Nairobi Hill via Dagoretti Corner und Karen Shopping Centre geradewegs nach Ngong Town, zweiundzwanzig Kilometer von der Stadtmitte entfernt. Rechts geht es in einem großen Bogen zur Polizeistation oberhalb des Stadtkerns, wo eine recht steile Erdstraße zu den Flugleitsystemen und Antennen auf den nördlichen Vorgipfeln abbiegt. Auf 2400 Meter Höhe, auf der einen Seite über dem Grabenbruch und auf der anderen über der wuchernden Agglomeration Nairobi, kommt man schließlich zum Ende der Straße. Zu Fuß können nun auch die anderen Gipfel erwandert werden, wegen der Überfallgefahr allerdings nur in einer größeren Gruppe oder mit einer Polizei-Eskorte. Die Polizei ist diese Aufgabe gewöhnt und hält sich entweder an der Polizeistation bereit oder am Straßenende.

Ngong Hills

Die Ngong Hills sind das landschaftliche Wahrzeichen Nairobis, das Sie vielleicht schon bei der Fahrt vom Flughafen in die Innenstadt gesehen haben. Diese vulkanische Hügelkette westlich der Stadt, die wie die Knöchel einer geballten Faust aussieht, bietet einen wunderbaren Blick ins Bett des Rift Valley. Nur die Massai wissen, wie die Ngong Hills zustandekamen: In Urzeiten stolperte ein unachtsamer Riese über den Kilimandscharo, so an die 250 Kilometer von Ngong entfernt. Um seinen Sturz abzufangen, krallten sich seine Finger in die Erde, und als er wieder aufstand, sich die Erde vom Körper klopfte und nun vorsichtiger weiterschritt, blieben die seltsam geformten Hügel zurück.

Zwei Straßen führen zu den Ngong Hills, so daß sich eine zur Hin- und die andere zur Rückfahrt anbietet. Die schon beschriebene Magadi Road führt via Ongata Rongai nach Kiserian, wo eine Asphaltstraße sich dem Fuß der Hügel entlangwindet, bis nach Ngong Town. Siebeneinhalb Kilometer weiter

Naivasha-See

Der Naivasha-See gehört zu den beliebtesten Wochenendausflügen von Nairobi aus. In Gegensatz zu den meisten Seen im Graben ist der auf knapp 1900 Meter Höhe gelegene Lake Naivasha ein Süßwassersee, Heimat von vielen Hippos und Vögeln. Die Entfernung auf der Hauptstraße nach Nakuru beträgt

Ein Schaffellverkäufer am Abbruch des Rift Valley, nur eine Stunde von Nairobi entfernt

knapp 90 Kilometer. Der Ort Naivasha selbst ist wenig aufregend, so daß man gleich zum See weiterfahren kann. Zwei gehobenere Hotels sind zu empfehlen: der alte Lake Naivasha Country Club, dessen Schwimmbecken und Boote gegen eine Gebühr auch von Nicht-Mitgliedern benutzt werden können, sowie das Safariland Hotel, wo auch ein Campingplatz zur Verfügung steht und Pferde gemietet werden können. Im weiter entfernt gelegenen Fisherman´s Camp gibt es angenehme Hütten, Zeltmöglichkeiten und Boote. Zusätzlich zum See lohnt sich ein Besuch des Hell´s Gate National Park, den eine Schlucht durchzieht, die einst den Ausfluß eines riesigen Sees gebildet hat. Fahren Sie auf die Old Naivasha Road. Nach vierzehn Kilometer biegt die Straße links zum Elsa Gate ab und führt an bizarren Basalttürmen vorbei zum Visitor´s Centre. Von hier aus folgt ein Fußpfad der nun enger werdenden Schlucht in die Tiefe.

Longonot

Der Name dieses typischen Vulkans stammt auch aus der Massai-Sprache. Oloonong´ot bedeutet „Berg vieler Spuren". Der 2777 Meter hohe, die Landschaft der Umgebung dominierende Vulkan kann in einer Halbtagestour bestiegen werden. Der Aufstieg und die Umwanderung des Kraters dauern gute fünf Stunden, die anstrengend werden können. Die Luft ist schon etwas dünn und die Hitze brutal. Im Krater wie auch am Rand ist die Natur noch unberührt; Wild lebt hier inmitten des dichten Gestrüpps. Unter den zerfurchten Flanken des Vulkans toben Dampfmassen, die mit dem größten geothermischen Projekt Afrikas angezapft worden sind und inzwischen einen bedeutenden Teil der nationalen Stromversorgung decken. Das Grundwasser hat 304°C!

Fahren Sie auf der Hauptstraße via Naivasha (achtzehn Kilometer von dort entfernt). Einige Meter südlich des Bahnüberganges in dem Ort Longonot biegt eine Piste in Richtung Berg ab und führt zum Parkeingang, wo Sie den üblichen Eintritt entrichten müssen. Dafür können Sie hier sicher parken. In Begleitung eines Rangers beginnt der einstündige Aufstieg zum Kraterrand, direkt gegenüber dem Hauptgipfel. Denken Sie vor allem daran, genügend Wasser mitzunehmen.

Suswa

Der zweite große Vulkan am Boden des Grabenbruchs ist zwar niedriger, aber auch um einiges breiter und massiger als der Longonot. Er weist neben einer doppelten Caldera (eine Seltenheit!) ein dichtes Netz von Lavahöhlen auf, die man, mit einer Taschenlampe ausgerüstet, ziemlich leicht erkunden kann. Hier wurden manche der Szenen des Steinzeit-Filmes „Quest for Fire" (auf deutsch: *Am Anfang war das Feuer*) gedreht.

Der große Höhleneingang am Mount Suswa, der weiter unten im Text erwähnt ist

Anfahrt auf der Old Naivasha Road bis nach Maimaihu (52 Kilometer von Nairobi entfernt) und dann links auf die Narok-Straße. Natürlich kommen Sie auch auf der Hauptstraße nach Naivasha bis hierhin, aber das stellt einen großen Umweg dar. 18 Kilometer nach Maimaihu biegt links eine staubige Piste Richtung Berg ab – auf einem Schild steht Kedong Ranch – und führt zu einem Massai-Dorf am Fuße des Vulkans. Eine sehr steinige, nur von Geländefahrzeugen zu befahrende Piste windet sich zum Kraterrand hinauf, wo sie sich gabelt. Links wird nach drei Kilometern ein großes Einsturzloch erreicht, einer der größeren unter Hunderten von Höhleneingängen. Rechts führt die nun einfacher zu fahrende Straße durch die äußere Caldera und endet bei einem Aussichtspunkt über dem inneren Krater (11 Kilometer von der Gabelung entfernt). Ein Pfad folgt dem Kraterrand zum Gipfel des Suswa, der 2356 Meter aufragt. Eine Wanderung bis zum Gipfel lohnt sich sehr.

AUSFLÜGE VON NAIROBI AUS

Riverrafting – Schlauchbootfahren

Ende Mai. Die Regenzeit hat in diesem Jahr zugeschlagen wie schon lange nicht mehr. Die Bergbäche zwischen den düster in die Wolken steigenden Hängen der Aberdares und des Mount Kenya sind zu rauschenden Flüssen angeschwollen. Die Straße, auf der wir den Einstiegspunkt unserer Schlauchbootfahrt erreichen wollten, ist von einem reißenden Bach fortgeschwemmt – die letzten 500 Meter legen wir zu Fuß zurück, das schon aufgeblasene Boot in der trägen Vormittagshitze durch dorniges Gebüsch tragend. Richtig erfrischend ist da der Anblick des Wassers, das den afroalpinen Höhen entspringt, in filigranen Fällen und durch Regenwald nach unten stürzt und nun den langen, beharrlichen Weg durch dürre Ebenen Richtung Indischer Ozean einschlägt.

Unser Führer gibt eine kurze Einführung in die Verhaltensregeln und Techniken des Riverrafting. Alles hört sich logisch und einfach an. Den knallorangen Helm und die neongelbe Schwimmweste übergestülpt, den Fuß krampfhaft in der Schlaufe verankert, die Paddel sichtlich ungelenk in der Hand, sitzen wir jeweils zu dritt auf den Außenwülsten – es geht los. Hinter uns postiert sich der Bootsführer. Seine zackigen Ruderbefehle hätten wir uns besser merken sollen.

Denn das kühle, sprudelnde Wasser erweist sich schon nach wenigen Ruderschlägen als hellbraune Flut, die uns ins Ungewisse reißt. Und die Schreie des Führers: War das nun links vorwärts oder rechts rückwärts oder vielleicht umgekehrt? Keine Zeit für Fragen. Mit leichter Seitenlage, das Heck an einem Felsen scheuernd, rutschen wir in den ersten Wasserfall. Ein Schlag von vorne, die Wassermassen brechen über uns zusammen. Von hinten ruft jemand „Vorwärts!" Nach Luft schnappend, versuchen wir das Paddel irgendwie wirkungsvoll ins Wasser zu stechen. Aber es ist wohl nicht unser Verdienst, daß wir wenige Augenblicke später in friedlicher Stille durch reiche Vegetation treiben. Vogelstimmen erzählen von unzähligen Nestern. „Das war nur der Anfang, gleich wird es lustiger!" Was für ein Scherz!

Das Herz versucht sich zu beruhigen, während am Ufer entlang Reiher stolzieren, über uns Königsfischer schwirren und in den ausladenden Ficus-Bäumen riesige Reisighaufen die Äste nach unten ziehen – das Heim des Hammerkop. „Von einem der Bäume ist neulich eine Schlange ins Boot gefallen – da sind alle erschrocken ins Wasser gesprungen." Unser Führer pflegt einen makabren Humor. „Kann man hier überhaupt schwimmen?" fragt jemand. Der Führer läßt sich zur Antwort ins Wasser fallen. Etwas verdutzt und hilflos schauen wir ihn an. „Die nächste Stromschnelle kommt nach der Biegung da vorne. Einfach rechts umfahren." Entsetzte Blicke kreuzen sich, dann löst sich die Spannung, und wir springen alle johlend in den Fluß. Die Schwimmweste flößt Vertrauen ein. Ich lasse mich auf dem Rücken treiben, scheinbar unsinkbar neben dem leeren Boot. Doch die 17 Grad des Wassers treiben uns nach wenigen Minuten wieder heraus – bald sitzen alle an ihrem Platz und repetieren die verschiedenen Ruderbefehle, während die Sonne uns im Eilverfahren trocknet. Die Sache macht allmählich Spaß.

Vor uns taucht eine Brücke auf, voller buntgekleideter Menschen. Ein Markt, ein Treffen? Nein, sie sind zusammengekommen, um diese Schar verrückter, grellbunter Weißer, deren Ankunft sich minutenschnell herumgesprochen hat, zu sehen. Eine leichte Schamröte steigt uns ins Gesicht. Wir winken zurück, das Boot rauscht gezielt zwischen zwei Brückenpfeilern durch. Über uns hören wir das Stampfen der Menge, die auf die andere Brückenseite eilt, um uns kopfschüttelnd und hell auflachend zu verabschieden.

Bald umgibt uns wieder die behäbige Ruhe des Buschs, das Gezwitscher der Vögel. Ab und zu gurgelt das Wasser unter unseren Füßen, eine Schwimmweste schrappt bei der Bewegung. Ein leichtes Rauschen hebt an, wird immer stärker, ein Geräusch, das jeder kennt, der sich mal einem Wasserfall genähert hat. Die Unruhe im Boot wird spürbar, mein Magen zieht sich zusammen. „Alles bereit?" Wir rücken uns zurecht, umkrallen die lahm im Wasser mitziehenden Paddel und schlüpfen mit den Füßen wieder in die Halterung. Die Strömung beschleunigt das Gefährt, weiße Schaumkronen trippeln vorbei. Der Führer läßt uns das Boot auf die linke Flußseite manövrieren und erklärt uns kurz, was wir gleich zu erwarten haben.

Mit dem Schlauchboot auf dem Athi-River

Die zwei kleineren Schwälle zu Beginn meistern wir in forschem Tempo, wechseln dann mit harten Paddelschlägen auf die andere Flußseite und fliegen zwischen Felsbrocken und tiefhängenden Ästen auf eine Zweimeter-Stufe zu. Die Bootsspitze hängt in der Luft, nur das Heck stürzt in die kippenden Fluten, in den kochenden Strudel am Fuße des Schwalls. Der Aufprall, die Wucht der Gischt läßt uns beinahe das Gleichgewicht verlieren. Wir paddeln kräftig, treiben das Boot voran, bis wir mit Triumphschreien über die schwächer werdenden Wellen schaukeln. Nun geht es wieder zurück ans linke Ufer, an dem wir mit einer gekonnten Drehung flußaufwärts landen. Denn die nächste Sturzkombination müssen wir zuerst zu Fuß erkunden.

Wir scheuchen ein Dik-Dik-Pärchen aus dem Unterholz, haben aber nur Augen für die wuchtigen Fälle, die uns nun erwarten. Der Bootsführer erklärt kurz, wie wir fahren werden, und bald darauf sitzen wir wieder, das Paddel umklammert, im Boot. Die erste Stufe überwinden wir ohne Probleme und bringen nun zuversichtlich das Boot in die richtige Stellung für den zweiten, den größten Fall. Doch in der reißenden Strömung verspäten wir uns etwas, kriegen das Heck nicht in die gewünschte Linie, rasen mehr seitwärts als gerade auf den Abbruch zu. Wir fliegen durch die Luft, kippen leicht ab und schlagen hart auf. Die tobenden Wassermassen stauchen das Boot zusammen, in der brodelnden Gischt wissen wir nicht mehr, was vorne, was hinten, was oben oder unten ist. Immer wieder schlagen Wellen über uns zusammen, das Boot dreht sich im Kreis wie ein unkontrollierbares Karussell.

Wir sitzen am Fuße des Falles fest, zwischen der herabstürzenden Wasserwand und der unmittelbar folgenden Rückwelle. Sobald das Heck in den Fall treibt, wird es von der Wucht des stürzenden Wassers zurückgeschleudert und drückt so den Bug in die Fluten, die ihn wiederum ausspeien. Hin und her, her und hin, kaum Zeit zum Atmen und keine Ahnung, wie wir herauskommen wollen. Die Schreie des Führers sind in dem ohrenbetäubenden Lärm nur als Fetzen zu verstehen, und wir sind schon vollauf damit beschäftigt, uns nicht die Paddel entreißen zu lassen. Nach einer Weile, es scheint eine Ewigkeit zu sein, schafft es der Bootsführer, uns alle auf die eine Seite zu dirigieren. Dabei kentert das Boot fast. Immerhin finden wir so etwas Halt und eine kurze Atempause. Mit vereinten Kräften und verzweifelten Schlägen versuchen wir dann, uns und das Boot zu befreien. Wir kommen aber nicht vom Fleck, drohen wieder in das schwindelerregende Kreiseln zurückzufallen.

Plötzlich wird das Heck von einer herabstürzenden Flutwelle heftig nach vorne geworfen, und mit Hilfe einiger Paddelschläge gelingt es uns, das Boot über die meterhohe Welle vorne zu schieben. Wir gewinnen sofort Fahrt, atmen auf. Zwei Paddel fehlen, das Boot ist voller Wasser, und einer von uns hat eine blutige Schramme auf der Stirn. Doch jetzt ist keine Zeit für Betrachtung und Nachlese. Mit letzten Kräften manövrieren wir uns in die richtige Linie und lassen uns noch einmal gut durchschütteln, bis wir am Ende dieser mörderischen Flußstrecke an einer Sandbank anlegen können. Das Boot drehen wir um, der Verletzte wird verarztet. Völlig durchnäßt und ausgepumpt liegen wir in dem warmen Sand, strecken unsere durchkühlten Glieder in der Sonnenwärme aus und schließen die Augen. Wieder dieser Friede, pfeifende Vögel, zirpende Grillen und ein sanfter Wind, der durch die Bäume streift. Und der Fluß, er plätschert unschuldig an uns vorbei, als ob nichts geschehen wäre.

Praktische Informationen

Savage Wilderness Safaris Ltd., Thigiri Road, P.O.Box 44827 Nairobi, ☎ & ✍ 521590. Wenn Sie schon in Europa buchen wollen: 22 Wilson Ave., Henley, Oxon, RG91ET, ☎0491,574752.

Die Abenteuerfirma von Mark Savage bietet ein außergewöhnliches Programm: Man kann zwischen Eintagesfahrten auf dem Tana oder dem kleineren Muthoya North River oder mehrtägigen Fahrten auf dem Athi River (eine Vielzahl wilder Tiere sowie Vögel im Uferbereich) bzw. dem Ewaso-Ng´iro River wählen. Letztere können je nach Interesse zwischen 3 und 21 Tagen dauern. Allerdings sind mindestens vier Teilnehmer erforderlich, so daß es sinnvoll ist, möglichst frühzeitig anzufragen, für welche Termine welche Fahrten vorgesehen sind.

Preise. Tagestrip auf dem Tana River (mind. 3 Personen): 70 US$; Tagestrip auf dem Muthoya North River (mind. 3 Personen): 80 US$; Dreitagestrip auf dem Athi River (mind. 6 Personen): 240 US$.

Weitere Unternehmungen der ungewöhnlichen Art

Mountainbike Safaris

Die Vorstellung, durch die weite Savanne an Akazien und Giraffen vorbeizuradeln, ist verführerisch. Seit einigen Jahren wird in Kenia Mountainbiking organisiert. Eine besonders gute Kondition ist nicht erforderlich, um die durchschnittlich 15 bis 20 Tageskilometer zurückzulegen. Sie werden auf der gesamten Reise von einem Landrover begleitet, der Verpflegung, Ersatzteile und die Ausrüstung mitführt und auch Platz für den gelegentlich müden Radler hat. Sie übernachten in Zweierzelten, ausgestattet mit transportablen Duschen und WCs. Als persönliche Ausrüstung benötigen Sie einen Hut oder Helm, eine Brille mit Gummiband, Regenschutz, einen Tagesrucksack und eine Feldflasche.

Buchung: Nigel Arenson, ☎446371, ✉336890 oder Let's Go, Standard Street, P.O. Box 60342, ☎213033, ✉336890). Preise. 3 Nächte/4 Tage ca. 350 US$ (mind. 4 Personen).

Wildniswanderungen

Tribal Treks – zu Fuß unterwegs durch wilde Gebiete Kenias. Eine hervorragende Art, das Land kennenzulernen, ohne eines gewissen Komforts entbehren zu müssen. Sie können unter einer Reihe von angebotenen Treks wählen: von Tageswanderungen durch die Ngong Hills über fünftägige Treks durch die Loita Hills bis hin zu zehntägigen Mammutwanderungen durch das Samburu-Land und die Massai Mara.
Buchung: Kentrak Safaris Ltd., P.O. Box 47964, The Wall (2.Stock), Westlands, ☎441704/5, ✉216528. Preise für die erwähnten Angebote: 50/500/1000 US$, variierend nach Anzahl der Teilnehmer.

Reitsafaris

13-16tägige deluxe Reitsafaris. Safaris Unlimited. Preise zwischen 2100 US$ und 3800 US$. Nairobi ☎891168, ✉882723.

Zu Fuß, wie zum Beispiel hier durch einen dichten Bambuswald, läßt sich Ostafrika ganz anders erleben

Auto- und Motorradfahren

Schon der Verkehr in Ostafrika ist ein Abenteuer. Die Straßen in gutem Zustand sind meist überfüllt und werden von gnadenlosen Fahrern beherrscht. Die häufigeren Pisten und Pfade verlangen Ihrem Wagen und Ihnen selbst fast alles ab. Deshalb sollten Sie sowohl technisch als auch mental gut vorbereitet sein, wenn Sie vermeiden möchten, daß Ihre Reise von Pannen und Unfällen überschattet wird. Wir haben nachfolgend einige Grundregeln notiert, die Ihnen ein gutes Stück weiterhelfen werden. Grundsätzlich gilt aber: Verlassen Sie sich nur auf die eigenen Sinne, überschätzen Sie nie die Möglichkeiten von Wagen und Fahrer, seien Sie stets großzügig, was Reserveteile und Proviant anbetrifft, und vergessen Sie nicht, daß Sie zeitweise in Gebieten unterwegs sind, deren Infrastruktur in jeder Hinsicht rudimentär ist.

Straßenzustand. Verlassen Sie sich *nie* auf den scheinbar guten Zustand einer Straße. Abrupte Verschlechterungen sind an der Tagesordnung, so zum Beispiel große Schlaglöcher, Gräben oder sogar weggewaschene Teilstücke. (Wir fuhren vor einigen Jahren auf der ganz neuen Asphaltstraße zum Baringo-See und hatten im Dämmerlicht keine gute Sicht. Plötzlich krachte der Wagen einen Meter in die Tiefe und hüpfte durch einen ungefähr dreißig Meter langen Furt – der Erdboden war einfach abgekippt. Zu unserem großen Erstaunen kamen wir heil auf der anderen Seite an, bis auf die Beulen an unseren Köpfen.)

Verkehrsverhalten der anderen. Verlassen Sie sich niemals darauf, daß die anderen sich korrekt verhalten werden. Erwarten Sie jederzeit alles. Das Beachten der Vorfahrt ist eine Ausnahme, rotes Licht nicht immer eine Schranke, Menschen tauchen plötzlich aus dem Nichts auf (gehen Sie als Fahrer davon aus, daß es in Ostafrika keine menschenleeren Gebiete gibt) und überqueren die Straße, Viehherden und Esel versperren den Weg. In abgelegeneren Gegenden sind die Menschen den Autoverkehr noch nicht gewohnt (kein Verkehrsunterricht in der Schule!) und verhalten sich manchmal für Ihr Empfinden irratio-

Buschfeuer sind nur eine der möglichen Gefahren

nal. Hüten Sie sich besonders vor den großen Lastwagen, die schlecht gewartet werden und übermüdete Fahrer am Steuer haben, sowie vor den Matatus, deren aggressives Verhalten oft an Todesverachtung grenzt. Beharren Sie nicht in mitteleuropäischer Manier auf Ihrem Recht – Sie werden den kürzeren ziehen. Und abschließend: Fahren Sie langsam, denn Sie wollen doch die Landschaft genießen und heil ankommen. Als Fahrer haben Sie ohnehin wenig Zeit zur Betrachtung – die Piste verlangt meist Ihre volle Aufmerksamkeit.

Piste. Läßt sich am ehesten mit vereister Straße vergleichen – die Griffigkeit ist gering, der Bremsweg sehr lang. Fahren Sie vorsichtig, ohne abrupte Lenkungsmanöver, vor allem beim Vierradantrieb, denn sonst kann der Wagen leicht kippen. Sie haben zwei Möglichkeiten: Entweder Sie fahren schnell, dann genießen Sie mehr Fahrkomfort, müssen allerdings mit Können und Erfahrung das leichte Schleudern ausgleichen. Oder Sie fahren langsamer und somit sicherer und ertragen stoisch die Schlaglöcher und das Wellblech, das nach einer gewissen Zeit zur schwer erträglichen Qual wird.

Staubwolken begleiten jedes Fahrzeug wie getreue Anhänger. Da Sie meist mit offenem Fenster fahren werden, müssen Sie regelmäßig das Fenster schnell hochkurbeln, wenn Sie nicht am rötlichen Staub ersticken wollen. Beim Überholen nimmt Ihnen die Staubwolke des anderen Fahrzeuges für etwa 10 Sekunden die Sicht. Sie sind dann fast vollständig blind. Überholen Sie also nur, wenn Sie die Piste gut und weit überblicken können, und rechnen Sie mit unangenehmen Überraschungen wie großen Steinen, Ziegen und ähnlichem.

Flußläufe, Matsch und Wasserlöcher. Bei schweren Regenfällen versumpfen die meisten Pisten. Sie müssen durch Matsch, Schlamm, Flußläufe und Wasserlöcher fahren. Wenn Sie größere Tümpel sehen, sollten Sie zuerst mit einem Stock die Tiefe prüfen (gelegentlich muß man große Umwege auf sich nehmen), und entscheiden Sie dann, wie Sie durchfahren wollen. Wählen Sie zuerst den Gang, den Vierradantrieb, und fahren sie dann mit konstanter Geschwindigkeit, ohne unkontrollierte Veränderungen, zügig durch. Nach der Durchquerung sollten Sie den Verteiler trocknen, sonst kann es Ihnen passieren, daß der Wagen nicht mehr anspringt. (Steckenbleiben kann unangenehm sein. Nördlich von Maralal wurde unser Geländewagen von einem Matschloch fast verschluckt. Einer von uns machte sich auf den Weg, Hilfe zu holen. Wir saßen im Auto, guckten gelangweilt in die Weite und übten uns in Geduld, bis wir Gesellschaft bekamen … Eine kleine Elefantenherde umzingelte uns, ganz gemächlich und friedlich, aber wir hatten das Gefühl, mit den Füßen in einem Zementblock zu stecken und nicht verhindern zu können, gleich in einen Fluß geworfen zu werden. Wer weiß schon, was in dem Kopf eines Dickhäuters vor sich geht, wenn er einen viereckigen Kasten sieht und nicht einmal erkennt, daß es sich um einen Mercedes handelt. Bange starrten wir aus den Fenstern. Das Brummen eines Traktors vertrieb die Herde – in der Nähe war ein landwirtschaftlicher Betrieb. Auf dem Anhänger saßen dreißig Leute. Die waren auch nötig, denn mit vereinten Kräften brauchten wir eine Stunde, bis wir das Loch mit dicken Ästen fast aufgefüllt hatten und die Reifen endlich wieder greifen konnten.)

Ersatzreifen und Proviant. Nehmen Sie so viele Ersatzreifen mit wie nur möglich, vor allem aber auch Ersatzschläuche sowie Werkzeug, mit dem Sie den Schlauch austauschen können. (Es ist sehr frustrierend, ohne Ersatzreifen irgendwo in der Ebene zu stehen und stundenlang in der gleißenden Sonne zu versuchen, die äußere Radhülle von der Felge zu lösen. Oder Sie müssen warten, bis ein anderer Wagen vorbeikommt, Ihnen Werkzeug ausleiht oder so lange über Ihr Rad fährt, bis es weich und platt ist.) Auch sollten Sie stets genügend Wasser und Benzin dabeihaben. Die Tankstellen werden mancherorts nicht regelmäßig beliefert, auch können aus wirtschaftspolitischen Gründen Engpässe auftreten. Tanken Sie deshalb voll, wann immer Sie die Gelegenheit bekommen.

Polizei- und Armeekontrollen. Arrogantes Verhalten kann Sie in ziemliche Unannehmlichkeiten bringen. Vergessen Sie zwei Dinge nicht: Erstens sind Sie Gast in einem fremden Land und somit zu Höflichkeit verpflichtet, und zweitens hat in Afrika derjenige das Sagen, der Gewehr und Uniform trägt. Prinzipienreiterei sollten Sie zu Hause betreiben. Geben Sie dem Polizisten oder Soldaten zu verstehen, daß Sie seine Position, seine Meinung respektieren. Argumentieren Sie nicht gegen ihn, wenn er Ihnen ein falsches Verhalten vorwirft. Oft hat er sogar recht, denn viele Besucher verwechseln Afrika mit dem Wilden Westen. Seien Sie pragmatisch, wenn die Kontrolle beharrlich Geschenke verlangt (vor allem in Ruanda – in den meisten Fällen werden Sie sowieso durchgewinkt).

Mit dem Motorrad unterwegs

Maschinenwahl. Eine Enduro-Maschine ist empfehlenswert, aber keine unabdingbare Voraussetzung. Auch müssen Sie keine Veränderungen, wie zum Beispiel verstärkte Federbeine, vornehmen, denn die Anforderungen sind nicht so extrem wie in der Sahara. Eine bestimmte Marke kann nicht empfohlen werden. Meist sind Sie sowieso auf sich allein gestellt, denn es gibt kaum Ersatzteile (erst recht nicht für Enduromaschinen). Rühmliche Ausnahme ist die BMW-Werkstatt in Nairobi, wo sich Spezialisten für BMW-Boxer tummeln, da diese von der kenianischen Polizei gefahren werden.

Gepäck. Nehmen Sie so wenig wie möglich mit. Übermäßig große Wasserkanister sind unnötig, es sei denn, Sie fahren durch den extremen Norden Kenias. Auch sollten Sie sich überlegen, ob Sie auf die Campingausrüstung verzichten wollen. Das spart enorm Platz und Gewicht, macht Sie gleichzeitig aber auch abhängig von Herbergen und Hotels. Absperrbare Aluminiumboxen eignen sich am besten zur Aufbewahrung. Achten Sie darauf, daß der Schwerpunkt aller Gepäckstücke möglichst tief liegt.

Bereifung. Spezialreifen wie der *Michelin Desert* sind nicht nötig und sogar ein Nachteil, wenn Sie vor allem in den Landesteilen unterwegs sind, die über ein Netz geteerter Straßen verfügen. In Nairobi sind die üblichen Reifengrößen erhältlich – die Mitnahme sperriger Ersatzreifen nach Ostafrika erübrigt sich also.

Bekleidung. Eine längere Reise durch Ostafrika werden Sie kaum ohne einen Sturz hinter sich bringen. Deshalb ist gute Schutzbekleidung – sei sie auch teuer, heiß und umständlich – absolut notwendig: Vollintegralhelm, stabile Motocross-Stiefel, Handschuhe, Wirbelschutz, Nierengurt (im Hochland wird es kalt!), Enduro-Jacke und -Hose mit Knie-, Schulter- und Ellbogenschutz.

Transport nach Ostafrika. Siehe Anhang.

Kleinere Reparaturen sollte man selbst ausführen können

Nordkenia

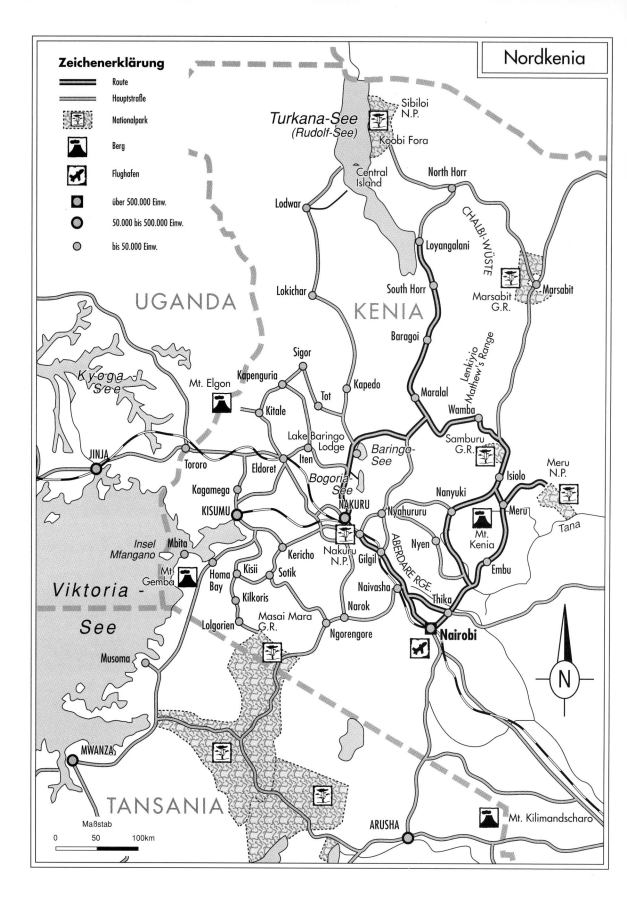

NORDKENIA

Nordkenia ist eine riesige, trockene, brütendheiße und gelegentlich recht trostlose Gegend. Niemand würde seine Phantasievorstellung von dem Garten Eden mit dem „Northern Frontier" verknüpfen. Kaum jemand würde vermuten, daß Sonne und felsige Erde dem Menschen nicht schon immer so feindlich gesinnt waren. Doch einige Forscher haben genau dies angenommen. Die Ausgrabungen von Paläontologen wie Richard Leakey am Westufer des Turkana-Sees führten dazu, daß dieser Gegend der ehrenvolle Namen „Wiege der Menschheit" verliehen wurde – eine Wiege in der Form einer Hängematte.

Lake Turkana liegt wie die Seen Naivasha, Nakuru, Bogoria und Baringo im Rift Valley, dem größten Graben der Welt. Das Rift sorgt für die Dramaturgie in der Landschaft des Nordens, für das Gewaltige, aber auch für gewaltige Unterschiede. Oben auf dem Plateau befinden sich fruchtbare Böden, der Graben dagegen ist trockene Steppe und weiter nördlich Halbwüste, wo nur Nomaden mit ihren Tierherden überleben können, in dieser Heimat von Erosion und Dürre.

Die folgende Route führt in diesen kaum besiedelten Norden, wo dem Reisenden und seinem Gefährt viel abverlangt wird. Wer hier alleine unterwegs ist, sollte schon reiche Reise-Erfahrung besitzen sowie genügend Benzin- und Wasserreserven mitnehmen und sich vorher genauestens über die Sicherheitssituation erkundigen. Ansonsten empfiehlt sich eine organisierte Fahrt. Die Mühen lohnen sich allerdings besonders. Nirgendwo sonst in Ostafrika kann man so viel Weite erleben, so bizarre Formationen von

An Aussichtspunkten wie diesem an der Straße nach Nakuru kann man die dramatische Landschaft des Rift Valley bestaunen und genießen

Auf dem Weg in den Norden Kenias

Felsen und Hügeln, so traditionelles Nomadentum. Wer Wüste und Einsamkeit, gepaart mit einem Schuß Abenteuer, liebt, wird um den Norden Kenias nicht herumkommen.

Die Route beginnt an zwei kleineren Rift-Seen, dem Lake Bogoria und dem Lake Baringo, die beide auch einen Zweitagesausflug von Nairobi aus wert sind. Über Maralal geht es an den Turkana-See, der Farbe seines Wassers entsprechend auch Jade-See genannt. Früher hieß dieses schlauchförmige Gewässer Rudolf-See – denn die Taufpaten waren zu Beginn dieses Jahrhunderts die österreichischen Abenteurer und Forscher Graf Teleki und von Hehnel, die ihrem Kronprinzen eine Freude machen wollten. Der See ist tückischer, als er sich gibt: Unangekündigte Stürme und die größte Krokodilpopulation des Landes lauern als unangenehme Überraschungen. Der Rückweg nach Süden führt über das Samburu-Tierreservat, den abschließenden Höhepunkt dieser Reise.

Ein Teppich von Flamingos

Es rumort im Inneren der Erde. Eine Fontäne zischt aus Bodenritzen in die Höhe, das Wasser läuft in Rinnsalen über den Felsen, über Terrassen mit orangefarbenen Verkrustungen, Algenbewuchs und pilzförmigen Ablagerungen. Der größte der Geysire hat ein breites Becken gebildet, aus dessen Mitte es beharrlich sprudelt. Während ich um die Fontäne herumgehe, spüre ich den prickelnden Wechsel von heißer und kühler Luft. Je länger ich auf die Geysire starre, desto mehr kann ich aus den pilzförmigen Collagen lesen, deren weiße Unterseite sich leicht löst und abstruse, phantasieanregende Formen bildet. Hinter dem Wasserdampf sind schemenhaft der Steilabbruch, die Ufervegetation und die anderen Quellen zu erkennen. Umhüllt von einer Dampfwolke und die heiße Gischt im Gesicht, übersieht man leicht die warnende Tafel: *Do not go beyond this point.* Wer am Ufer des Bogoria-Sees im Schlamm versinkt, kommt nie wieder heraus. Im seichten Wasser, nur einige Meter entfernt, staksen Tausende von Flamingos an ihrem bevorzugten Brutplatz umher: Ihnen scheint die Hitze zu behagen.

An den Geysiren des Lake Bogoria zeigt das Rift Valley wie sonst nur selten sein heißblütiges Temperament. Der See gehört zu den schönsten des Rift Valley. Mag Lake Baringo auch Inseln, Vögel in Unmengen und umgängliche Hippos bieten, die Stimmung am Lake Bogoria ist einmalig. Eingerahmt von einer fast vertikalen Seite des Grabens, die unmittelbar hinter dem Ufer hochragt, beheimatet dieser sodahaltige See Tausende von Flamingos, die sich entlang des Ufers zu rosa Teppichen sammeln. Und an seinem Westufer brodeln die imposantesten Heißwasserquellen Kenias. An mehreren Stellen sprudelt das kochende Wasser aus dem vulkanischen Boden; der Wind bläst die Dämpfe in alle Richtungen, das Spritzen des Wassers sowie die Schreie der Flamingos bilden die Geräuschkulisse.

Immer wenn wir hier sind, sitzen wir stundenlang unter einer der schattenspendenden, schwer mit den Nestern der Webervögel behangenen Akazien und betrachten das Wechselspiel von Flamingos, Wasserdämpfen und Wolken, die über dem Bruch des Rift Valley zusammenkommen – gewaltige Cumuli, die sich vereinen, auftürmen, auseinanderfließen, die Sonne abdecken. Ein beständiges Spiel von Schönwetterwolken.

Regelmäßig starten Flamingos aus dem Wasser, entlang des Ufers folgen ihnen weitere, eine riesige rosa Schleife zieht durch die Luft, versehen mit dem schwarzen Muster der flatternden Flügel, als sollte eine der kleinen blütenweißen Wolken dekorativ eingepackt und verschenkt werden.

Oder wir besichtigen Geysir Nr. 2, das moderne Kunstwerk: zwei Steine, ein größerer, schwarzer, der von jeder Seite betrachtet einen anderen Tierkopf darstellt, sowie ein flacherer, bulliger, von braungrünen Algen und Ablagerungen bedeckt, neben dem die Fontäne pulsiert. Und wenn wir genug von heißer Luft haben, besteigen wir den Aussichtspunkt auf dem Hügel hinter der Straße und überblicken den kleinen See. Wie gesagt: Man kann sich an dem Anblick nicht satt sehen.

Die Geysire des Lake Bogoria

NORDKENIA

Große Hippos, kleine Inseln

In unserem Zimmer befindet sich ein Nilpferd, zweifellos. Ich höre ja sein Grunzen und Scharren unmittelbar neben mir und frage mich nur, wann das Tier mein Ohr anknabbern wird. Lieber die Augen nicht aufmachen, es wird schon weggehen. Aber wie soll es durch die Tür gekommen sein? frage ich mich. Jetzt reiße ich die Augen doch auf. In dem Bungalow ist es noch stockfinster – ich greife nach der Taschenlampe. Kein Hippo im Lichtkegel. Vorsichtig öffne ich die knarrende Tür. Zwischen unserem Häuschen

und dem nächsten weidet ein riesiges Nilpferd, mampft genüßlich das dicke, feste Gras, das ein Gärtner am Nachmittag zuvor ausgiebig gesprengt hat.

Die Vögel locken mich heraus, aber ich folge den Rufen erst, nachdem das Hippo sich zurückgezogen hat. Barfuß tapse ich über den taufeuchten Rasen zum nahen Seeufer. Das Wasser des Baringo-Sees ist ein graues, glattgezogenes Tuch, dahinter der dunkle Vorhang das Laikipia-Escarpments; in der Mitte erheben sich die kegelförmigen Inseln.

Mit den Füßen im kalten Wasser bestaune ich die Veränderungen, die sich innerhalb von fünf Minuten vollziehen – ein Schauspiel unter der Anleitung eines exzentrischen Bühnenbildners. Der Vorhang wird zum Farbfächer, das Wasser filtert das Grau heraus und läßt Gold aufscheinen, einige Augenblicke lang, ehe es sein tagesübliches Braun annimmt. Nur die Vögel begleiten mit ihrem Gesang die Auferstehung der Sonne, ein Großorchester mit mehr Stimmen, als ich Instrumente kenne. Nur die Farben bewegen sich, von dem Einbaum eines Jemps-Fischers abgesehen, der auf der Jagd nach Tilapias, den schmackhaftesten Fischen des Sees, über den See streift. Nach wenigen Minuten ist der Zauber vorbei; nichts im Laufe des heißen Tages wird ähnlich spektakulär sein.

Maralal

In Maralal, dem letzten größeren Ort auf dieser Route, trennt man sich von der europäischen Zivilisation. Hier sind das letzte Postamt und die letzte Tankstelle für mindestens tausend Kilometer. Nördlich von hier beginnt das Ungewisse – ein Tummelplatz von somalischen Schmugglern, von Banditenbanden (*shiftas* genannt) und fliegenden Händlern, aber auch die Heimat nomadischer Völker. Wenn es in Kenia einen „Wilden Westen" gibt, dann kann man ihn hier finden.

Das Städtchen hat die Atmosphäre eines Außenpostens. Es besteht aus zwei Hauptstraßen, an denen Geschäfte gemacht und Gespräche geführt, die aber auch von schweren Lastern, Bulldozern und Traktoren befahren werden. Der große Markt am Ende der einen Straße ist mit roten Tüchern übersät – wer eine Kamera dabei hat, wird erst weitergehen, wenn er seine Filme verschossen hat. Die ortsansässigen Samburu tragen überwiegend rotfarbene Gewänder. Hier befindet sich ihr einziges Einkaufszentrum weit und breit.

Lesen Sie bitte auf Seite 82 weiter

Zwei Samburu-Männer auf dem langen Weg nach Maralal, dem einzigen Städtchen weit und breit

Mit Motorgleitschirm über das Samburu-Land

Nachdem Walter Haimbach und ich in Nairobi Genehmigungen besorgt, in Wamba lange nach Verantwortlichen gesucht und schließlich einen für Verkehrsangelegenheiten zuständigen Offizier gefunden haben, sind wir fast soweit, daß es in die Luft gehen kann. Der Offizier ruft noch beim Chefkommandanten des Saburu-Distrikts in Maralal an, und wenig später erhalten wir die Erlaubnis, für circa eine Stunde vom Flugplatz von Wamba zu starten.

Während Walter seinen Motor vorbereitet, sammelt sich eine Zuschauerschar. Als Walter den Schirm ausbreitet, gibt es fast schon einen Massenauflauf – Hunderte von Samburu finden sich ein. Die Samburu sind gespannt, aber auch zuversichtlich. Angesichts von Walters Statur meinen sie nur: „Rambo will make it."

Walter steigt auf. Am Boden ist Riesenstimmung. Selbst die Krankenschwestern aus dem nahegelegenen Krankenhaus sind herbeigeströmt. Plötzlich beginnt ein Mann zu schimpfen: Wir hätten vorher alle informieren müssen, damit die Bevölkerung sich darauf einstellen konnte. Er meint wohl, wir hätten für dieses aufregende Ereignis besser werben müssen. Die Wetterverhältnisse sind gut. Die Sonne scheint. Nur der Wind bläst etwas zu stark. Walter gewinnt schnell an Höhe, fliegt dann zunächst über uns. Wir fahren ihm mit den Motorrädern nach, durch ein ausgetrocknetes Flußbett und zwischen zwei Kegeln hinauf. Doch Walter ist vom Sattel aus nicht zu sehen. Wir machen uns Sorgen, suchen die Gegend ab, finden Walter aber nirgends notgelandet. Nach einer Weile fahren wir zum Flugplatz zurück, auf dem wir ihn schon von weitem erkennen, umringt von neugewonnenen Fans. Er ist bester Stimmung. Die Aufnahmen, meint er, seien sicher gelungen.

Neben den Tüchern werden auch schöne Handarbeiten der Samburu und Turkana verkauft, kleine Puppen zum Beispiel, die manchmal liebevoll geformt sind, nach dem Konterfei eines Kriegers oder einer reich geschmückten Frau.

Wichtigster Treffpunkt in Maralal ist die Buffalo Bar – ein für die kenianische Provinz typischer Vergnügungsort. Alle, die tagsüber zu etwas Geld kommen, treffen sich abends hier. Entlang eines Innenhofs hinter dem Lokal kauern Zimmer, in denen man sicherlich auch übernachten kann, die aber vor allem zu Stundentarifen angemietet werden. Auf den Wänden protzen stilisierte Krieger, Löwen und Busse, mit groben Pinselzügen aufgemalt, aber an der Nahtstelle zwischen dem schummrigen Licht und den Schatten nicht ohne Reiz. Die beliebte Musik aus Zaire – hektische Rhythmen des *lingala* – dröhnt unentwegt, gelegentlich von einem einheimischen Hit abgelöst.

Getrunken wird das lauwarme Bier je nach Wunsch der Besucher aus Limonadegläsern oder direkt aus der Flasche. Nur einige Tage vor unserer Ankunft hat es in der *Buffalo Bar* eine heftige Auseinandersetzung gegeben. Zwei Beamte gerieten sich in die Haare. Im Nu waren die Revolver gezogen. Zwei Schritte voneinander entfernt standen sie wutschnaubend da, beschimpften sich gegenseitig, fuchtelten mit der Waffe herum und amüsierten die anderen Barbesucher prächtig. Ein Lastwagenfahrer, so endete die Geschichte, sei daraufhin bis zur Tür vorgefahren, habe mit Fernlicht hineingeleuchtet, den Motor aufheulen lassen und wild gehupt. Das habe die zwei Schreihälse zur zeitweiligen Vernunft gebracht. Maralal ist ein Ort, in dem solche Geschichten mit großer Selbstverständlichkeit kursieren, und wenn sie nicht stimmen, dann zeigen sie doch Atmosphäre und Selbstverständnis dieses Provinzzentrums.

NORDKENIA

Abgesehen von Atmosphäre besitzt Maralal drei Sehenswürdigkeiten: einen fabelhaften Ausblick (vor allem natürlich frühmorgens) über das Laikipia-Plateau bis hin zum Mount Kenya, ein geschichtsträchtiges Nationalmonument und eine Lodge. Das Monument besteht aus dem Bungalow, in dem Jomo Kenyatta von der britischen Kolonialregierung festgehalten wurde, ehe er 1961 in die Freiheit entlassen wurde, um bald darauf erster kenianischer Präsident zu werden. Interessant an dem Ort ist einzig der erzählerische Versuch des Führers, Spannung zu erzeugen, im wesentlichen, indem er alles mythologisiert und überhöht. Dabei kommen ihm einige Löcher in der Mauer zu Hilfe, aus denen er eine komplexe Mordtheorie ableitet. Von dem Hügel, auf dem sich dieses kleine Museum befindet, haben Sie den besten Ausblick – die Fahrt dorthin lohnt sich!

Die Maralal Lodge wurde von einem italienischen Architekten entworfen, der wohl ein romantisches Gegenstück zu dem staubigen Treiben in dem Städtchen hochziehen wollte. Die Zimmer befinden sich in kleinen, hauptsächlich aus Holz erbauten zweistöckigen Häusern. Ein offener Kamin dominiert das Erdgeschoß – die Nächte in Maralal werden meist ziemlich kalt. Früher gab es in der ganzen Region keinen Strom, der Generator der Lodge brach oft zusammen, und die Abende wurden, zwischen dem Glimmern von Kaminfeuer und Kerzen, von phantastischen Geschichten und Gedanken ausgefüllt. Die Geräusche der Nacht taten natürlich ihr Möglichstes, die Phantasie weiter anzuregen. Aber auch mit Strom und fließend warmem Wasser ist die Lodge einen Besuch wert.

Am Lake Turkana

Der Weg nach Loyengalani führt über einen Paß, der sich zwischen hohen Felsen hindurchwindet. Während man sich der Paßhöhe nähert, ahnt man noch nichts von dem Ausblick, der einen erwartet. Man sieht nur die flachen, toten Lavabetten des Northern Frontier District, deren Monotonie gelegentlich von einem vereinzelten Zebra unterbrochen wird, das in dieser Gegend, wo es meilenweit kein einziges Blatt gibt, etwas verloren wirkt. Dann hat man plötzlich die Paßhöhe erreicht, und in der Schwärze, die vor einem liegt, blitzt es auf, und man erkennt deutlich die glitzernde Fläche eines Sees, der sich weit nach Norden erstreckt – der Turkana-See im Herzen Afrikas. Wüstenrosen schauen aus den Felsenritzen hervor, und weiter unten glaubt man weiße Strände zu erkennen, gesäumt von gelbem Gras. Während man wieder bergab fährt, auf einer Straße, die einem wie eine riesige Treppe erscheint, dem

Samburu-Männer versammeln sich vor einer Bar in Maralal, beobachten, und kommentieren die Nachrichten des Tages

Ein Samburu-Dorf, manyatta *genannt ...*

... und einige Hütten der Elmolo am Turkana-See

See entgegen, verwandelt sich sein Blau in ein kräftiges Grün. Diese zarte Illusion bleibt auch am Seeufer bestehen. Im feinen Sand erkennt man Abdrücke von Stelzvögeln, dünne dreischenklige Zeichen neben den plumpen Krallen des Krokodils und den tiefen Fußstapfen des Nilpferds, die Umrisse von grobgeschnittenen Pastetenformen ähneln. Die Flußpferde verbringen den Tag schlafend unter Wasser. Ein paar Meter vom Ufer entfernt sieht man auf dem Wasserspiegel deutlich gezeichnete Silhouetten, die darauf warten, daß sich der Strand leert, um dann ihre langen Schnauzen in den heißen, weichen Sand legen zu können. Es weht eine leichte, angenehm kühle Brise. Man schaut hinauf zum Vulkan Mount Kulal, der sich in der Ferne erhebt, und kann gerade noch den Waldgürtel ausmachen, der in Afrika in einer bestimmten Höhe hervorzutreten scheint.

Es ist ein eigenartiges Gefühl, dort am Seeufer in der zunehmenden Hitze zu stehen und zum Vulkan hochzuschauen und sich klarzumachen, daß der Berg zwar mitten aus der Wüste emporragt, in seinem schmalen Waldgürtel aber Elefanten und Schweine und Pythonschlangen und all die anderen Tiere leben, die eine feuchte Vegetation bevorzugen. Dann wird die Hitze immer stechender, und in dem schmerzhaft gleißenden Sonnenlicht, das vom See reflektiert wird, verengt sich der Blick zu einer Kaskade tanzender Punkte, und ohne Vorankündigung wird die Brise von einem Wind verdrängt, der wie ein Wasserfall vom Paß herunterdonnert und auf den See hinausweht.

Loyengalani liegt etwa eine Stunde weiter nördlich am Seeufer. Es ist eine Siedlung und nicht nur ein namenloses Stück Uferland, weil es dort eine Quelle gibt, eine der wenigen Süßwasserquellen im Umkreis von Hunderten von Kilometern, mit von Palmen gesäumten Wasserläufen, die den Nomaden am Ostufer des Rudolfsees, die sporadisch hierher kommen, Schatten spenden und Brennholz liefern.

Hier leben noch die Elmolo, die seßhaften Bewohner von Loyengalani, deren Zahl einmal bis auf fünfundsiebzig gesunken war und die auch heute kaum 350 Personen zählen und daher einer der kleinsten Stämme Afrikas sind.

(...) Bevor die Elmolo nach Loyengalani kamen, hatten sie auf einer Insel im See gelebt, auf einer großen Insel, und sie hatten dort seit undenklichen Zeiten gelebt, bevor die Geschichte des Rudolfsees aufgezeichnet wurde. Dort waren sie sicher vor den weiter nördlich ansässigen Völkern, von denen sie immer wieder überfallen wurden, und deren Gewohnheit, ihre Opfer rituell zu entmannen, direkt mit der immer geringeren Zahl der Elmolo zu tun gehabt haben mag. Aber die Insel konnte den Stamm nicht ernähren. Zwischen den Elmolo und dem Festland wurde Handel getrieben. Bei den nomadischen Rendille tauschte man Fische gegen Ziegen, obgleich ein Rätsel ist, wie sie das geschafft haben, da die Seeüberquerung stets riskant war. Die plötzlich aufkommenden Stürme können moderne Fischerboote zum Kentern bringen, und die Elmolo verfügten nur über Flöße aus weichem Dumpalmholz, die sich innerhalb einer Stunde vollgesogen hatten. Außerdem dauerte die Überfahrt per Floß einen ganzen Tag.

Aus: Patrick Marnham, Die Weißen kommen, Diogenes Verlag, Zürich 1991

Am Krokodilfluß im Samburu-Tierreservat

Passend zu dem Ruf der Gegend nördlich von Isiolo versammeln sich die Krokodile bevorzugt an der Samburu Game Lodge. Regungslos sonnen sie sich auf den Bänken des Ewaso-Nyiro-Flusses. Von der Terrasse aus beobachten wir sie, in der Hoffnung, sie würden sich einmal bewegen.

Ein Kellner serviert Tee und lenkt unsere Aufmerksamkeit auf einen Baum am anderen Ufer. Eine Antilope hängt an einem der Äste – das Abendessen für die Leoparden ist vorbereitet. Der Kellner sagt: „Er kommt pünktlich um sieben." „Wer denn?" „Der Leopard." Aha.

Zwei Stunden und einen Cocktail später steigert der Kellner unsere Spannung: „Gleich wird er kommen." Es folgt ein mehrgängiges Menu, wir sitzen wieder auf der Veranda, einen Whiskey in der Hand. Der Kellner schaut etwas betreten drein: „Ich weiß nicht, wo er bleibt, sonst ist er immer pünktlich, aber heute…?"

Wir fühlen uns von dem Leoparden reichlich versetzt. Auf die Krokodile dagegen kann man sich verlassen. Wie unwirkliche Schemen bewegen sich jetzt die hellen Leiber zur Veranda hin, vor der ein Angestellter der Lodge gerade Fleischreste hingeworfen hat. Es hatten schon Scherze die Runde gemacht, die ersehnten Tiere seien unecht, Attrappen, weil den Hotelgästen unbedingt Krokodile geboten werden sollten.

Doch ein Blick in den Rachen dieser „Attrappen" belehrt uns eines Besseren. Die Tiere schnappen mit einer Gier nach den Fleischstücken, die ihrem schlechten Ruf alle Ehre macht. Einem Veteran mit monströsem Gebiß fehlt ein Teil des Schwanzes. Die Tiere schieben, zerren, fletschen die Zähne, kämpfen um die Beute, die nach wenigen Augenblicken verschwunden ist. Langsam ziehen sie sich in die Dunkelheit zurück.

Am nächsten Morgen erkennen wir, daß uns der Leopard an der Nase herumgeführt hat. Er hat abgewartet, bis wir alle zu Bett gegangen waren, um sich dann ungestört zu verköstigen.

Elefanten im trockenen Samburu Game Reserve, in dem sich außer den üblichen Wildtieren auch einige Arten sehen lassen, die es in Kenia nur hier gibt

Zum Abschluß einer harten Reise

Am Ende einer Reise durch Nordkenia werden Sie erschöpft sein von der Anstrengung und Mühsal der Tage. Sie werden auf Abendessen aus der Dose, auf unbequemes Schlafen, auf große Mengen von Staub an allen Ecken und Enden, auf Durst und Sonnenbrand zurückblicken. Dann werden Sie sich natürlich die Frage stellen: Wieso bin ich eigentlich überhaupt dort hingegangen?

Und die Antwort, hoffe ich, wird die sein, die auch uns immer in den Sinn kam: weil wir gar nicht anders konnten, weil die Weite, die lichtdurchflutete, stille Landschaft den Reisenden verzaubert und ihn gefangennimmt, weil im Vergleich zu den Extremen des Nordens alles andere nicht in solch einer Intensität beeindruckend und spektakulär erscheint. Die Eindrücke sind im Norden Kenias meist stärker als in den anderen Regionen des Landes.

Und, last but not least, weil man nur an wenigen Orten sich selber und die Welt so klar spürt inmitten dieser Unendlichkeit. Unserer Erfahrung nach spricht viel dafür, daß Sie wieder hinfahren möchten, wenn sich die Möglichkeit ergeben sollte. Denn Sie werden im nachhinein euphorisch der Erlebnisse gedenken, über die Sie während der Fahrt wahrscheinlich noch geflucht haben.

Der Norden Kenias eignet sich gut für eine Motorradtour, wenn Sie die nötigen Vorbereitungen und Vorsichtsmaßnahmen treffen. Sie werden manchmal stundenlang keinem anderen Fahrzeug begegnen, so daß Sie viel Zeit und Muße haben, die Weite der Landschaft und die vielfältigen Felsformationen zu betrachten. Auch sind die Pisten, im Vergleich zu anderen wüstenartigen Gebieten, ziemlich gut befahrbar.

Praktische Informationen

Nairobi – Bogoria-See – Baringo-See – Isiolo – Maralal – Loyengalani/Turkana-See (Koobi Fora, Kulal) – Samburu – Nairobi

Verkehrsmittel. Sämtliche Strecken im südlicheren Teil dieser Route sind mit Bussen und Matatus leicht zu bereisen, doch nördlich von Maralal und westlich von Marsabit ist ein eigenes Fahrzeug notwendig, wenn tagelanges Warten vermieden werden soll. Yare Safaris bietet einen direkten Bus Nairobi-Maralal an (Nairobi ☎214099, ✍213445).

Der zu Recht berühmte „Turkana Bus" ist die lohnendste Alternative zu einem eigenen Fahrzeug (Safari Camp Services, Koinange Street, P.O. Box 44801, Nairobi, ☎228936 oder 330130, ✍212160). Die Camping-Reise dauert sieben Tage und kostet 290 US$ pro Person. Der seitlich offene Lastwagen bietet einen hervorragenden Blick auf die Landschaft.

NAIVASHA (87km/1/@). ✱ Von der Strecke Ausblicke ins Rift Valley. La Belle Inn (M), opulentes Frühstück mit warmen Croissants, atmosphärische Veranda.

GILGIL (29km/1/@). ✱ Kariandusi: Ausgrabungsstätte und Museum (5km in Richtung Nakuru, 3 US$, E).

NAKURU (40km/1/@/☎037). Siehe Kapitel WESTKENIA.

Verbindung nach
NYAHURURU (70km/1/@), Thomson Falls Lodge (M,C, ☎0365-22006). ✱ Die 72m hohen Wasserfälle.
MARALAL (115km/2/@), siehe weiter unten.

Die Ankunft am Turkana-See ist einer der Höhepunkte der Route

LAKE BOGORIA GAME RESERVE (130km/1, in Richtung Baringo bei Marigat rechts zum Nordende des Sees; oder 90km/3, nach 45 km rechts durch Sisal-Plantagen zum Südende des Sees). Camping. ☞ Fig Tree Camp Site am südöstlichen Ufer. ✳ Heiße Quellen entlang des Westufers, Flamingos und Große Kudus.

LAKE BARINGO (130km von Nakuru, 45km vom Nordende des Bogoria-Sees/1/@), Lake Baringo Club (H, ☎Nairobi335807, ✍340541; ✳ geführte Vogelwanderungen) und Baringo Insel Camp (H, ☎Nairobi506139, ✍502739). Robert´s Camp (C, neben dem Baringo Club). ✳ Bootsfahrten auf dem See und zur Hauptinsel (heiße Quellen) und Reiherkolonien. Gelegentliche Nachtbesuche von Hippos gehören zum Charme des Sees.

MARALAL (160km/3/@), Buffalo House (E). Nördlich der Stadt: Maralal Lodge (H, Nairobi ☎211124, ✍214261); südlich Yare Safaris Hostel (C, M, Nairobi ☎214099, ✍213445), das auch Kamelsafaris organisiert. ✳ World´s View, atemberaubender Aussichtspunkt ins Rift Valley hinunter (20km nördlich von Maralal bei Poror nach Westen abbiegen).

Verbindung nach Osten.
SAMBURU UND BUFFALO SPRINGS RESERVATE (170km/2/@), siehe weiter unten.

Lohnender Abstecher:
LENKIYIO (MATHEWS) RANGE. Dieser Gebirgszug, der inmitten des Samburu-Distrikts zwischen dem Samburu-Reservat und dem Turkana-See liegt, bietet wilde, abgelegene Landschaften, ideal zum Wandern. Zugang besteht durch das Ngeng Valley auf der Ostseite: von Wamba (105km/2 von Maralal; 65km/2 von Archer´s Post) aus 15km/2 nach Norden Richtung Barsaloi, dann rechts 30km/3 ins Tal hinein. Kitich Camp (H, Nairobi ☎444288, ✍750533), aber auch Camping 3km davor. An beiden Orten stehen Führer für Wanderungen zur Verfügung.

LOYENGALANI (215km/3/@), über Baragoi und South Horr. Oasis Lodge (H, Nairobi ☎750034, ✍750035), Sunset Strip (E, C). ✳ Besuch des El-molo-Dorfes, Bootsausflüge auf dem See (bei gu-

tem Wetter zum South Island) oder Fahrt zum Inselberg Mt. Kulal.

NORTH HORR (88km/3/C).

Lohnende Abstecher:
SIBILOI NATIONAL PARK. ALLIA BAY (130km/3), Ranger´s Post (C). Fahrt kann bei der Oasis Lodge in Loyengalani gebucht werden. North Horr am Flugfeld vorbei verlassen, bei der Abzweigung nach ca. 40 Minuten rechts halten. **KOOBI FORA** (60km/3), berühmte prähistorische Ausgrabungsstätte, mit Museum und C.
MARSABIT (190km/3/@). Es gibt verschiedene Routen durch die Chalbi-Wüste, wobei die schnelleren (südlichen) bei Regen überflutet werden können. Kenya Lodge (E), Marsabit Hotel (E), im National Park Marsabit Lodge (M, Nairobi ☎330820, ✍227815). ✳ Marsabit National Park, bekannt für seine Elefanten-Population, die idyllischen Kraterseen und den dichten Bergregenwald.

SAMBURU UND BUFFALO SPRINGS RESERVATE (222km/2/@). Diese Strecke muß im Konvoi oder zumindest in Begleitung von Sicherheitspersonal gefahren werden. Viel Wellblech auf der Piste. Von der Tiervielfalt her eines der lohnendsten Gebiete Kenias, mit einzelnen Tierarten, die nur im Norden vorkommen (zum Beispiel: Grevy´s Zebra, Giraffengazelle, Netzgiraffe). Während der Trockenzeit sammelt sich das Wild am Ewaso Nyiro, einem rotfarbenen Fluß, der die Landschaft gemeinsam mit den Felskuppen des Lenkiyo-Gebirges prägt. Von Isiolo 20km/2 nach Norden bis zum südlichen Ngare Mara Gate oder 31km/2 bis nach Archer´s Post und links zum nördlichen Gate.
☞ Zwischen der Buffalo Springs Lodge und der Straße von Isiolo nach Archer´s Post befinden sich die Buffalo Springs. Aus einem Bombentrichter aus dem zweiten Weltkrieg wurde ein „natürliches", herrlich erfrischendes Schwimmbecken.
Samburu Intrepids Club (H, Nairobi ☎338084, ✍217278), auch für Flugsafaris ab Nairobi. Campingplätze entlang des linken Flußufers, jedoch nur bei der Samburu Lodge (H, Nairobi ☎335807, ✍340541) mit sanitären Anlagen versehen.

Ein junger Samburu. Während er sich in der mehrere Jahre umfassenden Altersklasse des Kriegers befindet, darf er nicht heiraten und muß durch den Schutz des eigenen und den Raub von fremdem Vieh für das Wohl der Gemeinschaft sorgen. Die Samburu gehören zu den nomadischen Stämmen, die ihre althergebrachte Lebensweise überwiegend beibehalten haben. Wie sehr sich ihre Sicht der Dinge von der unseren unterscheidet, verdeutlicht nachfolgende, wahre Geschichte: Eines Tages wurde ein Besucher aus Europa einer Gruppe von Samburu-Älteren vorgestellt. Nach dem Austausch höflicher und umfangreicher Begrüßungen stockte das Gespräch. Die Älteren unterhielten sich über ihre eigenen Angelegenheiten. Nur die Kinder bestaunten den Fremden. Das änderte sich schlagartig, als der Besucher sein Taschentuch herauszog und sich schneuzte. Plötzlich hatte er auch die ungeteilte Aufmerksamkeit der Älteren, die ihn erstaunt anstarrten. Einer von ihnen wandte sich an den Übersetzer und fragte: Sage mir bitte, wieso wünscht der Mann, das, was aus seiner Nase kommt, zu behalten!

Exkurs:
Kamelsafaris. Schon seit Jahren bietet die Firma Camel Trek Ltd. (Nairobi, P.O. Box 15076, ☎891079, ✍891716) mit ihren Kamelsafaris eine interessante Alternative, Nordkenia kennenzulernen. Die Reise dauert fünf Nächte (auch drei Nächte sind möglich). Ausgehend von Isiolo werden Sie durch tierreiche Gegenden in der Nähe des Samburu Game Reserve geführt. Sie können auf den Kamelen reiten oder zu Fuß gehen, und Sie werden bestens betreut, was Sicherheit, Verpflegung und Information anbetrifft. Während der Regenzeit ruht der Kameltrek aus verständlichen Gründen. Kosten für fünf Nächte: 560 US$, Kinder bis 16 Jahren 335 US$. Inzwischen gibt es auch andere Anbieter von Kamelsafaris. Jedes bessere Reisebüro in Nairobi wird Sie über das momentane Angebot informieren können.

ISIOLO (38km/1/@). Bomen Tourist Class Hotel (M, ☎0165, 2225). ☞ Lewa Downs (H, Nairobi ☎506139, ✍502739) in einem privaten Tierreservat, zwischen Isiolo und Timau rechts gelegen. Busverbindung nach Marsabit. „Mwingi Highway" fährt dreimal die Woche von Isiolo aus, mit Weiterfahrt nach Moyale (dem verschlafenen Grenzort) am folgenden Tag. Grenzübertritt nach Äthiopien ist zur Zeit als Tagesausflug möglich, eine Einreise für längere Zeit dagegen reine Glückssache. Da sich die innenpolitischen Verhältnisse in Äthiopien zu stabilisieren und auch die Beziehungen zu Kenia zu verbessern scheinen, kann ein offener Grenzverkehr für die nächsten Jahre erwartet werden. Erkundigungen bei der äthiopischen Botschaft in Nairobi: ☎723027 oder 723035, ✍723401.

Lohnender Abstecher:
Nach Osten und um den Mount Kenya herum.
MERU (57km/1/@). Meru County Hotel (M, ☎20427), Stansted Hotel (E, 20360). ☞ Ausgangsort für die Fahrt zum Meru National Park (85km/3/C), Meru Mulika Lodge (H, Nairobi ☎330820, ✍227815).

EMBU (129km/1/@). Izaac Walton Inn (M, ☎20128), Valley View Lodge (M, 20147). Die Fahrt zurück nach Nairobi beträgt 150km/1. Eine Rundfahrt um den Mount Kenya ist in einem sehr langen oder besser in zwei Tagen zu fahren.

NANYUKI (82km/1/@). Sportmans Arms (E, C, ☎0176-23200). Außerhalb des Ortes ca. 10km zum Berg hin gelegen: Mt. Kenya Club (H, Nairobi ☎216940, ✍216796); Sweetwaters Camp/Ol Pejeta Lodge (H, Nairobi ☎216940, ✍216796), in Richtung Westen, in einem privaten Tierreservat.

NARO MORU (25km/1/@). Naro Moru River Lodge (H/C, Nairobi ☎337501, ✍219212), Youth Hostel (C, 9km Richtung Berg). Ausgangspunkt für Mt.-Kenya-Besteigungen auf der Naro-Moru-Route (siehe Kapitel DIE BERGE).

NYERI (68km/1/@/0171). Outspan Hotel (H, ☎2424 oder Nairobi ☎340541, ✍340541). White Rhino Hotel (M, ☎2189). Ausgangspunkt für Übernachtungen in einem der Baumhotels. (Das Gebäude sitzt wipfelhoch auf Stelzen – besonders nachts hat man einen guten Blick auf die zum Wasserloch kommenden Tiere). Empfehlenswert: The Ark: H, Nairobi ☎216940, ✍216796), und für die spektakuläre Fahrt über das Aberdares-Gebirge und durch den gleichnamigen Nationalpark (95km/3 bis Naivasha).

THIKA (120km/1/@). New Blue Post Hotel (M, ☎0151/22241), imposante Wasserfälle.

NAIROBI (43km/1/@).

Ein typisches Zimmer in einer der einfachen Pensionen, die man überall in Ostafrika vorfindet

NORDKENIA

Eine flüchtige Begegnung

Bier

Die Zeiten, in denen man nicht nach Hawaii fuhr, weil es dort kein Bier gab, sind längst vorbei. Das gilt auch für Ostafrika. Sie können stundenlang durch dürre, unwirtliche Gebiete fahren – schließlich werden Sie eine Oase erreichen: vielleicht ein auf Touristen eingestelltes Hotel, von dem Sie eine gute Bewirtung auch erwarten können, vielleicht aber nur ein Lokal in einem Dorf, das ohne Strom und Telefonverbindung auskommt und trotzdem Kästen voller *Tusker* oder *White Cup* bereithält. Und während Sie Ihren Durst löschen, können Sie schmunzeln über den vollmundigen Namen der Bar, Hollywood Deluxe etwa, oder Grand Hotel oder Tamanis New Restaurant. Manchmal werden Sie in einem Ort an der Straße in die Einsamkeit auf jemanden treffen, der Sie am Ende eines staubigen Tages mit einem kalten *Tuborg* oder *Heineken* erfreut. Eine vom Generator betriebene Kühlbox gehört für diejenigen, die es sich leisten können, zu den wichtigsten Anschaffungen im Busch. Fast überall wird man Ihnen Bier anbieten, und wenn Sie abseits der üblichen Strecken unterwegs sind, wird Ihr Gaumen sicherlich auch einmal mit traditionellem Bier in Berührung kommen.

Denn natürlich gab es vor dem Auftauchen der Europäer nur ein afrikanisches Bier, das unserem im Geschmack in keinster Weise ähnelt. Anläßlich wichtiger Feste war es traditionell eine Verpflichtung, Bier zu brauen, ob Hirsebier, Bananenbier oder Honigbier. Letzteres wird zum Beispiel von dem größten Volk Kenias, den Kikuyu, sehr gerne getrunken. Sie nennen das Gebräu *muratina*. Sie stellen einen Topf auf einen kleinen Haufen von Kuhdung, über den glühenden Scheiten des Feuers. Wurzeln veschiedener Büsche und die Frucht des *muratina*-Baumes werden in den Topf gegeben und mit Honig, Zucker und Wasser fermentiert. Getrunken wird dann aus einem Kuhhorn, die Männer getrennt von den Frauen. In Uganda gibt es zwei sehr beliebte Biersorten: *Malwa*, ein Hirsebier, das in einem aufwendigen Prozeß zur Fermentierung gebracht und dem auch Hefe beigefügt wird, sowie *Mwenge Bigere* (wörtliche Übersetzung: Essensbier), das man aus Bananen herstellt.

Dieser junge Mann prostet uns mit selbstgebrautem Bananenbier zu

93

Doch das traditionell gebraute Bier, dessen Herstellung der tansanische Schriftsteller Aniceti Kiteraza in dem nachfolgenden Ausschnitt so ausführlich beschreibt, bestimmt schon lange nicht mehr das Trinkverhalten der Ostafrikaner. Das Flaschenbier hat einen Siegeszug sondergleichen angetreten, und es ist ein Zeichen größter Rückständigkeit, wenn ein Ort nicht mit Bier beliefert wird. Das Vertriebsnetz kann es allmählich mit dem von Coca-Cola aufnehmen, und das will einiges heißen. So ist das Bierbrauen eine der profitabelsten Industrien in Kenia. Die größte Brauerei, Kenya Breweries, ist ein Konzern mit modernen Anlagen, der sich eine der besten Fußballmannschaften des Landes leistet, ähnlich wie Bayer in Deutschland. Anläßlich eines Besuchs bei einer der Fabriken am Stadtrand von Nairobi erfuhr ich schon nach wenigen Minuten, woran es liegt, daß einige Sorten von Kenya Breweries so hervorragend schmecken: Zwischen eifrigen Kenianern in blauen Overalls vernahm ich, völlig unerwartet, zwei bayerische Stimmen, und kurz darauf rannten mich zwei junge Bierbrauingenieure aus Weihenstephan fast über den Haufen, die gerade in ein Fachgespräch verwickelt waren. Sie führten also die Kenianer in die Geheimnisse von Hefe, Gerste und Malz ein.

Woran man sich allerdings schwer gewöhnen kann, ist die Vorliebe der meisten Kenianer für warmes Bier. Viele Kellner, die schon länger Touristen bedient haben, werden es deshalb nicht versäumen, Sie zu fragen, ob Sie Ihr Bier kalt haben möchten. Vielerorts wird direkt aus der Flasche getrunken, was auch meist empfehlenswert ist, denn zum Spülen der Gläser wird Wasser von zweifelhafter Reinheit verwendet. In Kenia gibt es einige gute Biere, die wir allesamt empfehlen können und unter denen Sie Ihren Liebling herausschmecken müssen: Premium (etwas stärker und in 0,33-l-Flaschen erhältlich), Pilsner, Tusker (Emblem: Stoßzähne des Elefanten) und White Cup (Emblem: schneebedeckter Gipfel des Mount Kenya).

Um sich vor unbeherrschten Betrunkenen zu schützen, stellen manche Bars eine Gitterwand auf

Myombekere bereitet Bananenbier zu

Als Myombekere den Sonnenstand prüfte, sah er, daß es Zeit war, sich den Bananen zu widmen. Er fragte seinen Freund Nkwesi: „Ist es nicht Zeit, die Bananen zum Nachreifen einzugraben?" „Ja, es ist Zeit", bestätigte dieser. Die beiden Männer gingen darum schnell ins Haus, holten Buschmesser und glühende Kohlen sowie eine Hacke heraus und machten sich auf zum Bananenhain.

Dort sammelten sie zunächst trockene Blätter und warfen sie in die Grube zum Nachreifen der Bananen. Mit Hilfe der mitgebrachten Glut entfachten sie alsdann darin ein Feuer. Seine Flammen schlugen hoch über den Grubenrand hinaus. Dabei entstand ein Brausen, als ob Bienen schwärmten. Jedesmal wenn das Feuer in sich zusammenfiel, gab Myombekere neue Blätter hinzu, bis sein Freund ihm sagte: „Das genügt. Das Feuer ist nun stark genug!" Myombekere wandte ein: „Laß mich, die Grube muß ganz trocken werden, damit die Bananen reifen können." Nkwesi sagte darauf: „Falls du mit dem Nachreifen von Bananen nicht genügend Erfahrung hast, laß mich meinen Sohn rufen, daß er es für dich tut. Er kann Bananen selbst dann zum Reifen bringen, wenn sie am selben Tag abgeschnitten wurden. Wenn es ihm nicht gelingt, dann ist überhaupt nichts zu machen." Nkwesi holte also seinen Sohn herbei und beauftragte ihn, für Myombekere die Bananen zum Nachreifen einzugraben.

Myombekere blieb indessen an der Grube und löschte das Feuer. Dann richtete er einige Bananenschäfte zu, die als Träger über die Grube gelegt werden konnten, und schnitt Bananenblätter zum Abdecken.

Noch ehe er fertig war, kam Nkwesis Sohn. Er kleidete die Grube rundherum mit Bananenblättern aus. Der junge Mann, nur mit einem Schamtuch bekleidet, arbeitete in der Grube, während Myombekere ihm von oben die Blätter anreichte. Nachdem die Grube in dieser Weise hergerichtet war, reichte Myombekere die Bananen-Fruchtstände hinunter, und der junge Mann schichtete sie fachmännisch darin auf. Er riet Myombekere, vor dem Anreichern die Vogelnester daraus zu entfernen. „Wenn man sie dort beläßt, sehen die reifen Bananen später nicht sehr einladend aus", fügte er als Erklärung hinzu. Nachdem sie alle Fruchtstände in der Grube aufgeschichtet hatten, deckten sie diese mit Bananenstauden und grünen Bananenblättern zu. Darüber häuften sie trockene Bananenblätter, die der junge Fachmann alsbald anzündete. Mit einem großen Bananenblatt fachte er unermüdlich das Feuer an, bis er schweißgebadet war. Erst als er sah, daß genügend Rauch in die Höhlung unter die Abdeckschicht gedrungen war, hörte er damit auf. Er ergriff eine Hacke und schüttete die Grube mit Erde zu, damit der Rauch nicht entweichen konnte. Das ist notwendig, um die Nachreifung in Gang zu setzen. Am Ende reichte ihm Myombekere einen Bananenschößling. Der Bierbrauer knickte ihn, führte ihn zwischen den Beinen durch und setzte ihn auf die Grube. Dann sammelten sie ihr Werkzeug ein und kehrten zum Gehöft zurück.

Die Bananen blieben zwei Tage in der Grube. Am dritten Tag ging Nkwesi hin und deckte die Grube ab, damit Luft und Sonne an die Bananen gelangen konnten. Am vierten Tag fand sich auch Myombekere an der Grube ein. Er rupfte eine Menge Gras zum Keltern der Bananen aus. Früh am Morgen des fünften Tages stand er schon mit dem ersten Hahnenschrei auf und sammelte sein Werkzeug, insbesondere die Tontöpfe, die er bei den Nachbarn zusammengeborgt hatte. Es war der Tag, an dem die Bananen gekeltert werden sollten. Er nahm auch genügend Hirsemehl mit, denn dieses muß unter den Bananensaft gemischt werden.

Als diejenigen, die ihm beim Keltern helfen sollten, an der Grube eintrafen, hatte Myombekere bereits alle Bananen herausgenommen und damit begonnen, sie in einem Einbaum, der als Bottich zum Keltern diente, zu stampfen. Sie halfen ihm, die Bananenblätter, die er über die Früchte gebreitet hatte, zu wenden, dann stampfte er noch eine Weile alleine weiter. Schließlich stieg er aus dem Bottich. Gemeinsam errichteten sie in dem Einbaum ein Gestell aus mattenartig verknüpften Blattrippen, auf das sich die sechs Kelterer stellten. Myombekere teilte jedem von ihnen je eine Portion der auszupressenden Früchte zu, die er zu Kugeln geformt hatte. Während sie diese mit den Füßen auspreßten, bereitete Myombekere weitere Portionen für sie vor. Sie kamen mit der Arbeit gut voran. (…) Am späten Nachmittag hatten sie ihre Arbeit beendet. Der Bananensaft füllte nun dreizehn Tongefäße und eine Kalebasse. Myombekere war außer sich vor Freude. Jetzt mußte der Saft nur noch in Gärung übergehen.

Die Kelterer meinten: „Wenn man viel Bier gewinnen will, sollte man nicht zu viele reife Bananen oder Bananensaft weggeben. Alles, was man weggibt, verringert die Biermenge. Heute haben wir selbst gesehen, daß es so ist." Im Haus der liebenswürdigen Hauptfrau Nkwesis füllten sie den Bananensaft aus den Tongefäßen in einen Gärbottich und mischten etwa die gleiche Menge Hirse und Hefe bei. Danach traten sie den Heimweg an.

Myombekere blieb noch im Haus zurück. Er deckte den Gärbottich, der aus dem Holz des muzumgule-Baumes in Form eines Einbaums geschnitzt war, mit Bananenblättern zu und trug die leeren kugelförmigen Tongefäße zum Austrocknen hinter das Haus, damit sie keinen üblen Geruch annähmen.

Die Maische begann sehr schnell zu gären. Plötzlich bildete sich Schaum, der sich überall im Bottich ausbreitete. Als Myombekere sah, wie schnell der Gärprozeß ablief, entschloß er sich, bei Nkwesi zu übernachten. Er wollte seinem Freund nicht allein die Arbeit des Bierschöpfens überlassen. Wenn er nun nach Hause ginge, müßte er schon am nächsten Tag wiederkommen, um das Bier zu schöpfen.

Sofort nach dem Abendessen legte sich jedermann schlafen. In der Nacht breitete sich ein herrlicher Biergeruch im ganzen Gehöft aus.

Aus: Aniceti Kitereza, Die Kinder der Regenmacher, aus dem Suaheli von Wilhelm Möhlig, Peter Hammer Verlag, Wuppertal 1991

Westkenia

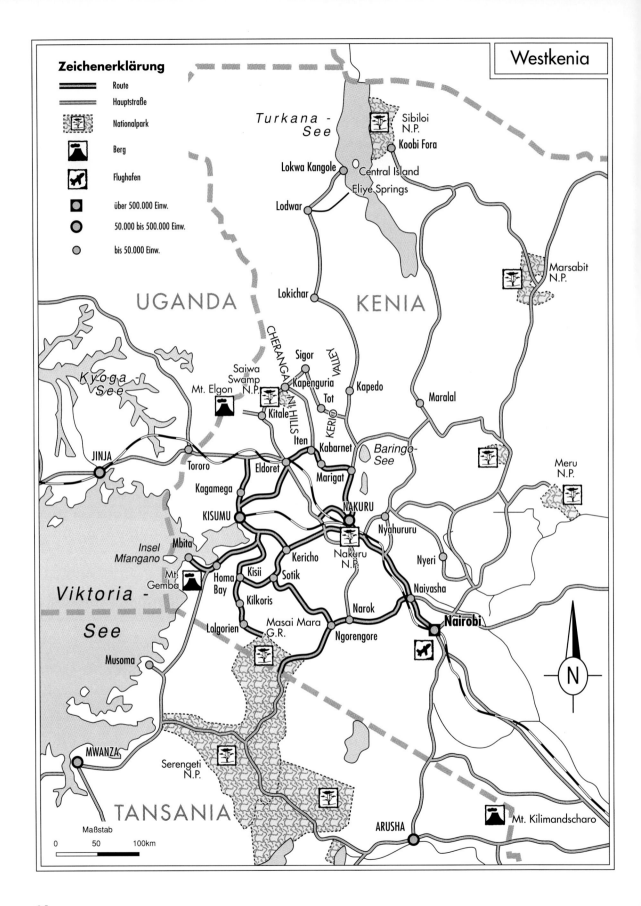

WESTKENIA

Westkenia ist grün – die Region hat den Löwenanteil an den zehn Prozent fruchtbaren Bodens des Landes. Große Tee- und Kaffeeplantagen überziehen die sanft gewellten Hügel mit sattem Grün. Kleine Gärten, terrassenförmig und flickenteppichartig angelegt, nisten sich in den Hängen ein, Maisfelder nutzen jeden Quadratmeter aus. Mit dem Kakamega Forest und dem riesigen Mau Forest haben Relikte aus der Regenwald-Ära, als tropische Wälder in einem breiten Gürtel ganz Afrika durchzogen, überlebt.

Der Westen ist daher dicht besiedelt und gut erschlossen. Er läßt sich vergleichsweise leicht bereisen. Doch anderen Touristen werden Sie kaum begegnen. Die meisten Reisenden beachten diesen Teil des Landes nicht – abgesehen von dem Nakuru-See und dem Massai-Mara-Nationalpark, die nicht unmittelbar zum Westen gehören, die wir aber aus praktischen Gründen in diese Route mit einbezogen haben.

Der Viktoria-See, größter Süßwassersee Afrikas, liegt in einem riesigen Hochlandbecken, das jedoch nicht zum Rift-Valley-System gehört. Er bestimmt das geographische Gesicht dieser Region. Nur 80 Meter tief (zum Vergleich: Der Tanganjika-See geht 1,5 Kilometer in die Tiefe), bedeckt er eine Fläche von der Größe Irlands und ist die Hauptquelle des Nils. Leider ist dieser See von Bilharziose-Parasiten befallen, die sich im Uferbereich (stehendes Gewässer!) aufhalten.

Am Ufer des Sees sind die Luo beheimatet, das zweitgrößte Volk Kenias und das größte mit nilotischer Abstammung. Erst im 16. Jahrhundert stießen sie aus den Sümpfen des südlichen Sudan weiter in den Süden vor und vertrieben die hier ansässigen Völker, wie zum Beispiel die Gisii. Einst Viehhirten, wandelten sich die Luo zu Fischern und im Landesinneren zu Ackerbauern. Die Luyia dagegen, drittgrößtes Volk des Landes, haben keinen eindeutigen Ursprung. Sie sind ein Paradebeispiel für die Vermischung unterschiedlicher Gruppen im Laufe der großen Völkerwanderungen Ostafrikas. Eine gemeinsame Sprache entstand mit der Zeit, der Name Luyia allerdings erst Mitte dieses Jahrhunderts. Das Luyialand um Kakamega herum weist eine enorme Bevölkerungsdichte auf. Sie werden allerorts Mais- und anderen Nahrungsmittelanbau sehen.

Die Rundfahrt beginnt am ruhigen, entspannenden Nakuru-See. Dann führt die Route in das Hochland, in die „Alpen Kenias", zum Viktoria-See und abschließend in die Massai-Mara, das wohl spektakulärste Tierreservat des Landes. Lassen Sie sich gut zwei Tage Zeit für die Mara. Für die gesamte Rundfahrt brauchen Sie mindestens zehn Tage.

Teepflücker auf einer der vielen großen Plantagen im Westen Kenias

Doppelter Graben

Am frühen Morgen verlassen wir den Baringo-See in Richtung Nakuru, zweigen aber nach zwanzig Kilometern in Marigat rechts ab. Die gut geteerte Straße führt kurvenreich in die Höhe. Hinter uns versinkt der See im Leuchten der Morgensonne. Bald wechselt die Vegetation von dürren Akazienbüschen und gelben Gräsern zu frischen, grünen Wiesen und dunklen Nadelbäumen. Dazwischen weidende Kühe – fast wie in der Schweiz. Kabarnet, der Hauptort der Tugen-Hügel und Heimat des Präsidenten Moi, liegt wie ein Sattel auf dem Rücken dieser Bergkette. Wir sind nun über zweitausend Meter hoch und schauen tief ins Kerio Valley im Westen hinab, während wir im Kabarnet Hotel Tee nippen. Kaum sind wir wieder auf dem Weg hinab, kommt uns ein rotgesichtiger Fahrradfahrer entgegen, der mit einer müden Handbewegung grüßt. Alle Achtung, denke ich während der atemberaubenden Abfahrt zum Kerio-Fluß, mit dem Fahrrad über diese tropische Variante einer Alpenpaßstraße, bei der sengenden Hitze! Aber die Fahrt hinunter entschädigt sicherlich hundertfach.

Schneller als wir es merken, rauschen wir über die Kerio-Brücke und müssen umdrehen, um dort einen Blick in die zerklüftete Schlucht zu werfen. Kaum zu glauben, daß das spärliche Rinnsal sich so tief in den Felsen hineingegraben und so auffällige Spuren hinterlassen hat, als hätte es in dem Felsen hartnäckig nach Gold gesucht.

Auf der anderen Seite des Tales klettert die Straße wieder in die Höhe, serpentinenartig und mit lohnenden Aussichtspunkten an jeder zweiten Ecke. Bemerkenswert, wie nahe an dem Abbruch die Marakwet ihre Hütten errichtet haben; Schlafwandler müssen hier fliegen können. Auf 2300 Meter Höhe (!) erreichen wir die nächste größere Ortschaft: Iten, das Zentrum der kenianischen Goldmedaillenschmiede. Von diesem Hochlandplateau, das bis hin zu den Nandi Hills reicht, stammen die meisten „Langstreckenlegenden" aus dieser Gegend. In Iten findet sich die berühmte St. Patrick´s High School, deren engagierte irische Priester schon manches Talent

Die Cherangani-Hügel

Eisenbahnübergang in einem dichtbesiedelten Teil Westkenias

entdeckt und den Grundstein für Welterfolge gelegt haben.

Am Rande des weitläufigen Uasin-Gishu-Plateaus, eines der wichtigsten Weizen- und Maisanbaugebiete des Landes, erinnert die Landschaft wieder an Mitteleuropa; die Piste führt durch voralpine Bergtäler mit glasklaren Bächen und dichten Nadelwäldern. In Cheptongei erreichen wir eine Kreuzung. Geradeaus würden wir wieder ins Kerio-Tal gelangen, an eine Stelle, wo sich noch Überreste von vorkolonialen Bewässerungsanlagen der Marakwet befinden. Doch wir biegen nach links ab, und werden von der steilen Erdstraße in immer schwindelerregendere Höhen gebracht. Bald lichten sich die Wälder, der sogenannte Cherangani Highway erreicht nun über 3000 Meter.

Linker Hand eine kleine Erhebung mit Telekommunikationsgeräten: der Kaisungut, 3150 Meter hoch. Ein steiler Felsweg führt uns auf den Gipfel. Der Atem stockt. Die Felswand fällt Hunderte von Metern ab, bis hinunter zum Uasin Gishu Plateau. Ein kalter, starker Wind weht uns entgegen. In der Ferne glänzen die Seen des Rift Valley in den Senken. Direkt im Süden stehen die schwarzen Hügelketten der Nandi Hills. Und im Westen ragt der mächtige Kegel des Mt. Elgon auf, rechts davon die bizarren Hügel und Vulkanpfropfen der Marich-Paß-Gegend. Zentimeterweise tasten sich meine Füße voran, bis ich direkt am Rand stehe, mein Kopf merkwürdig leicht wird, ein Schauder mich durchzieht und für einen kurzen Augenblick ein Impuls in mir aufsteigt, hinabzusegeln. Abrupt springe ich zurück.

Wir fahren weiter, die Straße bleibt auf dem Kamm. Zwei kleinere Pisten biegen nach rechts ab, ins Herz dieses im Gegensatz zu den meisten anderen ostafrikanischen Bergen nicht vulkanischen, sondern kristallinen Gebirges. Hier lädt eine ganze Reihe von Gipfeln und Routen zum Trekking ein, durch eines der wildesten und unbekanntesten Gebiete des Landes. Endlich führt uns die Straße wieder nach unten, und die gewaltigen Felskegel des Marich-Passes rücken näher. Bei der spätnachmittäglich klaren Sicht wird jeder, ob Fotograf oder nicht, immer wieder anhalten. Wir begegnen nun öfter Gehöften und Abzweigungen, bis wir auf eine Asphaltstraße treffen: die Verbindung nach Norden, durch den Marich-Paß nach Lodwar in Richtung Sudan. Wir biegen nach links ab und erreichen nach etwas mehr als dreißig Kilometern die Landwirtschaftsmetropole Kitale.

WESTKENIA

Der letzte Urwald

Der Tag neigt sich dem Ende zu. Wir sitzen auf einem kleinen Hügel, der seine spärlich bewachsene Kuppe nur knapp über die ineinandergreifenden Baumkronen hebt. Das Becken, in dem wir uns befinden, wird vom steilen Abhang des Nandi Escarpments begrenzt. In den kleinen Tälern, die die weitläufige Senke durchziehen und schließlich in den Yala-Fluß münden, bilden sich Nebelschwaden. Den ganzen Morgen hat es geregnet, doch nun, da die Sonne sich durchgesetzt hat, steigt die Feuchtigkeit in die Höhe. Es ist still hier oben, und auf dem flechtenbewachsenen Stein sitzt es sich gut. Nur ab und zu dringt ein Laut aus dem Wald herauf: das nasale Gekrächze der schwarzweiß gezeichneten Hornvögel, die zu zweit geradlinig durch die Lüfte fliegen; der gellende Pfiff eines Adlers auf der Suche nach seinem Partner; das Geschrei einer Horde Affen, wohl Blue Monkeys (Diadem-Meerkatzen), die sich vielleicht um etwas Eßbares streiten. Oder wegen eines Leoparden Alarm schlagen?

Mich erfaßt eine friedliche Stimmung, ein erfüllter Tag verabschiedet sich. Die Beine sind schwer, denn schon seit dem frühen Morgen sind wir im Wald unterwegs gewesen. Leonhard, unser Guide, hat uns auf schmalen, lehmig-rutschigen Pfaden durch das grüne Labyrinth geführt, von Bäumen und Schlangen erzählt und uns bunte Schmetterlinge und blühende Orchideen gezeigt. Wir saßen an gurgelnden Wasserfällen und überquerten einen kalten, klaren Fluß. Etwas weiter ließ uns ein plötzliches Flattern gespannt innehalten: Am anderen Ufer hüpfte ein farbenprächtiger Riesenvogel krächzend einen wuchtigen, leicht geneigten Stamm hinauf, dann runter und wieder rauf, sprang zum nächsten Baum, um gleich wieder zurückzuflattern. Blau, grün, gelb und rot, mit einer schwarzen Haube und einem schwarz-

Die letzten Tage des Regenwalds?

Der Regenwald von Kakamega (Kakamega Forest) ist das östlichste Relikt eines sich einst vom Atlantik quer über den Kontinent erstreckenden äquatorialen Regenwaldgürtels. Wie auf den anderen Kontinenten unserer Erde verschwindet auch in Afrika jährlich ein Teil des überlebensnotwendigen tropischen Regenwalds. Ursprünglich überzog der Regenwald fast die gesamte Gegend zwischen Mount Elgon und dem Viktoria-See. Gerade deshalb lohnt sich ein Besuch – nicht nur um sich an der Üppigkeit der Natur zu erfreuen, sondern auch um sich die Verluste der Menschheit sinnlich zu vergegenwärtigen. In den meisten Waldgebieten wurde durch Brandrodung Acker- und Weideland „gewonnen". Wie in anderen afrikanischen Ländern hat die Abholzung in den letzten zwanzig Jahren auch hier zugenommen, Folge der wachsenden Bevölkerung um den Wald herum. Die Abholzung ist überwiegend illegal. Das Forstamt lizenziert kommerzielle Betriebe. Sie dürfen ausgereifte Bäume fällen und verarbeiten. Die Holzfäller aber, die sich spätabends, nachts oder an Feiertagen in den Wald begeben, sind auf junge, wertvolle Bäume aus, die dann teilweise weit unter Wert nur zu Holzkohle verarbeitet werden, der wichtigsten Energiequelle im ländlichen Kenia. Die Rinde gewisser Bäume wird überdies als Heilmittel verwendet. Seit Jahrhunderten werden kleine Rindenstücke von dem Stamm abgeschabt. Doch je öfter ein Baum angeschnitten wird, desto weniger kann er sich regenerieren, bis er schließlich abstirbt. Auch die in manchen Gebieten erlaubte Viehweidung führt zu Zerstörungen: Das Vieh trampelt die Vegetation nieder. Nach neuesten Berechnungen gehen in Kakamega jährlich ca. 2,5 Quadratkilometer Regenwald verloren. Wenn nicht bald Schritte zum Schutz dieses Waldes unternommen werden, dürfte es ihn in einigen Jahrzehnten nicht mehr geben.

Kakamega Forest ähnelt den großen Regenwäldern in Zaire und Westafrika, unterscheidet sich von diesen jedoch durch sein kühleres und trockeneres Klima. Er liegt in einer Gewitter-Zone und erhält ca. 2000 mm Regen pro Jahr, zwei Drittel davon in den Monaten zwischen Mai und September. Die Flora hat sich diesen Bedingungen angepaßt. In Kenia ist der zwischen 1500 und 1700 Meter hoch gelegene Wald einmalig und gilt den Naturwissenschaftlern als Paradebeispiel für ein Ökosystem, das isoliert von der Umgebung zu überleben vermag. Hier leben Tausende von Vogel-, Insekten-, Affen- und anderen Säugetierarten, die sonst nirgendwo in Ostafrika anzutreffen sind. Auch die Vielfalt an Pflanzen beeindruckt: Neun der 61 registrierten Orchideenarten und drei Viertel der bekannten Farne Kenias gibt es nur in diesem Wald.

Blick vom Mount Gembe auf den Viktoria-See und die Mfangano-Insel

geränderten Schwanz – Leonhard hatte ihn schon längst als Great Blue Turaco erkannt. Nach einer Weile unermüdlicher Aktivität setzte er zum Flug an und entschwand über das Blätterdach. Später, wir durchquerten gerade ein flaches Waldstück, begann Leonhard ein Liedchen zu pfeifen, wiederholte immer wieder dieselbe melodische Tonfolge. Plötzlich kam, wie ein Echo, dieselbe Melodie aus dem Unterholz. Ein Trick, dachten wir – irgendwo hinter dem undurchdringlichen Gebüsch pfeift ein Freund zurück! Leonhard bestritt dies lachend und kämpfte sich zwischen Lianen und mächtigen Wurzelstökken ins Dickicht hinein, bis er nur noch auf allen vieren vorwärtskam. Das Pfeifen ging weiter, immer wieder diese Melodie, einmal von Leonhard gepfiffen, dann von seinem „Kollegen" wiederholt. Plötzlich winkte er uns heran und wies auf eine kleine, laubbedeckte Stelle unter dem Blattwerk. Ein kleiner, rotbrauner Vogel mit einem türkisblauen Fleck am Flügel stand aufmerksam da und schien gespannt zuzuhören, bis Leonhards Liedchen zu Ende ging. Es war ein Rötel (blue shouldered robin chat), der zu unserer Verblüffung die Tonfolge mit Inbrunst nachpfiff. Leonhard blickte uns triumphierend an, doch wir waren zu entzückt, um wegen unseres Mißtrauens Gewissensbisse zu bekommen ...

Kurz bevor wir auf den Hügel stiegen, auf dem wir jetzt sitzen, brachte uns unser Führer noch an den Waldrand, wo wir blinzelnd aus der Dämmerung des Waldes auftauchten. Ein erst kürzlich bestelltes Maisfeld holte uns in die Realität der Umweltzerstörung zurück. Denn mittendrin, in regelmäßigen Abständen, waren meterhohe, schwarzverkohlte Baumstrünke zu sehen. Vor einem Jahr war hier noch Wald, sagte Leonhard. Es war ein schmerzlicher Anblick. Genauso schmerzlich war unsere Ratlosigkeit, wie die vielen leeren Mägen der Menschen gefüllt und trotzdem das vielfältige Waldleben geschützt werden könnten.

Der schönste Ort Kenias

Luanda! Die Wiederkehr der Namen in Afrika! Wenige Monate zuvor befand ich mich in der angolanischen Hauptstadt *Luanda,* und nun halten wir an einem Fischerdorf *Luanda.* Das findet man öfter in Afrika, so als würde man in Griechenland auf Dörfer na-

Kinder im Fischerdorf Luanda am Viktoria-See

mens Stockholm oder Den Haag stoßen. Sogleich sind wir von den Kindern des Dorfes umringt. Am Ufer werden Netze geflickt, Boote repariert. Die Pirogen sind bunt bemalt, ein schöner Anblick im ruhigen Gewässer. Ein Bootsführer erzählt, daß er für jegliche Fahrten zu mieten sei, auch bis nach Tansania, wohin er erst neulich zehn Ziegen, mit Hilfe von Motor und Segel, wie es gerade notwendig war, transportiert habe.

Gleich hinter Luanda, am Schild *Forestry Department*, zweigt eine Straße ab, die zu einem der spektakulärsten Aussichtspunkte Ostafrikas hinaufführt. Allerdings sollten Sie sich nur dann hinauftrauen, wenn Sie stark motorisiert sind. Zwei parallele Betonplattenreihen führen steil nach oben, zum Gipfel des in Ufernähe aufragenden Berges Gembe. Nach etwa zehn Minuten öffnet sich der erste atemberaubende Ausblick. Während unser Wagen hinaufschleicht, lehne ich mich weit aus dem Fenster – ein Gefühl wie auf der Achterbahn, nur natürlicher und mit viel besserer Aussicht. Kurze Zeit später befinden wir uns 700 Meter über dem Spiegel des Viktoria-Sees und können in alle Richtungen hinunterblicken: zu den zwei großen Inseln Rusinga und Mfangano sowie ihrer kleineren Gefolgschaft und über den See und das Hinterland. Nahe dem Gipfel hat man eine Telekommunikationsstation erbaut, bewacht von zwei Soldaten, die viel Muße haben, auf die Welt hinabzublicken. Mit einem der Soldaten klettern wir in einem engen Kamin aus Eisengitter so weit nach oben auf den schicken rotfarbigen Antennenturm, wie es nur geht, so weit nach oben, daß ich mir bei jedem Schritt einbilde, der Turm schwanke und stürze in die Tiefe. Droben erwarten wir den Sonnenuntergang. Täglich genießt Paul Rotich, der Soldat, diesen Anblick, und täglich ist er davon ergriffen. Er stammt nicht von hier, aber er hat den Ort liebgewonnen: „Es ist, glaube ich, einer der schönsten Orte in unserem Kenia. Nein, es ist sogar der schönste." Selten war ich mit einem Soldaten so sehr einer Meinung.

20 000 Menschen leben auf der hügeligen Insel Rusinga, die wir über einen Damm von Mbita aus erreichen. Wir sind auf der Suche nach dem Island Camp. Ein älterer Herr bietet seine Dienste an; er will uns zu der Lodge, wie er es nennt, führen. Er steigt bei uns ein und bittet höflich darum, daß wir ihm für den Rückweg das Busentgelt zahlen. Wir sind einverstanden und froh, nicht blind umherfahren zu müssen. Eine Zeitlang fahren wir immer geradeaus. Es wird dunkel, sehr dunkel, denn die Insel ist noch ohne Stromversorgung. Unser Führer meint, um diese Uhrzeit sei es hier sehr gefähr-

lich, die Insel sei voller Räuber. Wir bedanken uns für den Hinweis. Plötzlich fällt ihm ein, daß es um diese Uhrzeit ja keine Busse mehr gebe. Er werde sich ein Taxi nehmen müssen. Darüber müssen wir herzhaft lachen – er hätte ja gleich sagen können, daß er ein Ticket für die U-Bahn brauche. Ich erkundige mich nach dem Preis des Taxis. Er nennt eine Summe, die einem durchschnittlichen Wochenverdienst entspricht. Ein Wortwechsel folgt. Wir zeigen uns empört, er dagegen argumentiert unverdrossen, bleibt standhaft. Schließlich einigen wir uns auf ein Fünftel der geforderten Summe. Der Mann springt hochzufrieden aus dem Wagen, wünscht uns wortreich und überschwenglich alles Gute für die Nacht, für die Reise und überhaupt für das ganze Leben. Dann wiederholt er seine Wegbeschreibung – immer geradeaus.

Das Camp bleibt trotzdem unauffindbar. Wir erreichen ein Flugfeld; kein Anzeichen einer Einfahrt. Es ist stockfinster, im Scheinwerferlicht tummeln sich nur Insekten, und die schnurgerade Bahn wirkt wie eine Piste in eine andere Welt. Wir drehen um und bemerken ein kleines Tor mit dem Schild PRIVATE ONLY.

Nach vielen Rufen erscheint ein dürrer Mann in Schlappen, der wieder verschwindet, um den Manager zu holen. Dieser erklärt uns, seine Gäste kämen mit dem Flugzeug direkt aus Nairobi oder aus der Massai Mara. Deshalb könne er uns nicht unterbringen, aber wir dürften gerne zelten. Das Camp liegt unmittelbar am See, hat einige luxuriöse Holzhütten und einen offenen, strandnahen Pavillon. Drei Boote des Camps wippen als weiße Schatten im Wellenschlag, verheißen die morgige Ausfahrt zum Fischen, zum Besichtigen der Inseln und Dörfer der Umgebung.

Auf der Veranda sitzt eine Gruppe weißer Kenianer: ein ganz eigener Menschenschlag. Neben dem in Kericho geborenen und aufgewachsenen Manager zwei Wildhüter aus der Massai Mara sowie der Sohn der Betreiber eines Gorillalagers in Zaire. Zum kalten Bier werden im Licht der Petroleumlampe Geschichten von Erstaunlichem und Unglaublichem gesponnen… Kein Wunder, daß dieser Ort beliebt ist. Zum Abschied erzählt uns der Manager, er sei in letzter Zeit so ausgebucht gewesen, daß er sogar Kenny Rogers habe abweisen müssen.

Die Inseln im Viktoria-See

Die größte kenianische Insel und gleichzeitig auch die schönste ist Mfangano Island. Auf diesem felsigen Eiland gibt es keine Autos, das Leben geht in althergebrachter Weise weiter. In Ruhe kann sich der Besucher auf Mensch und Natur einlassen – das ist an diesem Ort kein Gegensatz. Aber auch Rusinga Island hat einiges zu bieten. Auf beiden Inseln gibt es ein komfortables Camp, in dem Sie jeweils einige interessante Tage verbringen können. Vor beiden Inseln kann gebadet werden.

Am Vormittag können Sie mit einem der modernen Boote auf dem See weit hinausfahren und Ihr Glück beim Angeln der riesigen Nilbarsche versuchen. Am Nachmittag, wenn der Seegang rauher wird, bietet sich das Fischen in den ufernahen Bereichen an, vor allem nach leckeren Tilapiafischen.

Vogelliebhaber können zu den verschiedenen kleinen Inseln der Umgebung fahren, wo sich unzählige Wasser- und Landvögel tummeln.

Ein spezielles Erlebnis ist die Fütterung eines Fischadlers: Wenige Meter von dem Boot entfernt stürzt er sich pfeilschnell auf eine hingeworfene Beute und verschwindet mit ihr auf einen der nahen Felsbrocken. Nirgendwo in Kenia kann man so viele von diesen eleganten Weißköpfen sehen. Und wenn Sie sich gerne mit Reptilien, Fledermäusen, Schmetterlingen oder anderen Insekten beschäftigen, dann werden Sie hier bestens bedient.

Aber Sie können sich auch zu Fuß auf Erkundungstour begeben: zu den prähistorischen Fundstätten auf Mfangano, zu den Dörfern und Hügeln mit teilweise herrlichen Ausblicken auf das Festland, auf andere Inseln und über eine bis zum Horizont reichende Wasserfläche. Auch können Sie hier schwimmen, denn dieser Teil des Ufers ist bilharziosefrei.

Die kleine Insel Nzenji im Mfangano-Archipel ist nicht zugänglich – sie ist den ansässigen Luo heilig. Seit Menschengedenken darf sich dort niemand ansiedeln, dürfen keine Bäume gefällt, kein Feuerholz gesammelt, keine Früchte gepflückt werden. Das würde die Geister der Vorfahren verärgern und ihren Zorn heraufbeschwören.

Ein Morgen in der Massai Mara

„Your coffee, Sir!" Unvermittelt werde ich aus dem Tiefschlaf gerissen. Mit verklebten Augen versuche ich die Stimme zuzuordnen, erkenne aber nach einigem Blinzeln nur das Innere meines Zeltes im dämmrigen Licht. Der Abend zuvor taucht in meiner Erinnerung auf: die Bar unten am Flußlauf, der geschwätzige Mann, der mit Jagdtrophäen in Dinosauriergröße prahlte, das erstaunt blickende Buschbaby am Rande der Lichtung; dann auf der anderen Flußseite der von einer aufgehängten Ziege angelockte Leopard, dem einige Hyänen mit hungrig-neidvollen Blicken zusahen, in der Hoffnung, es würde noch etwas für sie abfallen. Und das alles unter dem glitzernden Himmel, an dem Sternschnuppen im Sturz miteinander wetteifern, begleitet von dem Zirpen der Grillen, dem Quaken der Frösche.

„Your coffee, Sir!" Jaja, schon gut, stell es irgendwo ab, denke ich, doch dann fallen mir die allgegenwärtigen Paviane ein, die sicherlich vor mir aufgestanden sind und nur darauf warten, die Zuckerstückchen zu stibitzen.

„Thank you", krächze ich und höre gleich darauf das Surren des Reißverschlusses, das leise Scheppern von Geschirr. Danach Stille. Stille? Vögel zwitschern, gurren, pfeifen aus allen Richtungen, in der Ferne brüllt ein … tja, was brüllt da? … am Außenzelt scharrt es. Die Welt ist schon längst aufgewacht.

Ich rolle mich aus dem riesigen Himmel-Bett,

Ob Elefanten, Leoparden, Löwen, Gnus, Nilpferde oder Impala-Antilopen – im Massai-Mara-Tierreservat werden Sie fast alle Säugetierarten Ostafrikas sehen können, denn sie sind in der weiten Steppe zahlreich vorhanden und meist leicht zu finden

tauche das Gesicht ins Wasser und widme mich auf der Veranda meinem duftenden Kaffee. Noch ist es nicht ganz Tag, aber alles, was kreucht und fleucht, ist auf den Beinen. Die Lebewesen der Nacht verstecken sich in ihrem Tagesasyl, während alle anderen aus Löchern und Nestern kriechen und springen, um an dem vielstimmigen Leben teilzunehmen.

Das Tuckern eines noch kalten Dieselmotors reißt mich aus der Idylle – eine fremde Stimme in dem Konzert der Massai Mara, die mich zur Eile antreibt. Wenig später bin ich auf dem Weg zum Parkplatz.

Gleich außerhalb des Camps biegt der Fahrer auf eine überwachsene, kaum erkennbare Piste ab und müht sich durch die herabhängenden Äste, bis wir auf eine offene Grasfläche hinausrollen. Einige Dutzend Meter vor uns weidet gemächlich eine kleine Herde Gnus. Der Himmel ist aufgehellt und in einen gelborangefarbenen Ton übergegangen – ein klareres und betörenderes Licht als die dunkleren Farben des Sonnenuntergangs.

Der Fahrer flüstert, zeigt nach rechts zum Waldrand. Ein Raunen geht durch den Jeep. Eine beige Rundung in der Ferne entpuppt sich als der Rücken einer Löwin. Sie starrt regungslos zur Herde, bewegt sich dann behutsam nach vorne, verharrt wieder in der Beobachtung. Weiter hinten schlüpft eine zweite Löwin aus dem Gebüsch, schleicht auf einen vereinzelten Busch zu. Gebannt schauen wir den beiden zu, bis wir erkennen, daß sich noch weitere Löwinnen an der Jagd beteiligen. Zwei pirschen sich seitwärts an die noch ahnungslose Gnu-Herde heran. Wie abgesprochen nähern sie sich ihrer Beute, ziehen den Kreis enger. Die erste Löwin, nun zwischen uns und der Herde, duckt sich noch tiefer. Ihre Brust bebt, die Flanken zittern, dann schnellt sie in einem gewaltigen Sprung nach vorne und rast auf die Herde zu.

Die Gnus haben die Gefahr erkannt. Panisch, mit nasalem Geblöke, birst die Herde auseinander, die Hauptmasse in einer aufstiebenden Staubwolke zwischen den beiden wartenden Jägerinnen hindurch, einige andere Tiere auf eine entgegengesetzte Erdkuppe zu. Aber wir haben noch nicht alle Löwinnen gesehen. Hinter der Erdkuppe bewegt sich nun eine fünfte, greift an. Die drei umzingelten Gnus stellen sich Hinterteil an Hinterteil, senken die Köpfe, um dem Feind die Stirn zu bieten, nur einige Augenblicke lang.

Denn jetzt springt eine der Löwinnen und bekommt den Hals einer Antilope zu fassen. Sofort folgt eine Gefährtin, beißt sich in der Schnauze des

bockenden Tieres fest, läßt trotz des wilden Gezappels nicht los. Die zwei anderen Gnus entwischen. Das dritte sinkt unter dem Gewicht der Angreiferinnen in die Knie, bricht zusammen, mit weißschäumendem Maul und irren Augen. Noch lebt es, da reißen die Löwinnen schon das Bauchfell auf, zerren die Gedärme heraus und beginnen gierig, das Fleisch zu verschlingen.

In dem Jeep herrscht atemlose Faszination, aber auch Beklommenheit. Wir wenden uns ab. Die Piste windet sich einem Flußlauf entlang. Überall Spuren von Elefanten, abgebrochene Äste, umgestürzte Bäume und kopfgroße Mistfladen. Die Dickhäuter haben wohl über Nacht das Ufer gewechselt. Oder doch nicht? Ich glaube etwas Dunkles im Gebüsch zu erkennen.

Der Fahrer schüttelt den Kopf. Er fährt hin, und wir sehen, was er schon wußte: ein Nilpferd, groß und plump, wie ein Faß auf Stummelbeinen. Ein Bulle auf dem Weg zurück ins feuchte Gefilde, erklärt der Fahrer und schmunzelt dann: Der Riese habe im anderen Flußarm, so an die vier Kilometer entfernt, seine Freundin besucht.

Die Sonne lugt nun einen Fingerbreit über den Horizont, kündigt die Hitze des Tages an. Wir fahren durch eine Impala-Herde (Schwarzfersenantilopen), lauter Weibchen. Außerdem ist ein Bock zu sehen, der seinen Harem etwas hektisch umrundet und einer Akazie, unter der drei jüngere Männchen auf ihre Chance warten, nervöse Blicke zuwirft. Wie in einem Kammerspiel über den „gehörnten" alten Ehemann und die jungen Liebhaber. Nur daß es bei den Impalas keine Heimlichtuerei gibt: Wer im Duell der Hörner siegt, erobert die Weibchen und das Recht auf Paarung.

Allmählich kehren wir in Richtung Camp zurück. Die Morgenluft ist noch frisch, aber schon so warm, daß wir in der Dachluke stehen und den Fahrtwind durchs Haar reißen lassen können. Einige Strauße sprinten neben uns her – die einzigen Tiere, die regelmäßig mit Autos um die Wette rennen wollen. Aber unser Fahrer läßt sich darauf nicht ein. Die Piste ist mit zu vielen großen Steinen gespickt. Die Strauße drehen sich scheinbar enttäuscht ab.

Eine Giraffe schaut uns dagegen mit ihrem Teleskopkopf ungerührt hinterher, als würde sie sich wundern, was wir hier suchen. Etwas später kommen wir wieder zu dem Gnukadaver, über dem schon die Geier kreisen. Im Hintergrund schleichen die Hyänen umher, die Konkurrenten der Löwen, denen es im Rudel manchmal gelingt, Löwen von ihrer erlegten Beute zu verjagen.

In diesem Fall haben sie das jedoch nicht geschafft. Die zahlreichen Löwinnen liegen satt im Schatten. Die Beute haben sie den Jungen überlassen, die in der Bauchhöhle des Gnus herumklettern.

Wir schauen dem Treiben noch eine Weile zu, bis wir uns sogar an diesen Anblick gewöhnt haben und zum Abschluß der morgendlichen Pirschfahrt zu unserem Camp zurückfahren.

Eine Löwin schleicht sich im frühen Morgenlicht an ihre Beute heran – es gibt kaum etwas Eindrucksvolleres, als die Jagd eines Rudels von Löwinnen in der Savanne

Praktische Informationen

Nairobi – Nakuru-See – Baringo-See – Kerio Valley – Cherangani Hills – Kitale – Kakamega Forest – Viktoria-See – Mbita – Rusinga und Mfangano Island – Kericho – Massai-Mara-Nationalpark – Nairobi

Verkehrsmittel. Den Großteil dieser Route kann man mit Bussen und Matatus bewältigen, nicht jedoch die Strecken in die Nationalparks hinein. Besonders für die Massai Mara brauchen Sie ein eigenes Fahrzeug, oder Sie buchen eine organisierte Tour.

NAIVASHA (87km/1/@). Siehe Kapitel NAIROBI. ☞ La Belle Inn (M), gutes Frühstück mit warmen Croissants, stimmungsvolle Veranda.

GILGIL (29km/1/@). ✷ Kariandusi Ausgrabungsstätte und Museum (5km in Richtung Nakuru, 3 US$, E).

NAKURU (40km/1/@/☎037). Waterbuck Hotel (M/☎40081), Kunste Hotel (M), Mukoh Hotel (E/ ☎4440), Pivot Hotel (E). ✷ Menengai-Krater (nördlich der Stadt, Aussicht! – allerdings nicht sehr sicher). Hyrax Hill, Ausgrabungsstätte einer 3000 Jahre alten Siedlung und Museum.

Lohnende Abstecher:
LAKE NAKURU NATIONAL PARK. Lion Hill Lodge (H,☎Nairobi 333 248,✍211 472), Lake Nakuru Lodge (H,C,☎Nairobi 224 998). Eingänge zum Park 6km vor Nakuru und direkt südlich der Stadt. Hauptattraktion die unzähligen Flamingos nebst vielen weiteren Vogelarten und Säugetieren.

Verbindung nach Osten.
NYAHURURU (70km/1/@). Thomson Falls Hotel (M,C,☎0365/22006). ✷ Die 72m hohen Wasserfälle. Verbindung nach **NYERI** (100km/ 1/@, siehe Kapitel NORDKENIA).

Verbindung nach Westen.
ELDORET (155km/1/@/Übernachtung weiter unten). **KERICHO** (110km/1/@/☎0361). Tea Hotel (M,☎20280), Tas Lodge (E,C,☎21112). ✷ Teeplantagen.

LAKE BARINGO (130km/1/@), Lake Baringo Club (H,☎Nairobi 335 807, ✍340 541, ✷ geführte Vogelwanderungen) und Baringo Insel Camp (H, ☎Nairobi 506139,✍502 739). Robert´s Camp (C, neben dem Baringo Club). ✷ Bootsfahrten auf dem See und zur Hauptinsel (heiße Quellen). Reiherkolonien. Gelegentliche Nachtbesuche von Hippos gehören zum Charme des Sees.

Verbindung nach Osten.
MARALAL (145km/2/@), **SAMBURU GAME RESERVE** (290km/2/@), zu beiden siehe Kapitel NORDKENIA.
Verbindung nach Norden.
KAPEDO (72km/3), statt über den Kito Paß weiter nach Norden.
✷ Heiße Wasserquellen und -fälle. **SIGOR** (145km/3), Marich Pass Field Studies Centre (E,C,☎0321/31541). Über den steinigen Kito-Paß und durchs Kerio Valley nach Tot, dann entlang der Cherangani-Hügel nach Sigor an der Kitale-Lodwar-Straße. Keine Matatus!

ITEN (105km/1/@), zurück nach Marigat, dann westlich nach Kabarnet durchs Kerio Valley und hinauf nach Iten auf einer der besten und spektakulärsten Straßen des Landes.

Lohnender Abstecher:
CHERANGANI HIGHWAY (Iten bis Kapenguria, 125km/3, bis Kitale 35km/1). Zuerst nach Norden bis Cheptongei, dann links in die Cherangani-Hügel bis auf über 3000m. Nach 64km links steiler Feldweg zum Gipfel des Kaisungut. 3167m, Aussicht! 5km weiter rechts Straße nach Labot, im Zentrum der Hügel, Ausgangspunkt für Bergwanderungen.

ELDORET (33km/1/@/☎0321), New Wagon Hotel (M,☎32271), New Lincoln (E,☎22093).
KITALE (50km/1/@/☎0325), Kitale Club (M, ☎20030), Alkara Hotel (E). ✷ Kitale Museum (09:30-18:00,1 US$), ethnologische Ausstellung und schöner Spazierweg.

Lohnende Abstecher:
MOUNT ELGON. Riesiger erloschener Vulkan. Von Kitale nach Endebess, links zum Parkeingang hoch (25km/2 von Kitale). Mt. Elgon Lodge (M, C, ☎Nairobi 330820, ✆227815). Im Park Rundstrecke durch den unteren Teil des Bergregenwaldes. ✱ Mehrere Lavahöhlen, wo sich regelmäßig Wildtiere, unter anderem auch Waldelefanten, die nur am Mt. Elgon zu finden sind, sowie unzählige Fledermäuse aufhalten. Mit einem Führer können Sie von der Straße durch den üppigen Bergnebelwald zu den Höhlen hochwandern. ✱ Fahrt bis über die Baumgrenze hinauf; von dort aus lange Tageswanderung zum Kraterrand.

SAIWA SWAMP (18km nördlich von Kitale/C), von der Lodwar-Straße abbiegen. Ein nur zehn Kilometer langes, sehr schmales Tal, in dem sich ein Sumpf gebildet hat. Man kann sich zu Fuß durch den Park mit seinem Galeriewald bewegen. ✱ Die Sumpf-Antilope Sitatunga, die halb im Wasser lebt und meist nur ihren Kopf zeigt. 5km weiter Sirikwa Safari Guest House (M, C).

Ausrüstung: Für die Exkursionen im Saiwa-Sumpf, im Mount Elgon National Park und im Wald von Kakamega benötigen Sie feste, wasserdichte Schuhe, Regenschutz sowie etwas Warmes zum Anziehen – schon tagsüber kann es kalt werden.

Die Mount Elgon Lodge mit der typisch britischen Country-Club-Architektur

TURKANA-WESTUFER. Über Kapenguria (Cherangani Highway), Ortum und den Marich-Paß nach Lodwar (305km/1/@). Diese asphaltierte Straße wurde als Lebensader zwischen dem Südsudan und seinem nächsten Hafen, nämlich Mombasa, konzipiert. Doch solange der Bürgerkrieg im Sudan andauert, hat diese Verbindung keine Zukunft und wird weiterhin wie ein langgezogener Schnürsenkel im menschenleeren Nordwesten Kenias enden.
☞ **ELIYE SPRINGS** (60km/3,sandig/C). **FERGUSON'S GULF** (55km/1), Lake Turkana Angling Lodge (M, ☎Nairobi 760226, ✆760546), organisiert mehrtägige Bootsausflüge zum Central Island und nach Koobi Fora am Ostufer, wo einige der ältesten menschlichen Knochenreste gefunden worden sind.

KAKAMEGA (110km/1/@). ✱ Kakamega Forest (20km/2), Relikt des sich einst quer über den Kontinent erstreckenden äquatorialen Regenwaldes. Isecheno Forest Station (E, C), Rondo Retreat Centre (H,☎0331/41345, ✆20145, in kirchlichem Besitz). Fragen Sie in beiden Orten nach dem Führer Leonard Odhiambo.

KISUMU (50km/1/@/☎035), am Viktoria-See gelegen, drittgrößte Stadt Kenias. Achtung: Bilharziosegefahr, schwimmen Sie nicht im Uferbereich! Imperial Hotel (M, ☎41485), Sunset Hotel (M, ☎41100, schön am Ufer gelegen), Razbi Guest House (E,☎41312). Zug nach Nairobi (13 St.), ab 18:30, siehe Kapitel DAS ABENTEUER EISENBAHN. ✱ Kisumu Museum (9:30-18:00,1 US$). Schiffsverkehr auf dem Viktoriasee: täglich außer Donnerstag ab Kisumu um 09:00, Ankunft Homa Bay 13:00. Weiterfahrt nach Mbita und Mfangano dienstags, mittwochs und freitags um 14:00.

HOMA BAY (115km/2/@, bis Kendu Bay asphaltiert/☎0385), Homa Bay Hotel (M,☎22151), Masawa Hotel (E).

MBITA (40km/2), Rusinga Island Camp (H, nur bei vorheriger Buchung!, ☎Nairobi 216940, ✆216796).
☞ Gembe Mountain, in Luanda (10km vor Mbita) links abbiegen, eine sehr steile Straße hinauf. Genießen Sie die Aussicht und den einmaligen Son-

nenuntergang über dem 700m tiefer gelegenen Viktoria-See!

☞ **MFANGANO ISLAND**, viermal wöchentlich Boot ab Mbita am Nachmittag. Unberührte Insel, Felsmalereien und das exklusive Mfangano Camp (H, nur bei vorheriger Buchung!, Nairobi ☎331871,✍726427). Chief´s Camp (E).

KISII (60km von Homa Bay/1/@/☎0381), Kisii Hotel (M,☎20954), Safe Lodge (E,☎20945). ✳ Tabaka, Steinbruch für Speckstein südlich der Stadt (17km Richtung Migori, dann links, noch 6km), aus dem die typischen Kisii-Skulpturen, die vielerorts in Kenia angeboten werden, und andere Andenken gehauen werden.

MASSAI MARA GAME RESERVE. Dieses ca. 1800 Quadratkilometer große, auf 1500 bis 1800 Meter gelegene Reservat bietet die in Ostafrika wohl dichteste Konzentration an Tieren. Als nördlicher und höchstgelegener Ausläufer des Serengeti-Ökosystems empfängt das Gebiet die meisten Regenfälle und ist deshalb ein wichtiger Faktor im jährlichen Kreislauf der Tierwanderungen. Die Wildmigration zwischen Ende Juni und September ist ein besonderes Erlebnis.

Das Reservat wird in zwei Gebiete aufgeteilt: das nördliche rund um den Musiara-Sumpf, das nur mit Vierradantrieb zu befahren ist und deshalb weniger besucht wird als das südöstliche, in dem man während der Trockenzeit auch mit PKW durchkommt.

Anreise.
von **KISII** (110km/3, über Kilgoris und Lolgorien zum nördlichen Teil des Reservats. Landschaftlich schöne Strecke (steiler Abstieg!), aber nur während der Trockenzeit passierbar).

von **KISII/KERICHO** (135km/2 über Sotik und Bomet nach Ngorengore, dann entweder 70km/3 in den nördlichen Teil, 130km/2 zur südöstlich gelegenen Keekorok Lodge,@).

von **NAROK** (125km/3 in den nördlichen Teil, 105km/2 zur Keekorok Lodge). Dies ist die übliche, von den Touristenbussen meist befahrene Strecke.

Es gibt eine Vielzahl von Campingplätzen (vor allem außerhalb des Reservates entlang der Flüsse Talek und Mara) und 20 luxuriöse Camps und Lodges, die alle vorab gebucht werden sollten (alle H, Telefonnummern Nairobi-Vorwahl).
Im nördlichen Teil: ☞ Mara River Camp, klein, familiär und vergleichsweise preisgünstig (☎335935,✍216528); Kichwa Tembo Camp (☎219784,✍217498, sehr exklusiv).
Im südöstlichen Teil: ☞ Sekenani Camp (☎ 333285, ✍228875); Keekorok Lodge, die erste, inzwischen sehr betriebsame Unterkunft des Massai-Mara-Reservates (☎335807,✍340541).

Package-Touren: Es gibt keine bessere Alternative für einen Besuch der Massai Mara innerhalb eines kürzeren Urlaubs. Die komfortabelste, aber auch teuerste Möglichkeit sind dabei die Flugarrangements ab Nairobi. ☞ Mara Intrepids Club (☎338084,✍217278).
Am günstigsten sind drei- oder viertägige Campingtouren (für Adressen von Reiseunternehmen siehe Anhang). Beachten Sie, daß abgelegenere Campingplätze weniger sicher sind.

Rückfahrt nach **NAIROBI** (ab Narok 140km/1).

Nachfolgende Doppelseite:
In dem staubigen Städtchen Narok kommen die Massai der Umgebung zusammen, um Nachrichten auszutauschen und ihre bescheidenen Besorgungen zu erledigen

David Livingstone auf seinem Ochsen Sindbad *während einer seiner großen Afrikareisen*

Forscher und Eroberer

An einem der vielen sonnigen Tage erschien der bleichhäutige Mann in einem kleinen Boot, gerudert von einer Schar ebenfalls bleichhäutiger, gleich gekleideter Männer. Vom Hafen aus konnte man sein Schiff ankern sehen. Die Kunde von seiner Ankunft hatte sich schnell verbreitet. Der Mann trug steife Kleider und einen riesigen Hut. Er sprang als erster an die Mole, klopfte sich die Kleidung ab und betrachtete interessiert die Umgebung. Im Hafen war Hochbetrieb; Daus wurden ausgeladen, viele schwitzende Schultern transportierten die Ware weiter, und an allen Ecken wurde etwas feilgeboten. Es wurde über alles und jedes gehandelt. Der Mann verließ den Hafen und machte sich auf den Weg zum Konsulat seines Landes. Später ließ er sich dem Sultan vorstellen. Denn der Mann hatte große Pläne, die er auch von dem Herrscher über die Karawanen ins Landesinnere abgesegnet haben wollte. Nachdem der offizielle Teil erledigt war, begann er mit der praktischen Vorbereitung seiner Expedition. Er brauchte Träger, Nahrungsmittel, Tauschgegenstände. Er brauchte Informationen. Denn er hatte, wie gesagt, Großes vor.

Dieser Mann war Henry Morton Stanley, Richard Burton, Joseph Thomson oder Karl Peters. Dieser Mann war ein Abenteurer, ein Neugieriger, ein Enthusiast oder ein Fanatiker. Er schlug die ersten Breschen in das unkartographierte Innere des Kontinents. In seinen Fußstapfen folgte der Kolonialismus. Danach war nichts mehr so, wie es einst gewesen war. Dieser Mann war die Speerspitze der größten Veränderung, die Ostafrika jemals erlebt und erlitten hat.

Egal wohin Sie fahren, welche Mühen und Abenteuer Sie auf sich nehmen – die Wahrscheinlichkeit ist groß, daß Sie auf den Spuren einer der frühen Forscher und Eroberer wandeln werden, die als erste Europäer im letzten Jahrhundert Ostafrika bereisten. Es waren meist schillernde Gestalten, die ihren Auftrag sehr ernst nahmen, gleich ob er von ihrem König, ihrem Arbeitgeber, ihrem Gott oder von ihnen selbst stammte. Die ersten „Entdecker" Ostafrikas waren zwei deutsche Missionare, Johannes Rebmann und Johann

Ludwig Krapf, die im Gegensatz zu späteren Expeditionen fast unbegleitet ins Landesinnere zogen, vor allem auf der Suche nach Seelen, die noch zu retten waren. Ihre Missionierungsversuche waren ein ziemlicher Reinfall, aber dafür fanden sie den Mount Kilimanjaro und den Mount Kenya. Die von Krapf gezeichnete Karte war die einzige Grundlage für den intellektuellen und sprachbegabten Richard Burton, der zusammen mit John Hanning Speke 1856 von Sansibar aus in Richtung Lake Viktoria aufbrach. Ziel war natürlich die Nilquelle. Burton war die herausragende Gestalt unter den *Explorern*, ein begnadeter Stilist, ein furchtloser Kämpfer und ein enzyklopädisch gebildeter Forscher. Doch die Suche nach der Nilquelle überforderte auch ihn.

Also beauftragte die Royal Geographic Society in London den Grandseigneur der Afrikareisenden, den tiefgläubigen Schotten David Livingstone, der mit Afrikanern besser zurechtkam als mit seinen Landsleuten. Auch seine Suche war ein Mißerfolg. Sein Verschwinden westlich des Tanganjikasees zählte zu den Mediensensationen der damaligen Zeit. Ein findiger amerikanischer Zeitungsverleger schickte seinen waghalsigsten Reporter, Henry Morton Stanley, Livingstone hinterher. Und so kam es, daß sich die beiden Bleichgesichter am Ufer des Tanganjika-Sees trafen – eines der berühmtesten Ereignisse, das je auf afrikanischem Boden stattfand.

Während Stanley auf Macht, Stärke und Brutalität setzte, vertraute ein Schotte namens Joseph Thomson 1883 allein seinem jugendlichen Selbstbewußtsein, als er sich aufmachte, das Massailand zu durchqueren. Er bestand diese Mut- und Geduldsprobe und kehrte nach knapp fünftausend Kilometern Fußmarsch in vierzehn Monaten an die Küste zurück – eine der bemerkenswertesten Reisen eines Europäers in Afrika.

Die Aufzählung bliebe jedoch unvollständig, ohne die fragwürdigste Persönlichkeit dieser Epoche zu erwähnen: Dr. Karl Peters. Als Gründer der *Deutsch-Ostafrikanischen-Gesellschaft (DOAG)* reiste er jahrelang von Dorf zu Dorf und schloß mit den Häuptlingen „Verträge" mit folgendem Inhalt: Du gibst mir, was immer ich will, ich gebe dir nichts. Fast eigenhändig schuf Peters so die Grundlage für die deutsche Kolonie in Ostafrika, und man kann sagen, daß kein anderer Europäer den Geist und das Prinzip des Imperialismus besser verinnerlicht hatte als dieser Mann.

Nordtansania

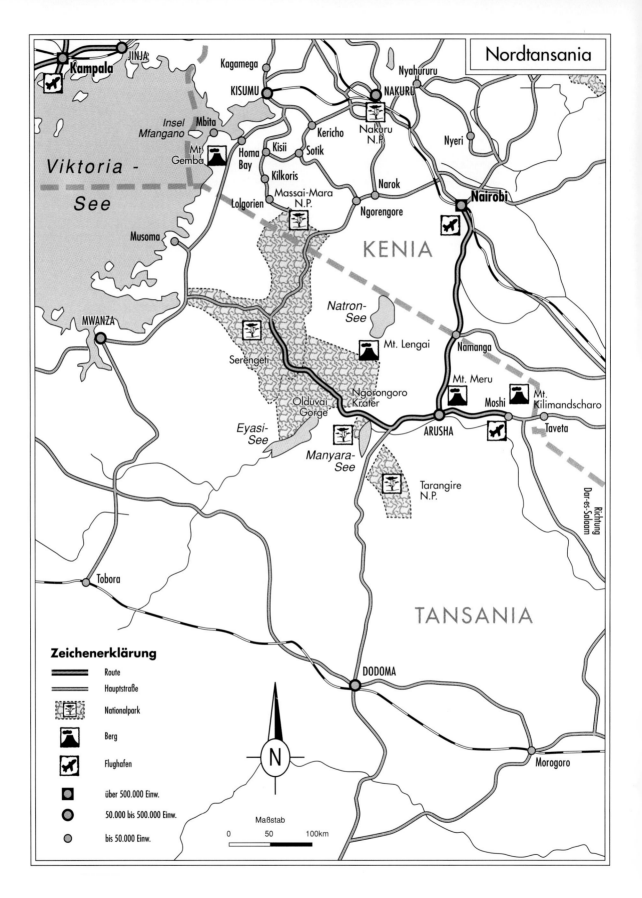

NORDTANSANIA

Der Norden Tansanias mit den Hauptattraktionen Serengeti und Ngorongoro-Krater, beide von den Vereinten Nationen zu World Heritage Sites erklärt, ist das mit Abstand wichtigste Tourismus-Ziel des Landes und eine lohnenswerte Alternative zu einer Safari in Kenia. Die Landschaft und die Tierwelt ist der im Nachbarland ähnlich. Vorteilhaft ist dabei, daß die Sehenswürdigkeiten jeweils eine Tagesfahrt voneinander entfernt liegen und durchweg gut zugänglich sind.

Die Infrastruktur hat sich in den letzten Jahren stark verbessert, die Besucherzahlen sind beträchtlich gestiegen. Viele Mängel einer staatlichen Planwirtschaft sind behoben worden, was sich noch nicht überall herumgesprochen hat – Sie werden insgesamt weniger Touristen begegnen als in Kenia. Nordtansania wird von einigen beeindruckenden Bergen geprägt, meist uralten Vulkanen, die weit über das Hochlandplateau hinaufragen. Die Tour beginnt und endet in Arusha, dem Zentrum der Region, 45 Kilometer vom internationalen Kilimandscharo-Flughafen entfernt. Da Sie sich überwiegend in Nationalparks bewegen, kommen öffentliche Transportmittel kaum in Frage, und abgesehen von den manchmal auftauchenden Massai werden Sie auch wenig Menschen begegnen.

Die Besteigung des Kilimandscharo und des ebenfalls vulkanischen Mount Meru, die sich beide im Norden Tansanias befinden, wird in dem Kapitel DIE BERGE beschrieben.

Der Krater des mächtigen Vulkans Mount Lengai

Ob von der Terrasse der Crater Lodge ...

Der Ngorongoro-Krater

Die Ngorongoro Conservation Area wurde 1974 als eigenes Reservat errichtet. Dieses besteht aus einer 600 Meter tiefen Caldera (der zweitgrößten der Welt) mit einem eigenständigen Ökosystem. Die Steppe des Kraterbodens ist durchsetzt von Seen – der größte ist Lake Magadi, nicht mit dem kenianischen Sodasee zu verwechseln –, Sümpfen, Flüssen und Waldstücken. Die Natur im Krater ist so einmalig, daß Bernhard Grzimek sie als eines der sieben Weltwunder bezeichnete. Folgerichtig engagierte sich der Zoologe sehr für den Erhalt des Ngorongoro. In der Nähe der Crater Lodge befindet sich sein Grab sowie das seines bei einem Flugzeugunglück am Kraterrand umgekommenen Sohnes Michael. Während der

Vorhergehende Doppelseite: Giraffe am Fuße des Lengai

deutschen Kolonialzeit gehörte ganz Ngorongoro einem deutschen Farmer, der sicherlich von seinen Gefühlen überwältigt wurde, wenn er vom Rand aus auf seinen enormen Besitz hinabblickte. Als das Reservat errichtet wurde, mußten die ansässigen Massai wegziehen. Zwar dürfen sie seitdem ihre Herden tagsüber im Krater zur Tränke führen, müssen diesen jedoch bei Dämmerung wieder verlassen.

Am Morgen ist es am Kraterrand so eisig kalt wie auf einer Alpenhütte. Die Sonne steigt gerade über die knorrigen Bäume, doch ihre ersten Strahlen können den Dunst nicht durchdringen, der sich über Nacht in der großen Wanne unter uns gebildet hat und nun rosa zu reflektieren beginnt. Von oben kann man den Krater mit den Augen gar nicht ausmessen, so weit reicht er in alle Richtungen. Wir fahren eine extrem steile Bergstraße, die etwas breiter als ein Fahrzeug ist, in den Dunst hinab. Hinter einer Kurve müssen wir voll abbremsen – ein Rudel Löwen steht mitten auf der Straße und versperrt den Weg. Die majestätischen Tiere lassen sich viel Zeit, bis sie uns durchlassen.

Was in den nächsten Stunden folgt, ist ein Kon-

... oder von der Dachluke eines Geländefahrzeugs aus – der Ngorongoro-Krater ist einmalig

zentrat afrikanischer Naturerlebnisse. Kaum haben wir uns an einer Tiergruppe satt gesehen, überrascht uns schon der Anblick der nächsten. Hyänen lösen die Löwen ab – die beiden Raubtierarten sind sich nicht wohlgesonnen –, einige Elefantenbullen traben uns über den Weg, bevor etwas später Strauße über die Ebene joggen. An einem der Sümpfe begeistern uns besonders gähnfreudige Nilpferde, während ein Vogelkenner in unserer Gruppe sich an dem Anblick einer Reihe ihm aus europäischen Gefilden bekannten Vögeln erfreut. Übersättigt mit Eindrücken verlassen wir die Schönheit des Kraters und kehren zur Lodge zurück.

Die Crater Lodge braucht sich um kein Abendprogramm zu sorgen. Wie kaum woanders hallt die Nacht von Tiergeräuschen wider, die manchmal aus solch unmittelbarer Nähe zu kommen scheinen, daß ich mit Erleichterung einen Wachmann an der Tür klopfen und uns rufen höre. Mit seiner Taschenlampe bewaffnet führt er uns zum Abendessen. Es gibt Zebrafilet, aber leider offenbar von einem Zebra, das zu oft den Kraterrand hinaufgestiegen ist, so zäh ist das Fleisch.

Mit dem Motorrad zum Mount Lengai

Die Piste ist schwierig, sehr schwierig. Immer wieder stürzen wir in den tiefen Steinrillen, rappeln uns hoch und richten die schwerbeladene Maschine zu zweit wieder auf. Wir fahren seit Stunden durch eine ebene und karge Landschaft, unter der strengen Aufsicht der Sonne. Die Hitze läßt die Rinderherden der einheimischen Massai über dem Erdboden schweben, wie ein Bild aus Urzeiten, so wie sich auch die nomadische Lebensweise der Massai seit Jahrhunderten gehalten hat. Anders könnten sie in dieser kargen Landschaft gar nicht überleben.

Wir sind schon zwölf Stunden unterwegs, zwölf lange und staubige Stunden, und allmählich raubt uns die Müdigkeit die letzten Kraftreserven. In der

Der Aufstieg

Ferne zeichnet sich die Kegelform des Lengai-Vulkans ab, rückt immer näher und wird bald danach zu einer klaren Kontur im Abendrot. Der Vulkan dominiert nicht nur optisch die gesamte Gegend. Die Erde besteht aus Lavasand, der in manchen Abschnitten fast unbefahrbar ist. Wir beschließen, unsere Zelte aufzuschlagen.

So ungeniert und entspannt, wie man sich nur in einer vermeintlich menschenleeren Gegend verhält, bereiten wir unsere Nachtruhe und das karge Abendessen vor. Kaum haben wir jedoch ein Feuer entfacht, als der Dunkelheit Kindergesichter entschlüpfen, die neugierig näherrücken, bis wir umzingelt sind von einer Gruppe junger Massai. Sie flüstern miteinander, gucken interessiert zu, wie ich mit einem Schweizer Taschenmesser eine Dose öffne, bestaunen die Motorräder, berühren sie nur sanft, vorsichtig, lachen auf. Wir versuchen mit Händen und Füßen ins Gespräch zu kommen. Zuerst weichen die Kinder etwas zurück, bis sie Vertrauen fassen und mit Glucksen und Lächeln auf uns zukommen.

Dreißig Vulkane sind im Rift Valley noch aktiv. Der vielleicht imposanteste von allen ist der Mount Lengai. Bei seinem letzten großen Ausbruch im Jahre 1966 spie er glühende Lava und eine schwarze Wolke aus heißer Asche über die spärlich besiedelte Ebene. Schon auf den ersten Blick stellt sein knapp zweitausend Meter hoher, gleichmäßiger Kegel die anderen Vulkane im nordtansanischen „Hochland der Riesenkrater" in den Schatten. Steil steigt er nach oben, seine Seiten sind von Basaltrippen zerfurcht. Deshalb wird er auch so selten bestiegen.

Wir stellen die Motorräder am Fuß ab, fragen herum, bis wir einen Führer finden, und beginnen unseren Aufstieg kurz vor Mitternacht, um der gnadenlosen Sonne zu entgehen. Anfangs geht es noch einen schmalen Pfad durch kniehohes Gras entlang. Aber je tiefer die Nacht wird, desto steiler geht es hinauf.

Der mühsame, fast vertikale Aufstieg lohnt sich

Stundenlang tasten wir uns voran, in direkter Linie nach oben: Die ausgeprägten vertikalen Lavarippen, Folge bergab geflossener Lavaströme, erlauben keinen serpentinenartigen Aufstieg. Zu beiden Seiten der ungefähr zwei Meter breiten Rippen geht es zehn, fünfzehn, zwanzig Meter in die Tiefe. Immer wieder rutschen wir auf dem sandigen Untergrund ab, spähen im Mondlicht nach ersten Anzeichen des Kraterrands, nehmen enttäuscht und erschöpft einen Schluck aus der Wasserflasche. Unsere Ehrfurcht wächst mit jedem Schritt nach oben über die steilen, rutschigen Lava-Rippen. Mit dem ganzen Körper spüren wir die Erhabenheit des Oldoinyo le Engai, des Heiligen Berges der Massai, die solcher Heiligkeit vernünftigerweise aus sicherer Entfernung huldigen.

Allmählich können wir den Schwefel schon riechen, der in Dampfwolken hangabwärts treibt, können leichtes Zischen und Donnern hören. Die Lavaplatten werden so steil, daß wir uns nur noch auf allen vieren halten können und uns zentimeterweise vorantasten müssen. Eine kaminartige Verengung erschwert das Vorankommen noch mehr. Die aufgerissenen Hände brennen bei jeder Bodenberührung. Plötzlich stolpern wir: der Kraterrand!

Wir krabbeln über eine scharfe, nur dreißig Zentimeter breite Kante. Ganz unvermittelt öffnet sich der Krater vor uns. Es ist vier Uhr morgens. Die erstarrte Lava schimmert, einige Schlote rauchen paffend vor sich hin, Gase steigen kerzengerade in den Nachthimmel. Als später die Sonne aufgeht, wird der Krater zu einer gefährlichen Gottheit, die sich in Schönheit kleidet. Wir glauben in der Ferne den Kilimandscharo zu erkennen. Erst jetzt wird uns klar, wo wir hinaufgeklettert sind, und es wird uns nachträglich mulmig. Wir gehen über den erstarrten Lavasee, der unter jedem Schritt wie Glas bricht. Der Boden ist so heiß, daß wir es trotz dicker Sohlen gerade aushalten. Wir beschließen, den Kegel nicht zu erklimmen. Das brodelnde Wasser und der aufsteigende Rauch überzeugen uns, daß es an der Zeit ist, mit dem Abstieg zu beginnen.

Die Belohnung: mitten im Krater des noch aktiven Mount Lengai. Das Lavagestein und die Asche sind heiß

Die Serengeti lebt

Die Serengeti ist das vielleicht beeindruckendste Tierreservat der Welt – ein Spektakel an Natur und Wild, an Farben und Bewegung. 1940 wurde es zum Naturschutzgebiet erklärt. Der Name stammt von dem Massai-Wort *siringet*, das „endlose Ebene" bedeutet. Die trockene Grassteppe ist von einer unermeßlichen Weite. Manchmal steht eine Schirmakazie ganz allein in der Ebene, und es wirkt, als sei die Erde mit einem Zirkel um sie herum gezogen. Und manchmal steht neben dem einsamen Baum ein einzelner alter Elefant, dessen Haut Falten zieht, als hätte er zu große Hosen an. Die Weite, Leere und Einsamkeit bedingt die Faszination der Serengeti – und ist doch nur eines von vielen möglichen Erlebnissen. In einem Teil des Reservats kann man zu einer bestimmten Jahreszeit die Wildmigration erleben, die Wanderung vor allem der Gnus.

Eine Million dieser Tiere setzt sich im Mai in Bewegung. Die gelegentlichen Zebras und Gazellen, die sie begleiten, wirken wie Farbtupfer auf einem grauen Fond. Es geht zu wie bei großen Völkerwanderungen. Der gewaltige Troß von Antilopen wird natürlich von den Jägern, den Raubtieren, begleitet, von den kleinen Dienstboten, den Vögeln, die Insekten und Zecken aus dem Fell der Wiederkäuer herauspicken, und von den Totengräbern, den Geiern. Letztere haben besonders leichte Beute: Die schwächsten Gnus bleiben zurück, auf sich allein gestellt, wehrlos. Jungtiere werden fast im Trab geboren. Innerhalb weniger Minuten sind sie schon in der Lage, auf eigenen Beinen zu stehen und mitzuziehen. Die Migration nutzt die gesamte Fläche des Serengeti-Mara-Gebietes aus. Zwischen Dezember und Mai halten sich die Tiere in der südöstlichen Ebene auf. Sobald die Trockenzeit anbricht, ziehen sie nach Nordwesten in die bewaldeten Gebiete und dann nach Norden in die Massai Mara. Mit dem Ende der Trockenzeit machen sie sich auf den Rückweg.

Die Gnus sind die auffälligsten Tiere in der Serengeti, vor allem während der Migration

Doch die nüchternen Zahlen können nicht ausdrücken, was es heißt, nur Tiere zu sehen, so weit das Auge reichen kann. Um das Auto herum Tausende von Tieren, eine Staubwolke und eine Lärmglocke, das Trommeln der Hufe, das Blöken und Schnauben – und nichts anderes. Als wir es das erste Mal erlebten, waren wir auf den Anblick nicht vorbereitet. Wir mußten in einer kleinen Talsohle stehenbleiben, so dicht waren die Gnu-Massen. Wir starrten aus dem Fenster, nach vorne, nach hinten, zur Seite – überall Gnus, mit ihren weit auseinanderliegenden Augen, die so ernsthaft oder töricht zu gucken scheinen. Wir bekamen Platzangst. Zwischen den Leibern war kaum noch Erde zu sehen, über den Köpfen kaum noch Himmel. Wir mußten schon bald die Fenster hochkurbeln und saßen wie Gefangene in unserem kleinen PKW, der in dem Sturm der Tierbewegung so nutzlos und unbedeutend wirkte. Zuerst dachten wir, wir seien in eine gewaltige Herde geraten, die vorbeiziehen würde, doch nichts dergleichen. Nach einer Viertelstunde – Gnu um Gnu trabte vorbei und kein Ende – beschlossen wir, ganz langsam wieder anzufahren. Es war wie in der U-Bahn zur Stoßzeit, und das in dieser weiten Ebene. Allmählich erreichten wir Schrittempo, hin und wieder schlug ein Gnu gegen den Wagen, mit den Hörnern oder den Flanken, der Staub vor uns formte sich zu Tierteilen: Köpfe und Hintern, Beine, Gnus mit sechs und acht Beinen – die Tiere schienen uns noch häßlicher und bizarrer, als sie es eh schon sind. Der massige Oberkörper scheint auf den stengeligen Beinen zu schwanken, die ruckhaften Bewegungen wirken ungelenk und komisch. Zu Recht tragen sie den Spitznamen „Clowns der Steppe". Doch ihre Wanderung ist die größte Migration von Säugetieren auf der Welt … Nach einer Stunde schienen sie uns gar nicht mehr lustig, sondern Teil einer Urkraft, die uns überwältigte. Erst als wir auf eine größere Piste abbiegen konnten, die von den Tieren wegführte, befreiten wir uns allmählich aus dem Gnu-Wirbel. In dieser Nacht habe ich von Gnus geträumt, und wenn ich versucht hätte, sie zu zählen, wäre ich wohl nicht mehr aufgewacht.

Aber die Serengeti hat nicht nur einen fabelhaften Bestand an Antilopen. Es lassen sich hier auch mehr Löwen sehen als sonstwo in Ostafrika. Es müßte mit dem Teufel zugehen, wenn man nach einigen Tagen in dem Reservat immer noch keine zu Gesicht bekommen hätte. Sie halten sich oft auf den baumbetupften *kopjes* auf, kleinen steinigen Erhebungen, von denen aus sie im Schatten die Ebene mit ihren zukünftigen Opfern bestens überblicken können. An diesem Tag geht es wohl doch mit dem Teufel zu – wir haben noch keine Löwen gesehen, obwohl der Ranger uns in einem letzten Aufbäumen seiner Berufsehre zu einer Flußschlaufe führte, an der er am Morgen noch ein großes Rudel angetroffen hatte. Aber es soll nicht sein. Wir kehren zu unserem Camping-Lager zurück.

Bald ziehen sich die anderen in die Zelte zurück, ich bleibe allein am Feuer. Mit einem glühenden Holzstück zünde ich mir eine Zigarette an und stochere gedankenverloren in der Asche. Fast alles haben wir an diesem Tag gesehen, sogar eine ganze Gepardenfamilie mit drei Kleinen, die die Mutter ständig auf Trab hielten, sogar einen Leoparden, den wir hoch oben in der Akazie nicht gesehen hätten, der sich aber fauchend den Stamm hinunterkrallte und mit einem langen Satz im hohen Gras verschwand. Nur die Löwen halt nicht.

Die Nacht ist still, die raschelnden Blätter kommen zu Wort, gelegentlich unterbrochen von zirpenden Grillen, und zur Antwort quaken die Frösche aus der Ferne. Der Himmel wirkt wie ein löchriges Tuch vor einer strahlenden Lichtquelle. Mit einem weiteren Stück Holz schiebe ich den großen Aluminiumtopf aus dem Feuer. Vor etwas mehr als einer Stunde habe ich seinen Boden mit einer Schicht Sand bedeckt, darauf eine Pfanne mit frisch geknetetem Teig plaziert und den zugedeckten Topf in die Glut gestellt. Für die Oberhitze sorgen einige darübergestreute Glutstückchen. Nun hebe ich vorsichtig den Deckel und schnuppere den betörenden Duft des frisch gebackenen Brotes. Es läßt sich leicht aus der Pfanne lösen und scheint gut durch zu sein – mein Fingerklopfen klingt hohl. Ich koste ein Stück, lege es weg und fache das Feuer kurz an. Es ist zu schön, um schlafen zu gehen … Plötzlich ein Scheppern in der Nacht. Einer der Abfalltonnendeckel ist heruntergefallen. Ich springe auf, versuche mit zusammengekniffenen Augen zu erkennen, was passiert ist. Auch in einem der Zelte ist jemand aufgewacht, und unversehens platzt ein greller Lichtkegel in die Dunkelheit. Zwei erstaunte grünliche Augenpaare blicken uns an – die Löwen, die wir den ganzen Tag nicht gefunden haben! Schnell verziehen sie sich wieder in den Busch, bevor ich Zeit habe, ins Auto zu springen.

Im nachhinein, als ich mich wieder ans Feuer traue, muß ich über die Ironie des späten Besuches schmunzeln. Die Löwen wollten wohl den Ruf der Serengeti wahren. Tatsächlich vergeht kein Tag, ohne daß man Löwen begegnet.

Probleme des Naturschutzes in Ostafrika

In der Serengeti kristallisieren sich die Probleme des Tierschutzes in Ostafrika. In der Viktoria-See-Senke in Tansania ist die Bevölkerung in den letzten fünfzig Jahren von 1,5 Millionen auf vier Millionen angestiegen. Das fruchtbare Land um den See herum reicht nicht mehr aus. So drängen Bauern und Viehhirten an die Grenze der Serengeti.

Es stellt sich natürlich die Frage, ob man angesichts der Nöte der Menschen den Erhalt eines unberührten Garten Eden verantworten kann. Die Umweltschützer, die eine solche Frage ausnahmslos bejahen, stammen zumeist aus Amerika und Europa, so zum Beispiel die sehr engagierte Frankfurter Zoologische Gesellschaft.

Die Afrikaner sehen die Sache etwas anders. Sie empfinden weniger sentimental. Für sie ist das wilde Tier entweder Nahrung oder Bedrohung. So trampeln herumziehende Elefantenherden ihre Felder nieder, Antilopen fressen das Gewächs auf, das ihre Rinder dringend brauchen. Was die Tiere bis heute schützt und wahrscheinlich weiterhin schützen wird, sind die hohen Deviseneinnahmen durch den Tourismus. Doch diese Einnahmen kommen am wenigsten den Bauern zugute, die am Rande der Serengeti ums Überleben kämpfen. Es herrscht die weitverbreitete Ansicht, daß die Nationalparks den ansässigen Menschen keine Vorteile gebracht haben – in vielen Fällen sogar ernsthafte Nachteile.

Überhaupt entbehrt die so betont ökologische Einstellung von Europäern und Amerikanern nicht eines gewissen Zynismus. Denn die Umweltzerstörung in Ostafrika begann erst mit ihrer Einmischung, während die Völker Nordtansanias die von uns so geschätzten Naturwunder durch die Jahrhunderte bis zum heutigen Tag unbeschadet und stellvertretend für die Menschheit erhalten haben. Wir können die Natursehenswürdigkeiten bestaunen, weil die Afrikaner Generation für Generation mit ihnen verantwortungsbewußt umgegangen sind.

Der Gedanke eines Nationalparks ist dagegen fremd und importiert, und angesichts des Bevölkerungswachstums sind Konflikte und Zerstörungen zukünftig unvermeidbar. Erst wenn die Nationalparks von den Einheimischen zu etwas geformt werden, das auch ihnen nützt und mit dem sie sich identifizieren können, statt daß ausländische Organisationen, Wissenschaftler und Banken über ihren Kopf hinweg die Regelungen treffen, kann sich langfristige Erhaltung sowie erfolgversprechender Umweltschutz entwickeln.

Eine solche Entwicklung müßte auf jeden Fall beinhalten, daß Einkünfte aus dem Tourismus den Menschen vor Ort zugute kommen, daß mehr Arbeitsmöglichkeiten geschaffen, daß die Devisen lokal verwaltet und zu einem großen Teil für gemeinschaftliche Zwecke verwendet werden. Am Ende wird der Druck auf das ungenutzte Land nicht abzuwehren sein. Und die Vernichtung wird unter Umständen schrecklicher ausfallen, als wenn es die Parks gar nicht gegeben hätte.

Man muß stets bedenken, daß fast jede Ausweitung der Rechte für die Wildtiere eine Beschneidung der Rechte der Menschen mit sich trägt.

Praktische Informationen

Kilimanjaro Airport – Arusha – Tarangire – Manyara – Ngorongoro-Krater – Mount Lengai – Natron-See – Olduvai-Schlucht – Serengeti

Verkehrsmittel. Für Nordtansania empfiehlt sich eine Package-Tour oder ein eigenes Fahrzeug. Mit dem Motorrad kommen Sie nicht weit, da es nicht in die Nationalparks hineingelassen wird. In ganz Tansania betragen die Parkgebühren 15 US$. Fahrzeuge mit fremdem Kennzeichen zahlen 30 US$ pro Tag. Auch die Unterkunft muß in Devisen, bevorzugt US$, bezahlt werden. Camping kostet 10 US$.

Einreise. Visumpflicht. Impfungen gegen Gelbfieber und Cholera, wenn Sie aus einem Nachbarland einreisen. Flugzeug: Kilimanjaro International Airport (45km von Arusha, südlich der Straße nach Moshi). Von Europa KLM, Air France, Ethiopian Air. Ein Bus von Tanzanian Airways verbindet den Flughafen mit Arusha und Moshi. Fahrzeug/Bus von Nairobi: 275km/1, über Namanga. Auf dieser Strecke fahren DHL-Busse (komfortabel und schnell, 20 US$, täglich um 8:30 vom New Stanley und um 9:00 vom Flughafen, Nairobi ☎336158, ✍339850). Die Busverbindungen von Nairobi nach Mwanza und Dar-es-Salaam ändern sich oft – fragen Sie nach bei Arusha Express, Accra Road, ☎212063 oder bei den ebenfalls an der Accra Road gelegenen Kilimanjaro Bus Services. Kosten: Dar-es-Salaam ca. 13 US$, Mwanza ca. 18 US$. Von Mombasa nach Arusha 380km/1, über Taveta; von Dar-es-Salaam 675km/1.

Ausreise. Halten Sie unbedingt, wenn möglich passend, 20 US$ oder 40 DM für die beim Abflug

Massai-Kinder in der Nähe der Serengeti

fällige Airport Tax bereit, die nur in Devisen bezahlt werden kann.
Tour Operator. Simba Tours (Arusha ☎3600, ✆8207), Abercrombie and Kent (Arusha, P.O. Box 427, ☎7803, 7199), UTC (bieten auch einen Shuttle-Service von Nairobi aus, 20 US$), Safari Camp Tanzania Bus (585 US$ ab Nairobi), Dice Safaris (Arusha ☎3090).
Geldwechsel. Währungsdeklaration. Wechseln Sie nicht zuviel; die Übernachtungen müssen Sie meist in Devisen zahlen. Nehmen Sie deshalb auch kleinere Banknoten bzw. Traveller-Schecks mit, da man Ihnen auf große Scheine oft nicht herausgeben kann.

Die Route
ARUSHA (057). Equator Hotel (H, ☎3127), New Safari Hotel (H, ☎3261), Mountain Village Hotel (H, ☎2699, Lake Duluti), Golden Rose Hotel (M, ☎7959, Stadium Road), Arusha by Night (E, Swahili Street). Informationen über die Nationalparks und Hotelbuchungsstelle: ITC Büro (Boma Road). Busverbindungen: nach Mwanza Kajoi Bus Service (alle zwei Tage), nach Dar-es-Salaam Tawfiq Luxury Coach und Mrakama Bus Service. Arusha National Park (30km/2). Ausgangspunkt für Besteigung des Mount Meru. Momella Lodge (H, C, ☎3038).

Verbindung nach Osten.
MOSHI (105km/1/@). Keys Hotel (H, ☎055, 2250), New Castle Hotel (M, ☎055, 3203), YMCA (E). Bahnstation mit Zugverbindung nach Dar-es-Salaam dreimal die Woche.
MARANGU (41km/1). Ausgangspunkt für Kilimandscharo-Besteigung, siehe Kapitel DIE BERGE.

TARANGIRE NATIONAL PARK (112km/2, Straße nach Süden Richtung Dodoma, 20km nach Makuyumi links abbiegen). Tarangire Tented Camp (M, C).

LAKE MANYARA NATIONAL PARK, MTO WA NBU (75km/2, von Arusha 110km/2). Maji Moto Camp (H, Nairobi☎223131, 331825), Lake Manyara Hotel (H, ☎057, 3100), Camping beim Parkeingang.

KARUTU (25km/2). Gibb´s Farm (H, gutes Essen), Safari Junction Lodge (E, C, vermietet Landrover).

NGORONGORO-KRATER (30km/2). Ngorongoro Crater Lodge (H, ☎057, 3530), Ngorongoro Sopa Lodge (H, ☎057, 6886), Ngorongoro Wildlife Lodge (H, ☎057, 4604), Simba Campsite (C, beim Crater Village).

Die Gegend um den Mount Lengai ist Heimat der großen Viehherden der Massai

Im Lake Manyara National Park werden Sie den seltenen Anblick von bäumekletternden Löwen erleben

Lohnende Abstecher:
MOUNT LENGAI (je nachdem, welche Piste Sie nehmen 80–100km/3). Besorgen Sie sich für diese Fahrt eine sehr gute Karte oder einen Führer. Sie können am Fuße des Vulkans campen, was mit gewissen Risiken hinsichtlich Diebstählen oder Überfällen verbunden ist. Die Besteigung müssen Sie selbst organisieren – siehe Text weiter oben.

NATRON-SEE (ca. weitere 30km). Sehr unberührt, freies Campen möglich.

OLDUVAI (30km/2/C), nach rechts zum Visitors Centre abbiegen. Ndutu Safari Lodge (H, C), auf der Straße nach Seronera 6km nach der Überquerung des Olduvai-Flusses und kurz vor dem Naabi Hills Gate links abbiegen. Am Sodasee Ndutu gelegen, wohin in der Trockenzeit viel Wild zur Tränke kommt.

SERONERA (110km/2/C), Seronera Wildlife Lodge (H, ☎057, 3842), mehrere Campsites.

DIE SERENGETI. Jahreszeit: Dezember bis März für den südlichen Teil, März bis Juni für den nördlichen. Übernachtungsmöglichkeiten: Sopa Lodge (100km/2 westlich vom Naabi Hill Gate, H, ☎057, 6886) im Südwesten, am Hang der Nyaruboru Hügel gelegen mit imposantem Blick über die Ebene; Lobo Wildlife Lodge (90km/2 nördlich von Seronera, H, ☎057, 3842) im Norden, faszinierende Architektur. Kijereshi Camp (H, 100km/3 westlich von Seronera im Western Corridor, H, ☎068, 40139) sowie Grumeti River Camp (H, 85km/3 westlich von Seronera, Nairobi☎223131, 331825).

Verbindung nach Westen.
MWANZA (300km/3, @, durch den Western Corridor nur in der Trockenzeit, sonst über Ikoma, 325km/3). New Mwanza Hotel (M, ☎068, 40620), Mwanza Guest House (E). Busverbindungen nach Dar-es-Salaam, Arusha und Nairobi. Züge nach Tabora (umsteigen nach Kigoma) und Dar-es-Salaam. Schiffsverkehr nach Bukoba, Musuma und Kampala.

Verbindung nach Kenia.
Von Seronera via Ikoma nach **MUSOMA** (350km/3/@), dann über die Grenze via Migori nach **KISII** (200km/2/@, siehe Kapitel WEST-KENIA). Die Grenze zur Massai Mara ist für Fahrzeuge momentan geschlossen.

Uganda

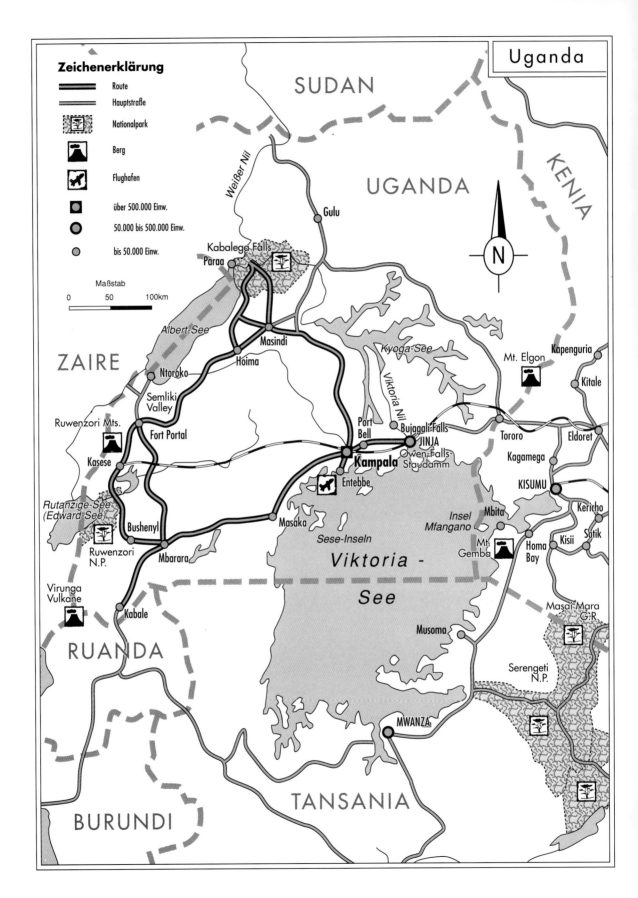

UGANDA

Uganda verkörpert wie kaum ein anderes Land die Wechselfälle neuerer afrikanischer Geschichte. Hinter dem Optimismus der Menschen und der Schönheit der Landschaft lauern die Schrecken und Ruinen einer düsteren Vergangenheit. Dabei hatte Uganda während der englischen Kolonialzeit und in den ersten Jahren seiner Unabhängigkeit die Rolle des Musterschülers inne, dem alle eine glorreiche Zukunft vorhersagten. Das fruchtbare Plateau, das sich über zwei Drittel des Landes erstreckt, versprach nicht nur ausreichend Nahrung, sondern auch opulente Kaffee-, Tee- und Baumwollernten. Eine gute Infrastruktur und ein hervorragendes Bildungs- und Gesundheitswesen standen zur Verfügung. Es schien, als würde die Tradition der mächtigen Bantu-Reiche des 19. Jahrhunderts in einem selbstbewußten, wohlhabenden Uganda fortgeführt werden. Aber der Eindruck täuschte, der Musterschüler geriet auf die schiefe Bahn. Und das nicht nur selbstverschuldet. Wie überall in Afrika wurde auch Uganda von geopolitischen Überlegungen der europäischen Kolonialmächte geformt, die alles mögliche berücksichtigten, nur nicht die natürliche Aufteilung entlang historischer und ethnischer Grenzen. Der Norden unterschied sich klimatisch, kulturell und traditionell zu sehr vom südlichen Teil des Landes, und als gewisse Volksgruppen von den Kolonialherren wirt-schaftlich privilegiert und andere die begehrten Armeeposten erhielten, war die Saat blutiger Machtkämpfe gelegt.

Zwei Namen stehen für die Jahre der Zerstörung zwischen 1969 und 1985: Milton Obote und Idi Amin. Mit Hilfe einer auf die Bevölkerung losgelassenen, zügellosen Armee beuteten, ja schlachteten diese beiden Diktatoren das Land aus, bis zur Auflösung fast jeglicher Form von Gemeinwesen. Viele Jahre lang vom Westen schweigend geduldet, kostete ihre Terrorherrschaft mindestens 500 000 Ugandern das Leben. Erst als Anfang 1986 die Guerillas unter Führung von Yoweri Museveni (National Resistance Army – NRA) ihren langjährigen Kampf siegreich beendeten, wurde ein zuerst brüchiger Frieden hergestellt, der sich inzwischen zu bewähren scheint.

Uganda kann und sollte man wieder bereisen. Es ist bewegend zu sehen, wie die Menschen ihre Alpträume der Vergangenheit überwinden und mit welcher Beharrlichkeit sie um ein Stück normales Leben kämpfen. Eingedenk der erlebten Schrecken sind viele von ihnen mit den Entwicklungen der letzten Jahre zufrieden und wissen den Frieden wie ein knappes Gut zu schätzen. Besucher sind noch selten und deshalb besonders willkommen. Die Freundlichkeit des Empfangs beeindruckt immer, und mag auch die Qualität der Bewirtung manchmal zu wünschen übriglassen, so entschädigen stets die offenen und engagierten Gespräche. Trotz des zusammengebrochenen Kaffeeweltmarkts und den Querelen mit den Nachbarn Kenia und Ruanda macht sich ein gewisser Optimismus bemerkbar, daß Uganda doch etwas von dem verwirklicht, worauf es als Musterschüler einst Hoffnungen machte.

Diese Puppenfiguren, die am Straßenrand verkauft werden, sagen viel über die gewalttätige neuere Vergangenheit Ugandas aus – der kleine Jesus mag die aufkommende Hoffnung verkörpern

UGANDA

Das Grab der Kabaka

Die drei alten Frauen sind zuerst nicht zu sehen. Sie hocken schweigend vor den mächtigen, mit Ringen aus Palmblättern umwundenen Säulen. Aus dem grellen Sonnenlicht eingetreten, erkennen wir anfänglich nur die Palisade aus Speeren, die vor den Gräbern der Könige Wache hält. Erst als die Frauen sich räuspern, bemerken wir, daß sich die Herrscher der Baganda (die größte Volksgruppe Ugandas) in ritueller Gesellschaft befinden. Unser Führer, dem wir in einem Fahrstuhl begegnet waren und der sich in den wenigen Sekunden zwischen dem zweiten Stock und dem Erdgeschoß entschied, uns seine Stadt zu zeigen, begrüßt sie respektvoll. Während er ihre Worte übersetzt, wandeln sich die unscheinbaren, altersgebeugten Frauen für uns zu den Hüterinnen einer stolzen Geschichte. Sie weisen uns schroff einen Platz auf einer Decke inmitten der riesigen Hütte zu. Vor uns stehen vier Gefäße, deren Bedeutung sich uns erst später erschließen sollte. Wir sitzen an dem einstigen Standort des Palastes von Mutesa I., dem mächtigsten König des Buganda-Reiches, eines der „Zwischenseereiche" Ostafrikas. In großen Hütten wie dieser hatte er mit Arabern und Suaheli Handel getrieben sowie die ersten Europäer empfangen. Die Alten deuten auf einige viktorianische Stühle und Orden des britischen Empires. Mutesa I. unterwarf die Nachbarvölker, unterdrückte aber auch seine Untertanen. Als er 1884 starb, erhielt er ein christliches Begräbnis. Gemäß der Tradition baute sich sein Sohn einen eigenen Herrschersitz auf einem der benachbarten Hügel. Und auf dem Kasubi-Hügel entstand das Grabmal der Familie. Nun sind sie alle hier, Mutesa I. und seine drei Nachfolger: In vier europäischen Särgen liegt das absolutistische, vermögende Königtum Buganda begraben. Als letzter in der Herrscherdynastie mußte Freddie Mutesa 1966 über eine Hinterhofmauer nach England fliehen, während Panzer durch den Vordereingang donnerten.

Das allerdings erzählen die alten Frauen nicht. Vielmehr fordern sie aus einer Vielzahl von Gründen Zahlungen, zu entrichten in den bereitgestellten Gefäßen: für das Fotografieren der vorderen Seite; für das Knipsen des ausgestopften Leoparden, der dem Kabaka Mutesa I. ein zahmes Haustier war, nach dessen Tod jedoch immer wieder Höflinge riß; und für jeden der Kabaka, so ihr herrschaftlicher Name,

eine Extragabe. Während sich meine Hosentaschen leeren, begreife ich das Geheimnis hinter dem Erfolg des Buganda-Reiches.

Kampala, auf mehreren sanftgewellten Hügeln erbaut, inmitten dichter Vegetation gelegen, von großzügig angelegten Ringstraßen durchzogen, wurde im Gegensatz zu Nairobi, Dar-es-Salaam oder Kigali in vorkolonialer Zeit gegründet. Das Grab der Buganda-Könige auf einem der Hügel erinnert an die afrikanischen Wurzeln der Stadt, an eine weit zurückreichende, bewegte Geschichte.

Das Reich der Buganda breitete sich im 17. Jahrhundert im Norden des Viktoria-Sees aus. Wie bei einem zentralistischen Staat üblich, residierten die absolut herrschenden Kabaka in einer imposanten Hauptstadt namens Rubaga. Unangefochten bestimmte das Königshaus in einer Folge von über zwanzig Kabaka über ein Gebiet von der Größe der Schweiz. Bis die „Weißen" kamen. Zuerst Araber, dann englische und französische Missionare. Moslems, Protestanten und Katholiken lieferten sich am Hofe des Kabaka einen erbitterten Kampf um seine Seele. Dieses Gerangel um Einfluß zeitigte wechselhafte Resultate. Der Kabaka trat mehrmals von einem Glauben zum anderen über. Mit blutigen Konsequenzen. Wer gerade in Ungnade fiel, mußte um sein Leben fürchten. Einige Missionare und Konvertiten wurden zu Märtyrern. Innenpolitische Machtkämpfe und ständige Kleinkriege mit benachbarten Königreichen destabilisierten den Buganda-Staat noch mehr. In den achtziger Jahren des letzten Jahrhunderts hatten sich die Konflikte zu einem Bürgerkrieg ausgeweitet. Der Kabaka Mwanga wurde abgesetzt und vertrieben. Umgehend hob er eine Armee aus, fiel in sein ehemaliges Reich ein und eroberte sich im Oktober 1889 die Macht zurück. Zur Feier gründete er nahe Rubaga auf dem Mengo-Hügel eine neue Hauptstadt. Da war es fast selbstverständlich, daß Captain Lugard, der Gesandte der kolonialen britischen Gesellschaft I.B.E.A., im Jahr darauf sein Fort auf dem gegenüberliegenden Hügel Kampala errichtete. Das sollte den Ausschlag für die spätere Benennung der Stadt geben ...

Heute ist Kampala eine von Krieg und Zerstörung gezeichnete und doch lebhafte Stadt. Nirgendwo spürt man das mehr als am zentralen Halteplatz der Matatus am Fuße eines der Hügel. Wenn man auf dieses Meer von Kleinbussen hinabblickt, kommt man sich vor wie auf dem größten Gebrauchtwagenmarkt der Welt. Nur schulterbreite Gassen bilden

136

Abstände zwischen den meist weißen Bussen, einziges Entgegenkommen für die Passagiere, die sich in der Verwinkelung offenbar gut zurechtfinden. Der Platz ähnelt einem Kaleidoskop, dessen Rand sich ständig verändert: Matatus drängen sich hinein oder schleichen davon, machen Platz oder suchen einen Weg zum Rand. Die Hänge hinab strömen die ärmeren Bewohner Kampalas ihnen zu, auf dem Rückweg in die Slums und Barackensiedlungen am Stadtrand. Frühmorgens begeben sie sich mit dem Matatu auf der Suche nach Gelegenheitsarbeit in die Metropole, und abends steigen sie hier, mit mehr Enttäuschungen als Erfolgen in ihrer Plastiktasche, wieder ein.

Nicht weit von dieser in ihrer Größe einmaligen Matatu-Haltestelle liegt der Owino-Markt, der zwar weniger berühmt ist als der vornehmere Nakasero-Markt, dafür aber den Realitäten und Bedürfnissen der Kampaler näher steht. Als allererstes erfahren wir, daß der Markt einen Spitznamen trägt: Shauriako – frei übersetzt: Nimm dich in acht! Auch Taschendiebe und Kleinbetrüger bieten hier ihre „Dienste" an.

Der Markt ist solide gebaut und bestens organisiert. Innerhalb eines umrandeten Areals stehen Reihen von Holz- und Steinbuden, die von der Stadtverwaltung vermietet werden. Die Geschäftsleute werden regelmäßig überprüft und müssen Steuern zahlen. In großen Säcken bieten die meisten Händler dieselben Grundnahrungsmittel an: Maismehl, Kassava, Hirse, Kartoffeln, Erbsen, Bohnen, Soja und Reis. Oder sie haben sich auf frisches Obst und Gemüse spezialisiert, auf herrliche Papayas und Mangos sowie auf kleine grüne Tomaten.

Das Besondere am Owino-Markt sind jedoch die Handwerker. Jede Branche hat sich zu Kooperativen und Gruppen zusammengeschlossen und sich in einer bestimmten Nische des Marktes niedergelassen. So sitzen die Schneider nebeneinander auf einer weitausladenden Betonplatte, ein Großteil von ihnen unter freiem Himmel: Schneider um Schneider, so dicht aneinander plaziert und so zahlreich wie die Mitglieder eines Symphonieorchesters, doch ihre teils musealen Nähmaschinen rattern höchst dissonant. Die Nachbarn der Schneider beschäftigen sich mit

Ein Teil des zentralen Matatu-Halteortes in der Innenstadt von Kampala

UGANDA

Der junge Nil

Zwei Marktfrauen vom Owino Market

Gemessen an der langen, legendenumrankten Suche danach, ist der Ursprung des Nils ein erstaunlich nüchterner Anblick. Seit der Antike war die Quelle des großen Stroms im Herzen des Schwarzen Kontinents das vielleicht größte Geheimnis für die forschende Welt. Trotz vieler Entdeckungsversuche hatte der gewaltige Fluß Mitte des 19. Jahrhunderts wenig mehr von sich preisgegeben, als schon zu den Zeiten des griechischen Geographen Ptolemäus bekannt war. Je länger reale Fakten ausblieben, desto wilder wucherten phantastische und absurde Spekulationen. Kannibalen mit Schwänzen und monströse Wildtiere im Quellgebiet beschäftigten die Phantasie.

Altblech, verkaufen Töpfe, Kessel, Koffer, klopfen Dellen aus, versprühen Funken, die bis zu den Feinwerktechnikern nebenan fliegen, denen ein kleines Tischchen genügt, um Uhren und Radios zu reparieren. Dann folgen die Auspuffmacher, die lässigen Fahrrad- und die gewichtigen Automechaniker. Und zwischen ihnen und den Kunden drängen sich fliegende Händler, Jugendliche zumeist, die das anbieten, was sich in der Mangelwirtschaft momentan ergattern läßt. Der Inhalt ihrer Körbe ist Sinnbild für die Absurditäten der modernen afrikanischen Wirtschaft. Neben Erdnüssen sowie Seife und Zahnpasta aus einheimischer Produktion bieten sie importierte Ware von großer volkswirtschaftlicher Bedeutung feil: Schokoriegel, Spielzeugautos, Wattestäbchen, Plastikpuppen, Shampoo und so weiter und so fort.

Vor dem Markteingang treffen wir beim Herausgehen auf einen Spieler, um den sich eine große Schar gesammelt hat. Seine Finger tänzeln gerade mit drei Spielkarten, einer roten und zwei schwarzen Damen. Wo, bitte schön, wo ist die rote? Einen Moment, diese noch hierhin und diese dorthin, und jetzt? Die Mitspieler aus der Menge werden schnell ihr Geld los, so falsch, wie sie raten. Als der Spieler uns sieht, blickt er herausfordernd in unsere Richtung, ohne seine verwirrenden Handbewegungen zu unterbrechen. Wir treten näher, er zaubert noch einmal und sieht mich dann an. Ich zeige ganz selbstsicher auf eine der Karten – es ist eine schwarze Dame. Der Spieler grinst, die Menge lacht. Aha, drückt die Stimmung aus, der Weiße fällt auch drauf rein.

Doch nicht alles war aus der Luft gegriffen. Die Legenden von zwerghaften Völkern und gewaltigen Binnenseen kamen der Wahrheit schon näher. Als jedoch die deutschen Missionare Rebmann und Krapf behaupteten, die fabelhaften schneebedeckten Berge mit eigenen Augen gesehen zu haben, wurden sie von den angesehenen Geographen nur ausgelacht. Erst die abenteuerlichen Forschungsreisen von Burton, Speke und Grant entwirrten das Knäuel aus Halbwissen und Irrtümern. Schließlich fanden sie am Nordufer des größten Sees, des Lake Victoria Nyanza, den Ausfluß des Weißen Nils.

An dieser Stelle liegt heute die zweitgrößte Stadt Ugandas, das Industriezentrum Jinja. Eine schläfrige Straße voller Schlaglöcher mit dem schönen Namen Nile Crescent führt entlang des Sees zum Hafen und weiter zu dem unbestimmbaren Punkt, wo das ruhige Flachwasser zu fließen beginnt.

Alte Kolonialbauten und Villen entlang baumbe-standener Alleen, verfallene Gärten und Hindu-Tempel mit Löchern im Putz zeugen von vergangenem Glanz, während in der rechtwinklig angelegten Innenstadt in unzähligen Handwerkerstuben und Läden rege Geschäftstätigkeit herrscht.

Die erste spektakuläre Selbstdarstellung des Nils, die Ripon-Fälle, ist von dem Owen-Falls-Staudamm überflutet. Die Hauptstraße nach Kampala führt direkt über die Staumauer, und ein kleiner Aussichtspunkt zur Linken (wenn man von Kampala her kommt) eröffnet einen Ausblick auf die weißschäumenden Wassermassen, die hier zur ugandischen Elektrizitätsversorgung beitragen und tausende Kilometer weiter unten die Felder ägyptischer Fellachen bewässern.

Doch erst mit den *Bujagali Falls*, acht Kilometer nördlich von Jinja, wird der Nil seinem Mythos gerecht. Der hier schon erstaunlich breite Fluß windet sich durch das Tal, und seine Wassermassen fallen in versetzten Katarakten einige Meter in die Tiefe. Pittoreske Inseln und verspielte Krümmungen erinnern an ein herumtollendes Kind. Auch hier aber ist der Nil ein überlebensnotwendiger Helfer. Frauen waschen Kleider im ruhigen Uferwasser und legen sie zum Trocknen auf den steilen Hang. Einige Fischer wagen sich nahe an die Wirbel und Schnellen, werfen Netze aus und balancieren konzentriert ihre schmalen Einbäume. Und weiter oben, in der Hütte neben einer Schranke, gehen die Eintrittsgelder der Besucher ein. Nach sieben solcher Katarakte im Laufe einiger Kilometer beruhigt sich der Nil, bis er in einer Senke mitten in Uganda den oktopusartigen Lake Kyoga formt.

Nur einige Kilometer, nachdem er aus dem Viktoria-See geflossen ist, fällt der schon erstaunlich breite Nil über die Bujagali-Fälle einige Meter in die Tiefe und setzt seinen Weg Richtung Sudan und Ägypten fort

UGANDA

Die großen Kabalega-Fälle (Murchinson Falls)

Eine Piste namens „Flitterwochen" (*honeymoon track*) führt von den im Wald gelegenen und geschmackvoll eingerichteten Rabongo Cottages zu dem Aussichtspunkt über dem mächtigsten Wasserfall Ostafrikas. Die letzten Flitterwochen müssen eine Weile her sein, denn die Piste durch wogendes Grasland ist meist überwachsen. Oft müssen wir Schrittempo fahren, um uns nicht zu verirren. Nach der Fahrt über einen Bergrücken stößt die Piste auf die Straße nach Paraa. Einige steile Kilometer weiter stoßen wir auf einen Park- und Zeltplatz. Der Nil ist zwar noch nicht zu sehen, aber die Geräusche, die er von sich gibt, sind vielversprechend. Ein Pfad führt zum Aussichtspunkt. Auf beiden Seiten und nach vorne geht es steil hinunter. Über eine Felsplatte stürzen die Wassermassen hinab, zusammengedrängt wie in einem Trichter. Von der Gischt haben die Felsen überall Moos angesetzt, es ist feucht und so rutschig, daß man sich vorsichtig bewegen muß. Wir treffen den Nil wieder, wie er gerade tosend durch eine enge Schlucht fließt, ungefähr zweihundert Kilometer, nachdem er den Viktoria-See (deshalb wird er in diesem Abschnitt auch Viktoria-Nil genannt) verlassen hat.

Dem Anblick der Kabalega-Fälle von oben soll ein Eindruck von unten folgen. Wir kehren um und fahren nach Paraa, von wo aus täglich ein Boot zu den Fällen tuckert. Das Boot ist alt und erweckt wenig Vertrauen. Wir legen am frühen Nachmittag ab, fahren gemächlich von einem Ufer zum anderen. Nilpferde und Vögel sind in Scharen vorhanden, die abwechslungsreiche Vegetation überrascht uns sehr: Sumpf, Schilf, Sandbänke, Grasböschungen, Felsen. Schaumkronen auf dem trägen Wasser melden die Fälle an, die Uferbänke tragen nun Erosionswunden, kleinere Abbrüche steigen auf beiden Seiten auf. Und dann, nach etwa zwei Stunden Fahrt, kurven wir um eine letzte Biegung und sehen den donnernden Wassertanz der Fälle. Das Boot tuckert ganz langsam mit Vollschub voran, steuert einem Felsen zu, wo es Schutz vor der Strömung findet.

Passend zu der Flitterwochen-Piste wird die Rückfahrt zu einer Sunset-Cruise, einer Fahrt ins Abendrot. Der Nil erinnert mich nun an einen anderen mächtigen afrikanischen Strom, den Sambesi. Breit

genug, um die Ufer spürbar voneinander zu trennen, lädt er lässig und souverän die ganze Tierwelt zur Tränke ein. Die Ufer sind so voll wie beliebte Bars am Samstagabend. Kreuz und quer, vor, hinter und über uns schreiben die Flügel der Vögel vor dem Hintergrund von Wasser und Himmel eine Ode auf den Nil.

Semliki Valley – das Tal zwischen den Wäldern

Fort Portal im Nebel. Es ist früh am Morgen, die dunkelgrüne Vegetation ist von glitzerndem Tau bedeckt. Nebelschwaden lösen sich von der dichten Wolkendecke, und es friert mich trotz Pullover und Jacke. Die Straße führt nordwärts aus der Stadt hinaus, entlang intensiv bebauter Hügel. Immer näher an die dunkle Mauer heran, die zwischen der Erde und den grauen Wolken den Weg versperrt. Das Rwenzori-Gebirge ist, so wie heute, kaum jemals in seiner ganzen Pracht zu sehen. Plötzlich aber öffnet sich ein Loch in der Wolkendecke, nicht über, sondern unter uns. Ein warmes Beige vertreibt das stählerne Grau. Wie durch ein dreieckiges, von der Wolkendecke und den zwei Hängen umrahmtes Fenster blicken wir auf die weit unter uns liegende Ebene.

Die schon zu Kolonialzeiten gebaute und hervorragend konstruierte Straße sucht sich einen Weg zum siebenhundert Meter tiefer gelegenen Talboden. Zur einen Seite steigt der Berg auf, zur anderen fällt der Steilhang ab, Kurve um Kurve windet sich die Straße in Seitentäler hinein und wieder hinaus, bis sie sich der nun breiter werdenden, von Bananenhainen bedeckten Talsohle nähert. Eine langgezogene Gerade führt uns schließlich über den Boden des Grabenbruchs.

Die Siedlung Karugutu markiert die Abzweigung zum Albert-See. Dann geht es wieder in die Höhe, über einen nördlichen Ausläufer der Rwenzoris. Wir erreichen den Paß, und erneut öffnet sich unter uns ein Loch. Nur breitet sich hier anstelle von gelber Steppe ein dunkler Wald aus, der Ituri Forest, der

140

sich bis nach Zaire erstreckt und eines der letzten noch lebenden Pygmäenvölker beherbergt. Moosüberwachsene Meilensteine erinnern an die heftig schwitzenden, tropenhelmbewehrten englischen Ingenieure, die einst den aberwitzigen Bau dieser Straße vorantrieben. Über Windungen und Spitzkehren eilt die Straße, so steil sie kann, dem Wald entgegen, der mir wie ein Kissen vorkommt, in dem wir weich landen werden. Dampfwolken verfangen sich in den Baumkronen, weithin sichtbare Zeichen der heißen Quellen, die wir bald darauf erreichen. Während wir in einem der natürlichen Töpfe einige Eier zur Bereicherung unseres Picknicks hartkochen, lassen wir die Farbenpracht der sinter- und schwefelüberzogenen Stufen auf uns wirken.

Nach der Mittagspause fahren wir nach Karugutu zurück und biegen nach links ab, den Talgrund entlang und durch das Toro Game Reserve. Aus dem trockenen Busch springen nur gelegentlich einige farblich perfekt angepaßte Kob-Böcke, sonst begegnen wir lange Zeit keinem Lebewesen, bis uns ein Fahrradfahrer entgegenkommt, der so heftig winkt, daß er fast das Gleichgewicht verliert. Auch diese Gegend ist wohl nicht so menschenleer, wie sie einem als Reisender vorkommt. In einem ausgetrockneten Flußbett stören wir einen Trupp schwarzweiß gestylter Guereza-Affen auf, die mit den Gliedern fuchteln, als beschwerten sie sich über unsere Anwesenheit, und sich dann in einen niedrigen Wald verziehen. Die trockene Savanne bestimmt jetzt wieder die Landschaft, bis die dornige Vegetation allmählich an Grün gewinnt, fettblättrige Büsche sich mehren und schließlich ein Wellblechhaus den Straßenrand schmückt, gefolgt von einigen Nachbarn. Die Straße endet auf dem Dorfplatz. Zwischen den Häusern schimmert das Wasser des Albert-Sees.

Wir werden von einigen gutgekleideten Männern begrüßt. Der Fischerei-Vorsteher des Dorfes Ntoroko heißt uns freundlichst willkommen und führt uns zum Strand hinunter, wo er uns einen Einbaum zur Verfügung stellt, inklusive zwei des Englischen nicht mächtige Fischer. Sie rudern uns über die Bucht zu einer schilfbewachsenen Halbinsel. Hinter einem kleinen Durchlaß befindet sich eine Vogelkolonie. Pelikane und Reiher stehen stolz im wogenden Ried, eine bunte Schar kleinerer Vögel zwitschert so ge-

Rwenzori Tea Hotel

Eine unheimliche Begegnung der Hippo-Art

schäftig um uns herum, daß uns das Schweigen im Boot nicht mehr peinlich ist.

Wieder auf offener See läßt einer der Fischer ein französisches Wort fallen. Erfreut „heben wir es auf" und reden drauflos. Er stammt aus Zaire. Es entwickelt sich ein lebhaftes Gespräch. Die blendende Wasseroberfläche verliert sich zwischen zwei dunklen Bergketten im Dunst. Auf der anderen Seeseite fließt der Weiße Nil heraus und begibt sich auf seine Reise nach Juba, Khartum, Assuan und Kairo.

Wir legen an einem feinkörnigen Sandstrand an. Das Wasser wirkt vertrauenswürdig, und wir sind zu verstaubt und verschwitzt, um der Versuchung zu widerstehen. Die Temperatur ist angenehm frisch, der Salzgehalt fühlt sich an wie Badezusatz. Kleine, feingedrechselte Schnecken treiben auf der Oberfläche, verleiten zum Spielen. Ich genieße das Streicheln der Wellen, den Blick über die kupfern leuchtende Weite, die Atmosphäre der Abgeschiedenheit. Die Fischer haben sich ausgestreckt, jeder folgt dem Flug seiner Gedanken, und wenn der Mann aus Zaire nicht nach einiger Zeit zum Aufbruch gerufen hätte, wären wir noch lange in unseren Tagträumen unterwegs gewesen.

Die Rückfahrt mit der Abschied nehmenden Sonne im Rücken bietet noch einmal wunderbare Ausblicke auf den See und in die wannenförmige Senke des Semliki-Tals. Wir erreichen das Rwenzori Tea Hotel etwas außerhalb Fort Portals in der Dunkelheit, waschen uns schnell und beenden den Tag am Kaminfeuer dieses im Stil eines britischen Country Clubs errichteten Hotels.

Am Tag zuvor hatte uns das Rwenzori Tea Hotel noch traurig gestimmt – die mit Einschußlöchern übersäten Mauern, die aufgerissenen Polster, die wie naß gewordenes Papier gewölbte Decke, die Schimmelkulturen an den Außenwänden. In dem großen Saal des Hauptgebäudes, dessen Maße den Anforderungen eines mittelalterlichen Schloßherrn genügt hätten, hatten einige Frauen und Männer getagt – einziges Zeichen von Leben und Aktivität. An der Rezeption bediente eine hochschwangere, sehr freundliche und sehr kleine Frau, die hinter der Theke – sie reichte ihr bis zum Kinn – wie auf verlorenem Posten stand. Wir gingen hinein, umher, kamen an einem Vogelnest in einer Korridorecke und einigen leuchtenden Glühbirnen vorbei (es war gerade Teezeit). Eine triumphale Veranda mit potentiellem Ausblick auf das Rwenzori-Massiv zog sich um den Saal herum. Das Gebirge war nicht zu sehen, dafür aber eine Herde weidender Kühe, deren Bewacher auf dem

Rasen schlief. Recht hatte er, der Grasteppich war noch am besten erhalten. Jede Ecke und Nische hatte bessere Zeiten gesehen – aber ob man das so sehr bedauern sollte? Die Umgebung hatte sich dieses von sentimentaler Empire-Kultur geprägte Hotel auf einfache und natürliche Weise zurückerobert. Wo einst in weißer Kluft Bowling gespielt worden war, lobten jetzt mampfende Kühe die Kunst des Gärtners.

Doch am Abend wirkt der Ort wie verzaubert. Die zuvor unauffälligen jungen Männer erscheinen in bügelfrischer Uniform, die wenigen unbeschädigten Polstersessel werden mit kleinen Tischchen um den Kamin herum zu einer gemütlichen Sitzecke gruppiert. Gespräche, ein Whiskey und glühende Scheite beenden den Tag. Am Morgen darauf überlegen wir uns, ob wir nicht eine weitere Nacht hier bleiben sollen.

Kapitän William und der friedliche Kanal

Die Mweya Lodge ist auf einer hügeligen Halbinsel erbaut, die sowohl die beiden Seen Edward und George wie auch den sie verbindenden Kazinga-Kanal überblickt. Im Hintergrund thront wiederum das Rwenzori-Massiv, zumindest entnehmen wir das den Werbezetteln und der Landkarte. Denn der Berg ist – inzwischen eine gewohnte Enttäuschung – mal wieder in dichte Wolken gekleidet.

Die Lodge gehört zu einer Kette staatlicher Hotels, die kürzlich renoviert worden sind und nun guten Gewissens einladen können. Die Terrasse zählt zu den Muß-Orten Ostafrikas. Sie ist einer der Plätze, an denen man nicht nur wundervolle landschaftliche Schönheit genießen, sondern gleichzeitig entspannt einen Tee schlürfen kann. Da das Speisezimmer in keinster Weise konkurrenzfähig ist, sitzen wir nach einem schnellen Abendessen wieder draußen, um den Kaffee in Gesellschaft der Schemen der Nacht um Mweya einzunehmen. Doch nicht nur uns scheint es hier bestens zu gefallen. Kaum haben wir den Zucker umgerührt, gesellt sich ein Nilpferd zu uns. Der Kellner nimmt keine Notiz von ihm – wohl ein Stammgast. Zielstrebig geht das Hippo den schmalen Grasstreifen zwischen der Terrasse und dem Gebäude entlang, zwei Meter entfernt, ohne uns eines Blickes zu würdigen.

143

In vielen Gegenden Ugandas sind Bananen die einzige Erwerbsquelle

Dann biegt es um die Hausecke, dem Schwimmbecken zu. Da dieses leer ist, erscheint der Gang des Hippos über die Betonplatten am Rand etwas gewagt. Doch das Nilpferd weiß, was es tut. Der Rasen hinter dem Becken hat es ihm angetan. Es beginnt, systematisch Grasbüschel herauszuziehen und zu kauen. Zwei Tassen Kaffee später zieht es sich gesättigt zurück, auf demselben Weg, den es gekommen war.

Am nächsten Morgen lernen wir Kapitän William kennen, einen schmächtigen und so schüchternen Mann, daß sich selbst sein Schnurrbart nur stoppelweise hervorwagt. Er lenkt eine langgezogene Barke mit zehn Reihen von je vier Sitzen, die Michael und ich nur für uns allein haben. Kapitän William sitzt etwas erhöht auf einem Podest, überblickt den Kanallauf und steuert mit der Hand, die er zum Rauchen nicht benötigt.

Wir fahren den Kazinga Channel hinab, sagen dem Edward-See kurz guten Tag, und kehren dann wieder zurück. Weder der Kanal noch die Seen sind landschaftlich sehr aufregend, aber ich habe noch nie eine solche Menge an Nilpferden gesehen, in allen Größen und Gruppenstärken, in allen Lebenslagen, beim Essen und Entspannen, nur mit der Nasenspitze oberhalb des Wassers schnaufend, mit Kreissägengebiß gähnend, am Ufer spazierend oder auf Flußbänken dösend. Wahrscheinlich gibt es auch Hippos, die sich gerade einem Akt der Liebe widmen, aber das können wir nicht sehen, weil die

Nilpferde es im Wasser tun, festen Standes im Flußbett und nur die Nüstern zum Atmen und Schnaufen heraussteckend. Der Kanal weist bis zu fünf Meter Tiefe auf, hat sauberes Wasser und eine rundum zufriedene Hippopopulation.

Da es aber sonst nicht viel zu sehen gibt, unterhalte ich mich mit Kapitän William. Zuerst erzählt er mir, daß sein Gehalt nicht ausreicht, um die Schulgebühren für seine vielen Kinder zu zahlen. Damit weist er mich darauf hin, daß mein Trinkgeld am Ende der Fahrt den Zweck einer wohltätigen Spende erfüllt und daher nicht zu knapp bemessen sein sollte.

Nach solchermaßen vollbrachter Pflicht kommen wir zu dem spannenderen Teil seiner Biographie. Es stellt sich heraus, daß er früher am Flughafen von Entebbe gearbeitet hat. Zaghaft frage ich, ob das zu der Zeit des israelischen Überfalls gewesen sei. Er nickt wie selbstverständlich. Meine Neugier rückt näher an ihn heran, und Kapitän William bleibt keine andere Wahl, als loszulegen. Er arbeitete in der Wartungsabteilung. Eines Nachts gingen die Lichter aus. Einfach so. Niemand wußte, was los war, aber die Armeeleute – hier schmunzelt er zum ersten Mal – die Armeeleute versteckten sich schon mal sicherheitshalber.

Plötzlich standen Soldaten in dem Raum, Israelis, wie er im nachhinein erfuhr. Sie sperrten die Zivilisten ein und waren kurze Zeit später wieder weg. Kaum stiegen die Flugzeuge in den Himmel, krochen die Soldaten aus ihrer Verstecken hervor und begannen herumzuballern. Aber tragisch wurde die Affäre erst im nachhinein. Idi Amin ließ vor Wut all diejenigen, die ihm in irgendeiner Weise verantwortlich schienen, umbringen: Towerpersonal, Wachhabende, Mechaniker, ja sogar Kellner im Flughafenrestaurant. Viele flohen daraufhin; auch William verließ seinen Job. Die Geschichte paßt wie die Faust aufs Auge zu der idyllischen Stimmung um uns herum. Aber auch der Queen-Elizabeth-Nationalpark, unser nächstes Gesprächsthema, hat unter der Herrschaft von Idi Amin und Milton Obote zu leiden gehabt. Die Soldaten fuhren in Jeeps umher und knallten ab, was immer ihnen ins Visier lief. Innerhalb weniger Jahre waren die größeren Tiere dezimiert, und es sollte Jahre dauern, bis William wieder erleben konnte, wie eine Gruppe Elefanten den 50 Meter breiten Kanal durchschwamm.

Ich lade ihn noch zu einer Zigarette ein. Er gibt mir Feuer, mit einem Feuerzeug vom Sheraton Hotel, Sofia, Bulgarien. Das ist das i-Tüpfelchen auf diesen schrägen Vormittag: ein Feuerzeug aus meiner Geburtsstadt!

Kapitän William an seinem Arbeitsplatz

Praktische Informationen

Kampala – Jinja – Murchinson Falls – Fort Portal – Semliki – Kibale – Kasese – Mweya/Queen Elizabeth National Park – Ishasha – Kabale – Kisoro – Bwindi – Mbarara – Ssese-Inseln

Einreise. Visumpflicht, Gelbfieberimpfung.
Flugzeug: Entebbe Airport. Von Europa: Sabena, British Airways, Ethiopian Airlines, Kenya Airways. Von Nairobi: Kenya Airways und Uganda Airways.
Fahrzeug: Aus Kenia und Tansania möglich. Ruanda, Zaire und Sudan problematisch.
Zug: Von Nairobi Abfahrt dienstags um 10:00, Ankunft in Kampala um zehn Uhr am nächsten Morgen. Rückfahrt mittwochs um 16:00, Ankunft in Nairobi um 15:00 am nächsten Tag. Erste Klasse 65 US$, zweite Klasse 44 US$.
Geldwechsel. Währungsdeklaration. Bessere Kurse in Forex-Büros (private Geldwechselstuben) als in Banken.
Ausreise. Halten Sie 20 US$ oder 40 DM, möglichst passend, bereit, um beim Abflug die Flughafengebühr zahlen zu können.
Verkehrsmittel. Nur ein Teil dieser Route ist mit öffentlichen Transportmitteln zu bereisen. Auf den folgenden Teilstrecken ist nur Autostopp möglich:
Masindi nach Paraa (am Wochenende bessere Chancen). Murchinson Falls nach Fort Portal (kaum Verkehr). Besser via Kampala. Fort Portal ins Semliki Valley und zum Kibale Forest. Kasese zur Mweya Lodge (main gate am besten). Mweya Lodge nach Ishasha (kaum Verkehr), Ishasha nach Kabale höchst unwahrscheinlich. Besser via Mbarara.
Parkeintritt. Pro Tag 10 US$ je Person und 3 US$ je Auto.
Zeitungen. Für einen Einblick in die Innenpolitik Ugandas empfiehlt sich die überall erhältliche Tageszeitung New Vision. Andere Zeitungen sind Monitor und Financial Times.

ENTEBBE. Lake Victoria Hotel (H), Entebbe Resort Beach (C). ✳ Botanischer Garten, Zoo. Im Hafen Bootsverleih für Ausflüge zu den vorgelagerten Inseln im Viktoria-See.

KAMPALA (35km/1/@/☎41). Sheraton Hotel (H), Reste Corner Hotel (H, Tank Hill), Speke Hotel (H), Lion Hotel (M), Nakasero Hotel (E), YMCA-Gelände (C).
Mietwagen/Package. Delmira (☎235494, ✎231 927), Hot Ice (☎243800, ✎242733), SM-Tours (☎258457, ✎259130), Nile Safaris (☎244331, ✎245967), Blacklines (☎254240).
☞ Kostenloser Stadtplan im Sheraton Hotel erhältlich.
✳ Kasubi-Gräber, Lubaga- und Namirembe-Kathedralen, Kibuli-Moschee (Aussicht!), Uganda-Museum (Naturgeschichte, Ethnologie), die Nakasero- und Owino-Märkte sowie der große zentrale Matatu-Halteplatz.
Deutsche Botschaft: Philip Road im Stadtteil Kololo.

Lohnende Abstecher:
PORT BELL (15km/1). Hafen Kampalas, Linienschiffe nach Mwanza (16h/20$ erste Klasse, 100$ Auto) und zu den Ssese-Inseln.
JINJA (80km/1). Sunset Hotel (M).
✳ Bujagali Falls (7km/2). „Source of the Nile", die Nilquelle (am Golfplatz vorbei). Owen-Falls-Staudamm an der Hauptstraße nach Kampala.

KABALEGA (MURCHINSON) FALLS (305km/2). Via Masindi (175km/1, 40km/2/@) und Wairingo Gate nach **PARAA** (90km/2), Restcamp (E,C), Rangers, Buchung und Ausgangsort für die Bootsfahrt zu den Wasserfällen (40$ pro Boot, max. 20 Personen, 3 Stunden).
✳ Die Wasserfälle des Weißen Nils (C) mit Fahrzeug erreichbar (von Paraa 37 km/2). Buligi Circuit für Pirschfahrten. Rabongo Forest (von Paraa 67km/2), Wanderungen im Regenwald (Schimpansen), Cottages (M, bei Hot Ice in Kampala buchen).

FORT PORTAL (320km/3/@) Von Paraa zum Lake Albert, südlich bis Butiaba. Weiter nach Biso und rechts nach Hoima (125km/2/@).
☞ Straße kann wegen militärischer Übungen bis

Biso gesperrt sein. Alternative: Via Masindi nach Hoima (von Paraa 145km/2). Kyenjojo (145km/3). Rechts auf Hauptstraße nach Fort Portal (50km/1). Rwenzori Tea Hotel (E, 8km vor Fort Portal, links abbiegen).

Lohnender Abstecher:
KIBALE (35km/2). Südlich Richtung Mbarara. Kanyanju River Camp (E, C). ✳ Geführte Regenwaldwanderung (4St/5$), verschiedene Affenarten, auch Schimpansen.

SEMLIKI VALLEY. *Hot Springs* (50km/2). Fort Portal in westlicher Richtung verlassen. In Karugutu (25km/2) geradeaus über den Paß bis zu den heißen Quellen an dessen Fuß (25km/2).
NTOROKO AM ALBERT-SEE (54km/3, von Karugutu) durch das Toro Game Reserve. Dort Kanu für kurze Ausflüge. ☞ Motorboot zu den Nkosi-Wasserfällen (3 Stunden), 20 Liter Benzin mitbringen.

Verbindung nach Osten.
MUBENDE (140km/2), **KAMPALA** (180km/1).

KASESE (90km/1/@). Saad Hotel (E). Margarita Hotel (M).
✳ Besteigung Rwenzori, siehe Kapitel DIE BERGE. Kilembe Kupferminen (13km/1). ☞ Fahrradvermietung im Saad Hotel.

QUEEN ELIZABETH NATIONAL PARK/MWEYA (56km/2/@). Mweya Safari Lodge (M). ✳ Crater Area, bizarre, vulkanische Landschaft, tierreich. Kazinga Channel, Uferpiste gut für Pirschfahrten, mit mehreren Campingplätzen. Bootsfahrt (40$ pro Boot, max. 20 Personen, 2 Stunden, Buchung in der Lodge).

ISHASHA (100km/3), über die Kazinga-Brücke,

dann rechts Richtung Lake Edward. Rangers Post (C). ✳ verschiedene Pisten für Pirschfahrten (besondere Sehenswürdigkeit sind die Baum-Löwen, die nicht leicht zu finden sind. Grenzübergang nach Zaire.

BWINDI FOREST, BUHOMA (65km/3/C). Richtung Grenze, dann links in die Kigezi Berge, in Kanungu rechts. Buhoma Gorilla Camp (H, Windsor Hotels), Buhoma House (M).
✳ Bergregenwald, Gorillawanderungen (120 $).
✍ Einige Monate vorab in Kampala bei Uganda National Park Headquarters (P.O.Box 3530) buchen, denn es werden nur sechs Personen am Tag eingelassen. Sonst können Sie sich in Buhoma auf eine Warteliste setzen lassen.

KABALE (82km/3/@), zurück nach Kanungu, dann rechts. White Horse Inn (M,C), Victoria Inn (E). Grenzübergang nach Ruanda.

Lohnender Abstecher:
KISORO (78km/2/@). Traveller's Rest (E).
✳ Virungavulkane, Gorillawanderungen im Mgahinga Reservat, zur Zeit gesperrt. Grenzübergänge nach Ruanda und Zaire.

Rückfahrt nach **KAMPALA** (430km/1). Via Mbarara (147km/1/@), Masaka (146km/1/@).

Lohnender Abstecher:
SSESE-INSELN. Gruppe von über 84 Inseln im Viktoria-See, mit schönen Stränden und vielen Sümpfen, in denen die seltene Sitatunga-Antilope noch beheimatet ist. Anreise mit Linienschiff von Bukakata (25km östlich von Masaka) oder Port Bell (Kampala). Package: Hot Ice, Nile Safaris in Kampala. Malaanga Ssese Safari Lodge (M) in Kalangala auf der Hauptinsel Buggala.

Ruanda

Ruanda ist das am dichtesten besiedelte Land Afrikas und eines der ärmsten der Welt. Auf einer Fläche von gut 26 000 Quadratkilometern leben mehr als sechs Millionen Menschen. Der überwiegend fruchtbare Boden ist übernutzt, die landwirtschaftliche Produktion hat kaum noch Ausweitungsmöglichkeiten. Ruanda besteht schon zum großen Teil aus Kulturlandschaft, von zwei Naturgebieten abgesehen: dem Parc National des Virunga (dessen Gebiet hauptsächlich in Zaire liegt) und dem Kagera National Park. Weit über achtzig Prozent der Bevölkerung leben auf dem Land in verstreuten, auf den Hügelkuppen angesiedelten Familiengehöften – einzige große Stadt ist die Hauptstadt Kigali, die aber auch ländlich und beschaulich wirkt – und führt die traditionelle Subsistenzwirtschaft fort. Wenn man durch das Land fährt, sorgen nur Teeplantagen für gelegentliche Abwechslung in dem Bild zerstückelter Hügel mit Terrassen, Hängen und Wegen. Nur selten wird Ruanda seinem romantischen Namen „Land der tausend Hügel" gerecht. Diese teilweise gebirgigen Hügelketten bilden die Wasserscheide für die zwei größten Flüsse des Kontinents, den Nil und den Kongo.

Das größte Problem Ruandas war in den letzten Jahrzehnten der Konflikt zwischen den zwei bestimmenden Volksgruppen, den Tutsi und den Hutu, ein Konflikt, der in Ruanda und Burundi regelmäßig zu Völkermord und Bürgerkrieg geführt hat. Das Hirtenvolk der Tutsi war jahrhundertelang Feudalherr in dieser Region, strenger Herrscher über das ihm zahlenmäßig weit überlegene Bauernvolk der Hutu. Auch das Deutsche Reich, das ab 1890 Ruanda und Burundi zu seiner Interessensphäre in Ostafrika rechnete, arrangierte sich mit diesen Machtverhältnissen und ließ die Tutsi an der langen Leine weiterregieren. Die deutschen Kolonialherren halfen auch militärisch, wenn Hutu-Rebellionen aufkamen. Auch die Belgier, die den Deutschen nach Ende des Ersten Weltkrieges folgten, privilegierten die Tutsi und schrieben deren Führungsrolle fest, indem sie allein ihnen Zugang zum westlichen Bildungssystem gewährten. Schon damals hatten die Hutu-Ackerbauern unter

Die Gorillas sind die größte Attraktion des kleinen, hügeligen Ruanda

149

Landknappheit und daher Armut zu leiden. Im November 1959 brach schließlich der bis dahin größte Bauernaufstand aus, der zu zehntausenden Opfern und einer Massenflucht von Tutsis führte, deren Vormachtstellung seitdem gebrochen war. Schon im darauffolgenden Jahr übernahm mit G. Kayibanda ein Hutu die Regierung.

Doch die Spannungen zwischen den zwei Volksgruppen sind bis heute nicht abgeflaut. Regelmäßig versuchen vor allem Exil-Tutsi sich durch Guerillagruppen und Invasionen aus den Nachbarländern wieder eine bedeutende politische Rolle zu erkämpfen. Dabei verschwimmen die Unterschiede zwischen den beiden Völkern immer mehr. Sprachlich und kulturell trennt sie ohnehin nur wenig, und über die Jahrzehnte hinweg hat das Zusammenleben natürlich zu einer Vielzahl von Mischehen geführt.

In den letzten Jahren befand sich der Norden des Landes teilweise im Bürgerkriegszustand, und es ist sehr ungewiß, ob die periodisch wiederkehrenden Friedensverhandlungen einen Erfolg zeitigen werden. Auf jeden Fall ist es für potentielle Besucher angebracht, sich beim Auswärtigen Amt genauer über die jeweilige Lage zu informieren.

Kigali ist eine schläfrige Stadt mit einem einzigen imposanten Bau, der chinesischen Botschaft. Es dümpelt auf den vielen steilen Hügeln vor sich hin, durchzogen von Straßen, die entweder abfallen, steigen oder sich schlängeln. Was immer man sucht, ist auf den wenigen großen Innenstadtstraßen leicht zu finden. Nach einem Besuch in Nairobi oder Kampala, Dar-es-Salaam oder Mombasa ist man in Kigali über das Fehlen jeglicher Großstadthektik erstaunt. Von der Place de l´Unité geht es im Kreisverkehr in fast alle Richtungen: nach Kabale, Ruhengeri, Gisenyi, Butare und Kibuye. Und wenn man der Beschilderung folgt, kommt man unweigerlich ans Ziel. Es existieren nicht genug Straßen, daß man sich als Besucher verirren könnte.

Die beeindruckendste Begegnung in Ruanda erwartet uns, nur eine Stunde außerhalb von Kigali, in Form eines samt Anhänger umgekippten Tankers. Ruanda ist abhängig von dem Lastwagenverkehr, der

Gipfel der Virunga-Vulkane

RUANDA

Der Kivu-See in der Nähe von Kibuye

die einzige Verbindung zu den weit entfernten Häfen Mombasa und Dar-es-Salaam aufrechterhält. Aber die Infrastruktur trägt diese Transportdichte nicht, und Unfälle sind an der Tagesordnung. Der Fahrer liegt mit einer Schramme auf dem Kopf unter einem Baum und wartet. In einer selbstgebauten Hütte daneben schläft sein Partner. Stolz erzählt der Fahrer, daß er zu schnell gefahren sei, so daß ihn ein entgegenkommender Truck von der Straße gedrängt habe. Schon seit einigen Tagen wartet er darauf, daß ein Zwischenmann in Kigali seine Firma in Dar-es-Salaam verständigt und ihm Hilfe gesandt wird.

Der ruandesische Bauer blickt zu seinem Königreich hinunter, das aus einer Hügelkuppe oder einem Terrassenfeld besteht – doch sein Reich ist klein und wird zunehmend kleiner. Schon bald nach Verlassen der Hauptstadt Kigali erfahren wir, daß die Ruandesen ihre Gehöfte in alter Tradition möglichst weit oben auf den Hügeln errichten und daß ein wohlhabenderer Mann den oberen Teil einer Kuppe sein eigen nennt. Wer keine Kuppel ergattern konnte, siedelt sich auf halber Hanghöhe an, genau an der oberen Grenze zum Nachbargrundstück. Wir befinden uns in über 2000 Meter Höhe, und es gibt keine zwei Meter flachen Boden. Die Landwirtschaft dürfte hier oben nicht gerade leichtfallen, aber aus Mangel an Ausweichmöglichkeiten werden die Bauern immer weiter hinauf getrieben. Unübersehbar sind auch die Erosionsnarben. Zwar kommen wir an keinen völlig kahlen Hügeln vorbei, aber braune Schneisen, hinabgeglittene Erdmassen und baumlose Kuppen gehören regelmäßig zum Bild.

Auf der Piste nach Kibuye kommen wir zwar nur sehr langsam voran, aber wir werden von schönen Ausblicken über wellenförmige Hügelketten, über Teeplantagen, die manchmal mit einem Zirkel angelegt zu sein scheinen, und von ständigen Begegnungen mit Menschen entschädigt.

Wohin wir auch schauen, überall sehen wir Menschen, die ihrer Feldarbeit nachgehen oder schwerbeladen unterwegs sind. Wenn wir anhalten, sind wir schneller als sonstwo in Ostafrika von einer großen Schar Kinder und einigen Erwachsenen umringt, die uns um BICs (Kugelschreiber), Bonbons oder ein Foto bitten. Wer eine Sofortbildkamera dabei hat, kann Begeisterungsstürme auslösen. Zwar haben Belgier und Franzosen die Geschicke des Landes schon mehr als sieben Jahrzehnte beeinflußt, aber zwischen Kigali und Kibuye treffen wir eine Vielzahl von Menschen, deren Französisch sogar noch schlechter ist als das von Michael Martin.

Richtiggehend spektakulär stellt sich dann der Lac Kivu vor. Seine Ufer ähneln etwas den skandinavischen Fjorden, so steil und gerippt steigen sie in die Höhe, und wenn die Bananenpflanzen am Wegrand nicht wären, würde man sich keineswegs in Afrika glauben. Die Piste am Seeufer ist plötzlich mit modernen Straßenlaternen ausgestattet, etwa einen Kilometer lang, die erstaunlicherweise fast alle brennen. Doch es gibt weder Spaziergänger noch Autos. Nur ein brandneues oranges Ruthmann-Steiger-Wartungsfahrzeug fährt uns entgegen. Unsere Überraschung wächst beim Kibuye Guest House noch weiter, an dem ein künstlicher Strand von der Hotelterrasse zum Wasser und ein Pier in den See hineinführt, als sei man in Cannes und Nizza. Ein Sprungbrett und ein Tretboot dürfen da natürlich nicht fehlen. Zum Abendessen verschlingen wir eine der Gaben des Kivu-Sees, kleine Fische namens *Isambaza*, an denen wir uns nicht satt essen können.

Die Piste am See entlang nach Gisenyi im Norden gehört zu den aufregendsten Strecken in Ostafrika. Wenn die Sonne mitmacht, spielt der See Verstecken, zeigt sich manchmal kurz und manchmal länger schimmernd hinter einem Hügel oder einer Hügelgruppe. In der Ferne erwarten uns die Virunga-Vulkane, die hinter dem See hochragen. Nur für den Fahrenden sind die fünf Stunden kein Vergnügen. Zu rasch folgt Kurve auf Kurve, Aufstieg auf Abfahrt, zu oft springen Kinder aus dem Gebüsch. Auch läßt die Straße gerade so eben zu, daß zwei Fahrzeuge aneinander vorbeifahren können.

Gisenyi hat den Charme vergangenen Glanzes. Auch hier versucht die Uferpromenade, Cannes nachzuahmen. In zweiter Reihe stehen exzentrische Ferienvillen, vermoderte Namensschilder weisen auf belgische oder französische Eigentümer hin, die ein-

151

deutig schon lange nicht mehr hier gewesen sind. Das noble Meridian-Hotel wird offenbar nur betrieben, weil jemand vergessen hat, den Knopf zum Ausschalten zu drücken.

Mitte Januar hängt in dem Gasthaus Edelweiß (!) noch die Weihnachtsdekoration im Speiseraum, der ansonsten verwaist ist. Ich will mich nach den Übernachtungspreisen erkundigen und beginne nach einiger Wartezeit, lärmend auf und ab zu gehen, um mich bemerkbar zu machen. Ein sehr alter Mann erscheint, der mich anguckt, als könnte er meine Anwesenheit gar nicht begreifen. Ich frage ihn, ob Zimmer frei seien. „Sie wollen hier übernachten?" Sein Gesicht hellt sich auf. „Wenn Sie mir die Preise nennen." Er nennt sie, so langsam und unsicher, als würde er sie gerade festlegen. Wahrscheinlich ist er zu sehr damit beschäftigt, mich wie einen zukünftigen und sehr begüterten Schwiegersohn anzustarren. Ich verabschiede mich höflich. Gisenyi wird vielleicht eines Tages eine Renaissance erleben, der

Strand wieder von entspannten und fröhlichen Menschen genutzt werden. Bis dahin lohnt sich ein Besuch jedoch nur aus dem Gesichtspunkt, eine weitere absurde Folge weißen Einflusses in Afrika in Augenschein zu nehmen.

Die Gorillas

Die größte Sehenswürdigkeit des Landes befindet sich im Parc National des Virunga, der sich – eine Seltenheit in Afrika – auch in die Nachbarländer Zaire und Uganda erstreckt und seinen Namen aufgrund der sieben Gipfel der Virunga-Vulkane trägt, die ihn wie Türme umgrenzen und auszeichnen: Karisimbi (4507m), Visoke (3711m), Muside (3000m), Sabyinyo (3634m), Gahinga (3474m), Muhabura (4127m) und Mikeno (4437m). Am Fuße dieser Vulkane, im dichten Bergnebelwald, leben die letzten verbliebenen Berggorillas der Welt, fünf- bis sechshundert an der Zahl. Ihr Überleben verdanken sie zum großen Teil den Anstrengungen der Amerikanerin Dian Fossey, die 1966 hierher zog und sich in diese schwarzpelzigen Verwandten des Menschen verliebte. Sie überwand den großen Widerstand staatlicher Stellen und errichtete in 3000 Meter Höhe einen Stützpunkt, von dem aus sie mit Hilfe einer Gruppe von Wildhütern die Gorillas beobachtete und schützte. Die Ruandesen empfanden ihr naturschützerisches Wirken angesichts des Landmangels als sehr widersprüchlich. Der vulkanische Boden in dieser Gegend ist sehr fruchtbar, ermöglicht zwei Ernten im Jahr. Doch vor dem erneuten Ausbrechen des Bürgerkrieges Ende der achtziger Jahre im Norden Ruandas brachten die Gorillas dem Staat Ruanda bis zu zehn Millionen US-Dollar ein und waren damit die drittgrößte Devisenquelle des Landes.

Die Menschenaffen – neben den Gorillas gibt es in Afrika noch die Schimpansen und die weniger bekannten Bonobos – ermöglichen uns einen Blick in unser evolutionäres Fotoalbum. Wir bestaunen sie, sehen uns wie in einem verzerrten Spiegel – die Ähnlichkeiten sind deutlicher als die Unterschiede – und sind seltsam davon bewegt. Die Primaten erinnern uns an eine ferne Vergangenheit und an eine nahe Verwandtschaft.

Die kleinen Gorillas erinnern mit ihrem Verhalten an energiegeladene Knirpse, denen der Schalk im Nacken sitzt

Bei den Menschenaffen

Trotz des Films über die amerikanische Gorilla-Forscherin Dian Fossey, ihrer eigenen Artikel in Zeitschriften sowie der Fremdenverkehrswerbung sind wir auf den faszinierenden Anblick nicht vorbereitet, der sich uns nach einem langen Fußmarsch auf eine Höhe von dreitausend Metern bietet:

Ein riesiger, tiefschwarzer Gorilla sitzt unbeteiligt da, dreihundert Kilo schwer und regungslos wie eine Buddhastatue. Er hält Audienz, von uns wenig beeindruckt. Mit der Autorität eines Patriarchen richtet er seinen wachsamen Blick auf uns. Um ihn herum ist die Großfamilie versammelt: einige fürsorgliche Frauen und viele herumtollende Kinder. Er aber ist ein *Silberrücken*, ein ausgewachsener Mann mit weißen Strähnen, der zu Recht den Ruf eines strengen Familienvaters genießt. Wenn er es zum Führer einer Gruppe von Gorillas gebracht hat, richtet er sich einen Harem ein und herrscht mit absoluter Macht über die Gruppe. Meinungsverschiedenheiten mit anderen Männern werden gelegentlich auf eine Art ausgetragen, die uns allzu gut bekannt ist: mit Gewalt.

Die Gorillas sind imstande, sich gegenseitig und sogar die eigenen Kinder umzubringen. Sie sind aber auch zu Freundschaft und Mutterliebe, zu Treue und Aufopferung fähig. Die Babys bleiben monatelang in der Umarmung ihrer Mutter. Sie brauchen viel Pflege, denn Gorillajunge werden nur sehr langsam selbständig.

Wie nahe wir uns an den Gorillas befinden, wird uns erst richtig bewußt, als einer der Kleinen nach einer Kameratasche greift und sich davonzustehlen versucht. Der Wildhüter stößt einige grimmige Laute aus, und der Kleine bekommt Angst vor der eigenen Courage. Er springt in die Sicherheit eines benachbarten Baumes, guckt uns interessiert an, springt wieder hinunter und schlägt sich mit den Fäusten auf die Brust, während er den Oberkörper aufbläht. Der wenige Respekt, den er sich damit erdrohen kann, verfliegt, als er das Gleichgewicht verliert und zu Boden plumpst. Ich könnte schwören, daß ein Lachen in seinen Augen ist.

Unsere Neugier scheint die Autorität des Silberrückens nun doch zu bedrohen. Er richtet sich zu seinen vollen zwei Metern auf und brüllt. Untertänig lassen wir uns zu Boden fallen und verstecken unser Gesicht. Wer einem ausgewachsenen Gorilla in die Augen schaut, fordert ihn heraus – das haben uns die Wildhüter erklärt und hinzugefügt, daß wir dies tunlichst vermeiden sollten, denn er könne mit einer einzigen Handbewegung einem den Arm aus der Schulter reißen. Glücklicherweise ist der Gorillachef durch solch unterwürfige Gesten schnell wieder besänftigt. Er kehrt uns seinen massigen Rücken zu, reißt eine Riesensenezia aus dem Boden und knabbert an ihr wie unsereiner an einer Mohrrübe.

Aus: Martin/Trojanow, In Afrika, Marino Verlag 1993

Praktische Informationen

Kigali – Kibuye – Gisenyi – Ruhengeri (Parc National des Virunga) – Kigali – der Süden

Erkundigen Sie sich vor Ihrer Abreise unbedingt nach der augenblicklichen Sicherheitslage!
Einreise. Visumpflicht (außer für Deutsche), Gelbfieberimpfung und Cholera.
Flugzeug: Kanombe Flughafen (10km außerhalb Kigali). Sabena, Air France, Ethiopian Airlines. Von Nairobi Kenya Airways.
Fahrzeug: in Friedenszeiten von Zaire (Goma und Bukavu), Burundi (Butare), Tansania (Rusumu) und Uganda (Kabale) möglich.

KIGALI. Milles Collines (H, ☎76530, ✍76541), Hotel Diplomats (H, ☎75112, ✍75365), Gloria Hotel (M, Ave. du Commerce), Town Hotel (E, ☎76690). Informationen über die Nationalparks und die obligatorische Buchungsstelle für einen Besuch bei den Gorillas: Tourist Office (ORIPN), Place de l´Independance, ☎76514.
Tour Operator. Mapendano Voyages (Kigali, Box 1955, ☎ & ✍84943), von einem Elsässer namens

Marcel Waller geführt, der auch Fahrten nach Ost-Zaire organisiert und Ihnen Auskunft über die momentane Situation in Ruanda und Zaire geben kann.
KIBUYE (115km/2). Guest House (M/ B.P. 55, ☎68181, 68183. Direkt am See gelegen. Gutes Menu am Abend. Home St. Jean (E, 2km vor Kibuye). Bootsverbindung nach Gisenyi und Cyangugu.
GISENYI (105/3, entlang des Kivu-Sees/@). Meridien (H), Hotel Palm Beach (M, ☎40304), Edelweiß (M, ☎40282), Centre d´Accueil (E, ☎40522). Grenzübertritt nach Goma (Zaire).

RUHENGERI (50km/1/@). Ausgangspunkt für Gorillabesuch. Muhaburu Hotel (M, ☎46336), Centre d´Accueil (E, Ave. de la Nutrition). Das Hauptquartier des Nationalparks befindet sich in Kinigi, 18km nordwestlich von Ruhengeri, C. Am frühen Morgen müssen hier die Parkgebühren bezahlt werden (für die Gorillagruppe SUSA am Vortag). Danach beginnt die mehrstündige Wanderung zu der zugewiesenen Gorillagruppe mit einem Führer, einem Ranger und bei Bedarf auch Trägern. Es ist auch möglich, von hier aus einige Gipfel der Virunga-Vulkane zu besteigen (die Führer beim Hauptquartier buchen): Karisimbi (4507m, zwei Tage), Visoke (3711m, sechs bis sieben Stunden), Sabyinyo (3634m, fünf bis sechs Stunden).

KIGALI (155km/1/@).

Lohnende Abstecher nach Süden:
BUTARE (80km/1/@). Ibis Hotel (H, ☎30391), Procure de Butare (E). ✴ National Museum und Arboretum.
NYUNGWE FOREST (90km/2 in Richtung Cyangugu). ✴ Geführte Wanderungen durch den Urwald, in dem Hunderte von Guereza-Affen (Colobus Monkeys) leben.
CYANGUGU (65km/2). Hotel du Lac (M), Mission St. François (E). Grenzübertritt nach Bukavu (Zaire)

Der Autor vor einer Gruppe Gorillas im tropisch-feuchten Bergregenwald

Die Berge

DIE BERGE

Die bewegte geologische Vergangenheit des Great Rift Valley hat nicht nur Abgründe geöffnet und Hochplateaus aufgetürmt, sondern auch, sozusagen zum Druckausgleich, Tausende von Vulkanen hervorgebracht. Die meisten reihen sich entlang des Grabenbruchs von Nordtansania bis nach Äthiopien und im Grenzgebiet von Ruanda, Uganda und Zaire. Die drei größten jedoch, der Kilimandscharo (5895 m), der Mount Kenya (5198 m) und der Mount Elgon (4321 m) entstanden mehr als hundert Kilometer weit vom Hauptgeschehen entfernt. Nur der Junior unter ihnen, der etwa eine Million Jahre alte Kilimandscharo, hat die typische Form eines Vulkans bewahrt, während der dreimal ältere Mount

DIE BERGE

Kenya, einst einige tausend Meter höher, bis auf den harten Schlot aberodiert ist. Der Mount Elgon hingegen weist trotz seines Alters von zwölf Millionen Jahren noch immer eine Caldera auf, mit über acht Kilometern Durchmesser sogar eine der weltweit größten.

Weitere vulkanische Erhebungen, die über die auf ungefähr 3000 Meter liegende Baumgrenze hinaufreichen, sind das Aberdares-Gebirge (3999 m) westlich des Mount Kenya, die Virunga-Vulkane (Karisimbi 4507 m) an der ruandesischen Nordgrenze und der Mount Meru (4566 m) bei Arusha in Nordtansania. Nicht vulkanischen Ursprungs sind dagegen die Rwenzori-Berge (höchster Gipfel 5109 m) an der ugandischen Westgrenze und das Cherangani-Gebirge (3581m – mehr zu diesem Thema im Kapitel WESTKENIA). Beide sind Brocken älteren Gesteins, die bei der Entstehung des Graben-Systems aufgebrochen und in die Höhe geschoben wurden.

Aufstieg zum Point Lenana am Mount Kenya

Sobald das intensiv bebaute und dicht besiedelte Umland der Bananenhaine und Wellblechdächer hinter und unter uns liegt und der kühlende Schatten des wild wuchernden Bergregenwaldes erreicht ist, empfängt uns eine idyllisch anmutende Insel der Wildnis inmitten eines fruchtbaren, aber auch überbevölkerten Landes. Kristallklare Flüßchen gurgeln über ausgewaschene Felsbrocken, an buntblühenden Orchideen vorbei und unter tiefhängenden Lianen ihrer rot-braunen Zukunft entgegen. Der Pfad windet sich stetig steigend einem im dichten Unterholz kaum erkennbaren Bergrücken entlang, kämpft sich über stämmige Wurzeln von Baumriesen, bis nach einigen Stunden das dichte Gewächs von dem

Einer der schönen Bergseen, tarn *genannt, am Mount Kenya*

159

eintönigen, graugrünen Bambus-Dickicht abgelöst wird.

Blätter zischeln im Wind, ein Büffel kracht durch berstende Stauden, und ein unsichtbarer Vogel schreit Alarm. Die Vegetation lichtet sich immer mehr, der stahlblaue Himmel zeigt sich öfter zwischen den knorrigen Heidekrautbäumen, deren Äste voller bläulicher Flechten hängen, Bärten oder verstaubten

Spinnweben gleich. Das Moorland beginnt mit seinen ungekämmten gelbbraunen Tussock-Gras-Büscheln und der pechschwarzen Sumpferde dazwischen, die gewagte Sprünge von einem Grasbüschel zum anderen verlangt, will man nicht die Schuhe so naß werden lassen, daß sie an dem schon fortgeschrittenen Nachmittag nicht mehr trocknen können. Rauhe Felsen versperren den Weg, zwingen den Pfad zum Ausweichen. Aus Ritzen beäugen uns spöttisch struppige Klippschliefer – die kleinen Viecher sind, man glaubt es kaum, die nächsten Verwandten der Elefanten!

Zeit für eine Pause. Die Luft ist schon merklich dünner, der Körper verlangt jede Viertelstunde nach Rast. Und die Augen auch: Was für ein Blick über die letzten ausladenden Baumkronen zu den Aberdares in der blaudunstigen Ferne. Ein Adler gleitet unter uns vorbei. Mit ruhigerem Atem setzen wir den Marsch nach oben fort, Schritt um Schritt, über

Vorhergehende Doppelseite: Sonnenaufgang am Mt. Kenya

eine unbewachsene Kuppe, dann steil in ein muldenförmiges Tal hinab.

Entlang eines Bergbaches gruppieren sich gigantische Blumengewächse zu kleinen Wäldchen. Was zu Hause in einem Topf Platz findet, wird hier, aufgrund der Höhenstrahlung, zum überdimensionalen, bizarren Wunderwerk der afroalpinen Vegetationszone. Die Größe der Senezien (auch Riesen-Kreuzkraut genannt) wird erst aus der Nähe faßbar. Sie wirken wie aus einer anderen Welt, ebenso die silbernen, blaulila blühenden meterhohen Kerzen der Riesenlobelien. Und das am Fuße dunkler Felszacken und erster Eisfelder! Ob aus Erstaunen oder wegen der gleißenden äquatorialen Sonne im Wechselspiel mit der dünnen Luft – mein Kopf jedenfalls brummt und hämmert. Von nun an werden mich die Kopfschmerzen nicht mehr loslassen.

Wir übernachten in dem Höhencamp Mackinders, schlafen einige Stunden zu mehreren in den kleinen Zelten, Schlafsack an Schlafsack, um uns in der eisigen Kälte wenigstens ein bißchen zu wärmen.

Mitten in der Nacht weckt uns der Führer. Was für eine Überwindung, in die steifgefrorenen Schuhe zu steigen! Doch bei den schnellen Schritten im Schein einer Stirnlampe erwärmt sich der Körper, die Spannung tut das übrige, und am Ende des Tales, am Fuße der düsteren und respektgebietenden Geröllhalde, die in den sternenklaren Himmel hinaufragt, ist alles Unbehagliche verschwunden. Der Führer spornt uns an: Am oberen Ende des Geröllhangs sei schon der Gipfel. Doch bis dorthin ist es ein weites und schweres Stück. Feiner Kies rutscht ständig unter den Füßen weg, jeder Schritt wird zum Kampf, Schweiß brennt in den Augen, die Waden schreien nach Pause. Bald wird der Aufstieg zur monotonen Bewegung, angetrieben allein vom Willen.

Der Grat ist erreicht! Ein kurzes Gletscherstück noch bis zum Point Lenana. Links von uns, noch etwa zweihundert Meter höher, die Konturen der Gipfel Nelian und Batian. Der Puls beruhigt sich – gerade rechtzeitig zur Geburt des Tages.

Von allen Sonnenaufgängen meines Lebens war dieser der beeindruckendste, eine Mischung aus Sinnlichkeit und Metaphysik, ein kurzer Einblick in die künstlerischen Kräfte der Natur, wie ein Besuch in der Werkstatt eines genialen Meisters. Tief unter uns beginnt das Farbenspiel, tief unter uns lugt jetzt der erste Zipfel der Sonne hervor, so tief, als stiege sie aus einem Brunnen hervor. Und mit ihr wird die Sicht klarer, blicken wir auf so endlose Weiten wie noch nie zuvor. Die Erde verliert sich in einer Ferne, hinter der man das Weltende vermuten könnte.

DIE BERGE

Auf dem Kopf des Elephant

Nur eine halbe Stunde dauert es noch bis zu dem Gipfelkreuz, wo ein ungemütlich schneidender Wind dafür sorgt, daß wir nicht länger bleiben, als für das obligate Foto nötig.

Erst auf dem Rückweg erkennen wir die Schönheiten, an denen wir in der Dunkelheit ahnungslos vorbeigegangen waren. Der Abstieg ist ein einziger Genuß, die Leichtigkeit des Erfolges in den Beinen, die klare Sicht auf türkisfarbene Bergseen und wechselnde Formen der Gipfel, die zunehmende Wärme des Tages. Die Jacke weg, dann den Pullover, und schließlich rutschen wir, in über 4500 Meter Höhe, mit lose flatterndem T-Shirt von Stein zu Stein.

Der Elephant, und damit ist in diesem Fall nicht der Dickhäuter gemeint, sondern ein Berg, der mit seiner wuchtigen Stirn an einen Elefantenschädel erinnert, ist an und für sich ein geeignetes Ziel für eine Tagestour von Nairobi aus.

Der Fotograf (rechts) vor einer der Steinhütten des Mackinders-Camps

Ich habe mir aber in den Kopf gesetzt, am Berg zu biwakieren. Spät breche ich in Begleitung eines Wildhüters auf. Schon nach wenigen Stunden erreichen wir die Baumgrenze, trotz des schweren Gepäcks mit Zelt, Schlafsack und Verpflegung. Bald darauf sitzen wir auf dem südlichsten Gipfel der Aberdares-Kette. Ich erkundige mich bei meinem Führer Joseph nach einem geeigneten Übernachtungsplatz, doch er schlägt vor, gleich wieder abzusteigen. Ich erkläre ihm, daß ich erst am nächsten Tag abgeholt werde und somit auf jeden Fall im Freien schlafen müsse. Er kontert mit einer Einladung zu sich nach Hause; ich sei höchst willkommen.

Die Höflichkeit verdrängt meine ursprünglichen Pläne, wir steigen ab, den Rucksack abwechselnd durch Bambusstauden und über abschüssige Lehmpfade schleppend. Die Straße erreichen wir mit der ersten Dunkelheit. Wir haben noch eine Stunde Fußmarsch bis zu seinem Dorf vor uns. Im gleichmäßigen Rhythmus unserer Schritte überlege ich mir, welche der eingepackten Gegenstände sich wohl als Gastgeschenk eignen.

Plötzlich bleibt Joseph ruckartig stehen. Ich tue es ihm nach. Nach einer Weile kracht ein riesiger schwarzer Brocken aus dem Gebüsch auf die Straße. Wir kauern uns auf den Boden, halten den Atem an, be-

obachten die Prozession dunkler Silhouetten, die jetzt hintereinander die Straße überqueren und im Unterholz verschwinden. „Elephants", flüstert Joseph und richtet sich langsam wieder auf. Die Herde hinterläßt eine Geräuschspur: splitterndes Holz, kurze Trompetenstöße. Wir gehen angespannt und aufmerksam weiter. Die Bäume am Straßenrand werden höher. Ich fühle mich wie in einem Tunnel gefangen, und jedes Geräusch der Nacht macht mir diese Gefangenschaft noch bewußter.

Wir erreichen eine große Lichtung. Im fahlen Mondlicht hocken einige Bambushütten, teils mit Gras-, teils mit Wellblechdächern. Mein Gastgeber führt mich zu seinem Haus, wo mein Erscheinen die Kinderschar in helle Aufregung versetzt. Ich verteile das bißchen Schokolade und mein zufälliges Sortiment an Kerzen, Schnüren und Geschirr, verschlinge das schnell bereitete Essen und lege mich erschöpft auf eine der zwei Matratzen. Den Kindern wird die andere zugewiesen. Natürlich will niemand etwas davon hören, daß ich mein Zelt aufschlage. Trotz des beißenden Rauches in der Hütte schlafe ich bald ein, begleitet von den murmelnden Stimmen Josephs und seiner Frau.

Die Tür steht weit auf! Aber draußen nur pechschwarze Nacht. Im Nu bin ich hellwach. Die Kinder lugen verängstigt durch das Fenster, in Richtung der Schreie, die mich aus dem Schlaf gerissen haben. Weiter unten am Hang, am Rande eines Maisfeldes, gestikulieren und brüllen Männer und Frauen, werfen brennende Holzscheite ins Tal hinunter. Die kalte Luft wird von Trompetensalven zerrissen, ähnlich wie am Abend zuvor, doch nun drängender, nervöser, greller. Eine Herde Elefanten hat sich gerade zurückgezogen. Joseph erzählt mir von der ständigen Bedrohung durch diese, von zerstörten Feldern und langen, durchwachten Nächten. „Wir müssen ständig vor ihnen auf der Hut sein", meint er.

Am nächsten Morgen verabschieden wir uns herzlich, mit Scherzen über die Ereignisse der Nacht. Zurück im bequemen Nairobi nehme ich als erstes ein ausgiebiges Bad und erkenne meinen Bauch vor lauter roten Flecken nicht wieder – Wanzenstiche! Ich habe mich zu sehr auf die Elefanten konzentriert.

Ein Überblick über die Berge Ostafrikas

Was die einen reizt – die in Europa unerreichbaren Höhenlagen –, kann den anderen zum Verhängnis werden, gerade auch jungen, sportlichen Menschen. (Als Jugendliche hatten wir den Mount Kenya mit unserer Klasse bestiegen – der Sportlehrer sowie der beste Athlet der gesamten Schule mußten als erste aufgeben und zurückkehren!) Die Höhenkrankheit trifft in ihrer milderen Form mit Beschwerden wie Kopfschmerzen und Übelkeit beinahe alle. Verstärken sich diese und kommen Erbrechen, Erschöpfung,

Ein kleiner, neugieriger Klippschliefer

DIE BERGE

Muskelschwäche, schneller Ruhepuls, Schlaflosigkeit und/oder Schwellung der Hände hinzu, dann ist ein Abstieg um einige hundert Meter und eine Ruhepause angezeigt. Entwickelt sich aber gar ein Lungenödem, was durch Atembeschwerden, Gurgellaute im Brustkorb, wäßrig-blutigen Auswurf und/oder Blutfärbung der Finger gekennzeichnet ist, muß der Betroffene sofort absteigen, selbst nachts, um umgehend medizinische Betreuung aufzusuchen.

Eine gute Akklimatisation, d.h. zumindest zwei aufeinanderfolgende Nächte auf 3500-4000 Meter, ist bei mehrtägigen Touren unerläßlich. Empfehlenswert ist auch, tagsüber zur Gewöhnung etwas höher, als der Übernachtungsort liegt, hinaufzusteigen. Ebenfalls wichtig ist ein guter Sonnenschutz. Auch dürfen Sie den Temperatursturz, sobald die Sonne verschwindet, nicht unterschätzen – nachts wird es bis zu minus 20 Grad kalt! Auf ostafrikanischen Bergen gilt stets die Wettervorhersage: ein sommerlicher Tag, eine winterliche Nacht. Auch kann das Wetter innerhalb von Minuten umschlagen und aus einer sonnigen Wanderung ein dramatisches Verwirrspiel im Nebel machen. Führer sind nicht nur aus diesem Grund unerläßlich: Selbst bei gutem Wetter läßt sich oft kein Pfad erkennen. Sich in einem der Bergmassive zu verirren, kann sehr unangenehm werden. Ein Engländer, dem dies passierte, mußte sogar die Seiten seines Reiseführers essen, um zu überleben – in so einem Fall erhalten Sie von dem Frederking & Thaler-Verlag natürlich ein Ersatzexemplar! Die Gipfelregionen sind am frühen Vormittag meistens frei, dann scharen sich die Wolken um sie und formen eine Krone. Zu meiden sind die Regenmonate (April bis Juni und November).

Die nötige Ausrüstung kann zum Teil an den Ausgangspunkten der verschiedenen Routen gemietet werden (beim Kilimandscharo und Mount Kenya), doch ist es vernünftiger, alles Nötige selbst mitzubringen: einen warmen Schlafsack, leichte Campingmatratze, gut eingelaufene Trekking-Schuhe, einen warmen Pullover oder eine Daunenjacke, eine Gletscherbrille (gute Sonnenbrille reicht auch), Kopfbedeckung (als Sonnenschutz, aber auch gegen Wärmeverlust), Taschen- oder Stirnlampe, Rucksack (wird von den Trägern auf dem Kopf balanciert!) und Tages-Rucksack mit Wasserflasche, Zwischenmahlzeiten, Erste-Hilfe-Ausrüstung, Regenschutz, Wertsachen und gegebenenfalls Ihre Kamera. Ebenfalls nicht zu vergessen sind Plastiktüten, damit Sie Ihren Abfall vom Berg wieder hinuntertragen können – er ist dort unerwünscht!

Vorhergehende Doppelseite: Kilimandscharo aus der Luft

Kilimandscharo (5895m)

Die beliebte Normalroute beginnt in Marangu am südöstlichen Fuße des Berges, dauert fünf bis sechs Tage und kann von jeder einigermaßen sportlichen Person in Angriff genommen werden. Übernachtet wird in recht komfortablen Hütten; Träger und Führer können am Park-Eingang engagiert werden. Vorausbuchung ist allerdings empfehlenswert (The Warden, P.O. Box 96 Marangu), und am besten läßt sich das Trekking von einem der beiden Basis-Hotels in Marangu (Kibo-Hotel, H, P.O. Box 102, ☎4 oder Marangu Hotel, H, P.O. Box 40, ☎11) oder von einem Touroperator organisieren.

Die erste Etappe führt vom Eingang des Parks (1980m) durch Bergregenwald zur Mandara Hut auf 2700m (ca. vier Stunden); die zweite über die Waldgrenze hinaus und durch offenes Moorland zur Horombo Hut auf 3700m (ca. fünf Stunden), wo Sie zur besseren Akklimatisation auch zwei Nächte verbringen können. Am dritten Tag überquert die Route den wüstenähnlichen Sattel zwischen dem Hauptgipfel Kibo und seinem Trabanten Mawenzi (5149m) und erreicht die Kibo Hut auf 4700m (ca. fünf Stunden). Der Gipfeltag beginnt in den frühen Morgenstunden mit einem vier- bis fünfstündigen Aufstieg über eine endlos scheinende, steile Geröllhalde zum Gillman´s Point (5680m). Wer noch Kraftreserven übrig hat, wandert den Kraterrand entlang weiter (noch 1,5 Stunden) zum höchsten Punkt Afrikas, dem Uhuru Peak.

Beim natürlich leichteren Abstieg gelangen Sie am Mittag desselben Tages zur Kibo Hut, am Nachmittag dann zur Horombo Hut. Am fünften Tag erfolgt der Abstieg bis nach Marangu.

Weitere, weniger begangene Routen beginnen nördlich von Moshi in Umbwe, Mweka und Machame, sowie auf der Westseite des Berges. Beschreibungen sind in dem empfehlenswerten Handbuch „Guide to Kilimanjaro and Mt. Kenya" von Iain Allan zu finden; ebenfalls nützlich ist „Kilimanjaro – Map and Guide" von Mark Savage, beide in den Buchhandlungen in Nairobi erhältlich.

Mount Kenya (5198m)

Die beiden Hauptgipfel, Batian (5198m) und Nelian (5188m), sind nur mit klettertechnischer Ausrüstung und Erfahrung besteigbar: die leichteste Route bein-

Blick vom Hochplateau auf den Kilimandscharo

haltet Grad-4-Passagen. Der dritte Hauptgipfel hingegen, der Point Lenana (4985m), kann von Bergwanderern in einer Drei- bis Viertagestour erreicht werden.

Mit Abstand am beliebtesten ist die Naro-Moru-Route, auf der man von Naro Moru aus mit einem Geländefahrzeug 25 Kilometer bis zur Meteorological Station (3000m) hochfahren kann, wo recht komfortable Hütten Unterkunft gewähren. Von hier aus führt eine 4- bis 5stündige Wanderung über die Waldgrenze hinaus und den steilen „Vertical Bog" hinauf ins Teleki-Tal und zum Mackinder's Camp. Am nächsten Tag geht es in aller Frühe los, ans Ende des Tales und rechts eine Geröllhalde hinauf bis zur Austrian Hut (drei Stunden). Eine weitere halbe Stunde führt den Lewis-Gletscher entlang zum Point Lenana. Der Abstieg zur Met. Station und selbst die Fahrt nach Naro Moru oder Nairobi kann noch am selben Tag erfolgen. Die Hütten auf dieser Route müssen bei der Naro Moru River Lodge (H, ☎0176-62212) oder Alliance Hotels, ☎Nairobi337501, ✍219212 gebucht werden, die auch eine ganze Reihe von Trekking-Touren (1 bis 7 Tage, verschiedene Routen) und einen täglichen Shuttle-Bus von/nach Nairobi organisieren. Ebenfalls Mount-Kenya-Spezialist ist das Mountain Rock Hotel (8km nördlich von Naro Moru,

M, ☎0176-62625, ✍0176-62051). Führer und Träger können aber auch vor Ort angeheuert werden.

Weitere, landschaftlich schönere und weniger begangene Routen:

Sirimon Route. 15 km nach Nanyuki und kurz vor Timau rechts abbiegen. Die bei trockenen Verhältnissen selbst mit PKW befahrbare Straße führt 19km weit bis auf 3150m (C), von wo der Pfad zuerst dem Grat folgt und anschließend ins Liki North Valley zur gleichnamigen Hütte (4000m) abbiegt. Die zweite Etappe führt über den nächsten Grat ins Mackinder Valley und bis zu dessen Ende (Shipton's Camp, 4240m). Am dritten Tag geht es steil auf zum Simba Col (4620m) und dann entweder direkt den exponierten Grat entlang zum Pt. Lenana oder rund um den Gipfel herum zur Austrian Hut und über den Lewis-Gletscher hinauf. Auf dieser Route ist Camping-Ausrüstung nötig, wenn nicht in den Hütten des Mountain Rock Hotel (siehe oben) übernachtet wird.
☞ Chogoria Route: ca. 53km nach Embu (von Nairobi kommend) von der Hauptstraße Embu-Meru (siehe Kapitel Nordkenia) links abbiegen (Wegweiser: Kiangoji D474), dann 2,7km links und nach weiteren 4km rechts halten. Die bei Regen gelegentlich

DIE BERGE

unpassierbare Straße führt durch Bergregenwald und erreicht nach 22km den Park-Eingang. 500m weiter befinden sich die Meru Mt. Kenya Bandas (3000m), gut geführte „self-service"-Unterkunft (Buchung bei Let´s Go Travel, ☎213217, ✍336890 Nairobi). Die Straße führt noch 6km weiter zum Straßenende auf 3200m (schöner Zeltplatz, Wasserfälle). Dem Fluß folgend bietet sich eine schöne dreistündige Rundwanderung zum nördlich gelegenden Lake Ellis an. Die Hauptroute folgt jedoch dem Grat auf der anderen Flußseite bis zur Minto´s Hut auf 4200m (4,5 Stunden), mit herrlicher Aussicht unterwegs, hinunter ins 400m tiefer liegende Gorges Valley. Am zweiten Tag geht´s zum Ende des Tales und steil hinauf, rund um den Pt. Lenana zur Austrian Hut (3 Stunden) und über den Lewis-Gletscher zum Gipfel. Campingausrüstung ist nötig, wenn nicht in der Minto´s Hut übernachtet wird. Diese ist beim Mountain Club of Kenya zu buchen (Box 45741 Nairobi), ebenso die hier nicht erwähnten anderen Hütten in der Gipfelregion. Führer und Träger sind in Chogoria zu finden, während die Naro Moru River Lodge oder das Mountain Rock Hotel diese Route in organisierten Trekkings anbieten.

Gipfelumrundung im Uhrzeigersinn (6-8 Stunden): Am Ende des Teleki-Tales (Naro-Moru-Route) führt links ein Pfad um die Hauptgipfel und auf die gegenüberliegende Seite zur Kami Hut (4450m), direkt oberhalb des Shipton´s Camp (Sirimon Route). Von hier geht´s weiter zum Simba Col und wie bei der Sirimon-Route beschrieben zur Austrian Hut (Pt. Lenana) und schließlich wieder ins Teleki-Tal zurück.

Detailliertere Routenbeschreibungen und Kletterrouten auf die beiden Hauptgipfel sind im „Guide to Kilimanjaro and Mt. Kenya" von Iain Allan zu finden; ebenfalls nützlich ist „Mt. Kenya - Map and Guide" von Mark Savage, beide in Nairobi erhältlich.

Rwenzori (5109m)

Das Rwenzori-Massiv mit dem dritthöchsten Gipfel Afrikas dürfte der unzugänglichste und gleichzeitig faszinierendste Berg Ostafrikas sein. Der Name bedeutet „Regenmacher". Hier fallen jährlich durchschnittlich mehr als fünf Meter Niederschlag, und die schneebedeckten Hauptgipfel sind nur selten zu sehen. Schon H. M. Stanley schrieb: „Umwölbt von ständigem Dunst, gedankenverloren unter den ewigen Sturmwolken, von Dunkelheit und Geheimnis-

sen umgeben, hat sich bis zum heutigen Tag ein Riese unter den Bergen versteckt gehalten, dessen Schneeschmelzen seit fünfzig Jahrhunderten das Überleben der Ägypter sichern." Schon Ptolemäus hatte den Rwenzori unter dem Namen „Mondberge" als Nilquelle bezeichnet. Erst vor kurzem ist das Berggebiet zum Nationalpark erklärt worden.

Das Besteigen eines der Gipfel erfordert größere Achtsamkeit und Vorbereitung als beim Mount Kenya und Kilimandscharo. Aber Ihre Anstrengungen werden sich vielfach lohnen. Guter Regenschutz, am besten auch Überhosen, ist selbst für kurze Wanderungen unerläßlich sowie wasserfestes Schuhwerk, auch wenn die berüchtigten „bogs" – Sümpfe, in denen nur weit auseinanderliegende Grasbüschel Halt bieten – zum Teil mit Holzstegen begehbar gemacht worden sind. Eine Besteigung läßt sich am einfachsten in Kasese (siehe Uganda-Kapitel) organisieren. Der „Rwenzori Mountaineering Service" (☎4115, P.O. Box 33 Kasese) unterhält die verschiedenen Hütten und ist bei der Anheuerung von Trägern und Führern sowie bei der Zusammenstellung der Ausrüstung behilflich. Hot Ice Ltd. in Kampala ist zudem auf Rwenzori-Trekkings spezialisiert.

Die Hauptroute beginnt in Ibanda, ca. 20km nördlich von Kasese. Am Ende der Straße (1600m) führt der Weg die rechte Talseite entlang zur Nyabita-Hütte auf 2650m (vier bis fünf Stunden), wo eine oder auch zwei Nächte verbracht werden. Diese erste Etappe kann auch als Tagesausflug mit Rückkehr nach Ibanda gestaltet werden (insgesamt ca. sieben bis acht Stunden). Gleich unterhalb der Nyabita-Hütte vereinigen sich die Flüsse Mbuku und Bujuku, in deren Tälern jeweils ein Pfad in die zentrale Gipfelregion führt, wo über den Scott-Elliot-Paß von einem ins andere Tal gewechselt werden kann. Diese Rundtour kann in beiden Richtungen verfolgt werden:

Im Uhrzeigersinn. Die zweite Etappe führt das Mubuku-Tal hoch zum Guy Yeoman-Camp auf 3450m (6-7 Stunden), dann geht es über den Freshfield-Paß (4215m) zu den Kitandara-Seen und zur gleichnamigen Hütte auf 3990m (6-7 Stunden). Die vierte Etappe, über den Scott-Elliot-Paß (4372m) zur Bujuku-Hütte auf 3900m (vier Stunden), ist landschaftlich am spektakulärsten – auf allen Seiten des Pfades ragen die zerklüfteten, vereisten Hauptgipfel auf: Mt. Baker (4843m), Mt. Speke (4890m) und Mt. Stanley (Margherita 5109m). Der Abstieg durch das Bujuku-Tal führt am fünften Tag zum John Mate Camp (vier bis fünf Stunden) und am sechsten Tag zur Nyabita-Hütte zurück (vier bis fünf Stunden), von wo noch am selben Tag nach Ibanda abgestiegen werden kann (drei bis vier Stunden).

170

Im Gegenuhrzeigersinn. Von Nyabita aus geht es dem Bujuku-Tal entlang in sieben bis acht Stunden zum John Mate Camp, und weitere fünf bis sechs Stunden zur Bujuku-Hütte. Die vierte Etappe über den Scott-Elliot-Paß zur Kitandara-Hütte dauert auch in der Gegenrichtung vier Stunden, während der Abstieg zum Guy Yeoman-Camp fünf Stunden in Anspruch nimmt. Zur Nyabita-Hütte sind es am sechsten Tag vier bis fünf Stunden und weitere drei bis vier Stunden hinunter nach Ibanda.

Gipfelbesteigungen. Sowohl Mt. Stanley als auch Mt. Speke verlangen Gebirgserfahrung, da über Gletscher und Felsen gestiegen wird. Die Führer und Träger müssen dementsprechend ausgerüstet werden. Die Besteigung des Mt. Speke erfolgt von der Bujuku-Hütte aus und dauert einen Tag, während für den Gipfel des Mt. Stanley (Margherita und Alexandra) in der Elena-Hütte (4541m) übernachtet wird. Sowohl von der Kitandara als auch von der Bujuku-Hütte aus kann diese via Scott-Elliot-Paß in vier bis fünf Stunden erreicht werden.

Aberdares (3999m)

Aberdares. Diese als Nationalpark deklarierte Bergkette, die sich unweit von Nairobi über 100km nach Norden erstreckt, weist zwei Gipfel auf, die in Tagestouren bestiegen werden können.

Lesatima (3999m), die höchste Erhebung des Gebirges, ist ca. drei Stunden vom Ende der Bergstraße (3600m) entfernt. Allerdings ist ein Geländewagen erforderlich, um von Mweiga (10km nördlich von Nyeri) durch den Bergregenwald zum Wanderi Gate und in die Moorlands zu gelangen. Dieselbe Straße – bei nassem Wetter kann sie gesperrt sein – führt auf der Westseite der Aberdares nach Naivasha hinunter. Bergwanderer müssen von einem Nationalpark-Ranger begleitet werden (The Warden, Aberdares N.P., Box 22, Nyeri). Sie können sich den Ausflug von der Naro Moru River Lodge organisieren lassen.

☞ Der zweite Gipfel, der **Elephant** (3590m), liegt außerhalb des Parks am Südende der Bergkette. Anfahrt: auf der Naivasha-Straße 70km nach Nairobi abbiegen (links raus und zurück über die Überführung!), gleich anschließend wieder links Njabini (South Kinangop). Nach 27km geradeaus durch das Dorf und nach 3km zur Forest Station (2500m) einbiegen. Hier sollte ein Führer angeheuert werden. Ein Forstweg geht nach ca. 5km (nur mit Geländewagen oder zu Fuß) in einen Pfad durch den Bambus über und erreicht eine kleine Lichtung auf dem Grat (1,5 Stunden vom Ende des Forstweges). Diesem folgend erreicht man nach ca. einer Stunde eine alte Hütte und nach einer weiteren halben Stunde den Gipfel.

Mt. Elgon (4321m)

Vom Parkeingang bei Endebess führt eine schwierige, bei nassem Wetter selbst mit Geländewagen unbefahrbare Straße 33km weit den Berg hinauf. Vom Straßenende dem Grat folgend erreicht man nach ca. drei Stunden den Kraterrand auf 4025m. Rechts erhebt sich der Koitoboss (4187m), eine leichte Kletterei (1 Stunde). Der Pfad führt geradeaus zum tiefsten Punkt der Caldera hinunter (3550m), wo der Suam-Fluß diese durch eine Schlucht verläßt (1,5 Stunden). Auch heiße Quellen sind hier zu finden – ein perfekter Zeltplatz. Der Rückweg zum Straßenende dauert ca. vier Stunden. Die in Nairobi erhältliche Karte „Mt. Elgon - Map and Guide" von Mark Savage erläutert weitere Routen und Gipfelbesteigungen. Da der Mt. Elgon zur Hälfte auf ugandischem Gebiet liegt, gibt es gelegentlich Vorfälle mit Schmugglern. Es ist ratsam, am Haupteingang nach der aktuellen Situation zu fragen und einen Ranger mitzunehmen.

Mt. Meru (4565m)

Ausgangspunkt der zwei- bis dreitägigen Tour ist das Hauptquartier des Arusha-National-Parks in Momela (21km nordwestlich Arushas), wo auch Hütten gebucht und Führer/Träger angeheuert werden können. Die erste Etappe führt zur Miriakamba Hut auf ca. 2500m (3 Stunden), die zweite zur Saddle Hut auf ca. 3500m, von wo in einer Stunde der Little Meru (3820m) bestiegen werden kann. Der drei- bis vierstündige Aufstieg entlang des Kraterrandes zum Gipfel bietet eine spektakuläre Aussicht auf die über 3000m tiefer liegende Massai-Ebene und in den Krater, der zudem einen bis auf 3600m hochragenden sekundären Vulkan aufweist. Der Abstieg erfolgt am gleichen Tag. Weitere Informationen sind im Büchlein „Arusha National Park" von Deborah Snelson, in Arusha erhältlich, zu finden.

Chakula heißt Essen

Die Chancen sind groß, daß Sie während eines mehrwöchigen Aufenthalts in Ostafrika kein einziges Mal afrikanisch essen. Es ist wahrscheinlicher, daß Sie italienisch oder französisch, indisch oder chinesisch speisen werden als authentisch einheimisch. Zwar bieten viele Hotels alternativ manchmal einen afrikanischen Eintopf mit Maisbrei, *ugali* genannt, an, aber der Maisbrei wird Ihnen mit großer Sicherheit nicht schmecken.

Das Eßverhalten unterscheidet sich von Region Region sehr, abhängig von dem Angebot der Natur und den Einflüssen fremder Kulturen, so zum Beispiel der arabischen (an der Küste), indischen (in städtischen und zentralen Gebieten), europäischen (in den Metropolen und touristischen Zentren). In den abgelegeneren Gebieten wird eine traditionelle Diät beibehalten, mit der Sie nicht in Verbindung kommen werden und die ihnen auch nicht munden würde. So bilden Kuhmilch und -blut die Basisnahrung für die Massai und Samburu. Zu wichtigen Anlässen wird ein Tier, sei es ein Rind oder eine Ziege, geschlachtet und mit Begeisterung ohne jegliche Beilagen verzehrt. Viel mehr Abwechslung bietet die Küche der Nomaden nicht. Für die meisten Ostafrikaner ist ein saftiges Stück Fleisch der Höhepunkt des Essens.

Das übliche Frühstück besteht aus Tee, stets mit Zucker und Milch gemischt, dazu ein *chapati* (eine Art Pfannkuchen, aus Indien stammend) oder ein Stück Brot, wenn überhaupt. Denn viele Menschen können sich nur eine Mahlzeit am Tag leisten. Diese kann aus *ugali* bestehen, dem Grundnahrungsmittel schlechthin, leider aber einer ziemlich geschmacklosen Angelegenheit, ähnlich wie Weißbrot. Es wird in der Hand zu einem Bällchen geformt und in die meist vorhandene Beilage getunkt. Statt Mais kann bei der Zubereitung von *ugali* auch Kassava oder Hirse verwendet werden. Die Beilage kann aus einem Fleisch- oder Fischgericht bestehen oder aus Gemüse, wie zum Beispiel dem spinatähnlichen *sukuma wiki*, zubereitet mit Zwiebeln und Tomaten. Andere typische Gerichte sind *irio* (so der Name auf

An jedem größeren Halteort bieten Jungen Früchte und andere Kleinigkeiten zum Essen an

173

Gikuyu), eine beliebte Speise aus Erbsen und etwas Mais, oder *njahi*, eine Delikatesse aus schwarzen Bohnen. Im Hochland werden Sie auch öfters Huhn serviert bekommen. An der Küste dagegen hat sich eine eigene kulinarische Suaheli-Kultur entwickelt, die Meeresfrüchte, Kokosnüsse, Mangos, Reis, Milch sowie orientalische und indische Gewürze zu der vielleicht leckersten und vielfältigsten Küche Ostafrikas verbindet.

Abendessen in Sansibar

Mitten in Stone Town, der Altstadt von Sansibar, befindet sich das Lokal, zu dem uns Hassan führt, den wir erst an diesem Vormittag kennengelernt haben. Von außen weist nichts darauf hin, daß man hier gut essen kann – kein richtiges Schild und nur eine türgroße Öffnung, die meist von eintretenden oder weggehenden Gästen versperrt wird. Das Lokal besteht aus drei Tischen, einem langen und zwei kleinen daneben. Am Eingang, neben der Kasse, kann man einen Teil des Essens begutachten. Es liegt in breiten Tellern aus. In einer hölzernen Vitrine werden die verschiedenen „Brotsorten" aufbewahrt: kleine salzige Brote, süße Brötchen, *chapati* und *mandazi*. Das Menü des Tages bietet: losgelöste Austern am Spieß in einer Kokosmilchsauce mit grünen Mangostreifen; dann ein gekochter Fisch mit Zwiebeln und Karotten sowie einem spinatähnlichen Gericht aus Maniokblättern. Dazu gibt es eine Art Bohneneintopf sowie *badra* – kleine Reisbällchen. Natürlich nehmen die weniger finanzkräftigen Sansibari nicht all diese Speisen, so wie wir es aus kulinarischer Neugierde tun. An den Wänden hängen Porträts von Ruud Gullit und Bob Marley, beide mit solcher Haarpracht ausgestattet, daß ihre Locken fast in unsere Teller hinabhängen.

In dem Lokal essen nur Männer. Neben uns sitzt ein Bootsmann, der uns gleich seine Dienste anbietet. Jeder unterhält sich über die Tische hinweg mit

Ein Mahl in einem einfachen Lokal am Wegrand

jedem, jeder mischt sich ein, wenn es ihm gerade paßt. Getrunken wird *chai*, der süße Tee mit viel Milch. An der islamischen Küste werden Sie in einheimischen Lokalen nie Alkohol angeboten bekommen. Plötzlich geht das Licht aus. Um Strom zu sparen, muß jedes Viertel der Stadt allabendlich für eine Stunde ohne Licht auskommen. Der Wirt ist darauf vorbereitet, und nur Sekunden später stehen Kerzen auf unserem Tisch. Es wird richtig gemütlich in dem kahlen Lokal, und das Essen schmeckt nun noch besser.

Straßenessen

Ganz typisch für das ländliche Afrika sind die vielen Eßgelegenheiten auf der Straße, meist am Markt und an der Bushaltestelle, den zwei zentralen Zahnrädern des Alltags, die zu ölen Aufgabe der Kioske und fliegender Händler ist. Letztere laufen mit Obst und Gemüse, Erdnüssen und Süßigkeiten auf Schalen umher. Im Hintergrund reihen sich kleine Bretterver-

schläge aneinander, dienen als Tee- und Imbißstuben. In Plastikbechern wird der Tee aus allen möglichen Kannen, Kanistern, Plastikfässern, Kesseln und Töpfen eingeschenkt.

Auf Tischen (bedeckt mit Plastiktischtüchern) haben die überwiegend weiblichen Verkäuferinnen ihre Holzkästen aufgestellt. Maschendraht überzieht die offene Seite, damit die Fliegen nicht mitgefüttert werden. Die Kästen erinnern an Vogelkäfige. Darin sind *mandazi* aufgeschichtet, im Geschmack manchmal etwas ranzig, manchmal etwas kaugummiartig, aber mit etwas Glück noch warm und köstlich. Auf einem großen Teller formen die *chapati* einen Turm. Dazu gibt es gekochte Eier und weitere Kleinigkeiten.

Zwischen den Ständen bieten Kinder ihre Ware an. Zum Beispiel schleppt ein Junge mit blauer Skimütze einen Nilbarsch mit sich herum, der ihn an Größe und Gewicht um einiges übertrifft. Der Schwanz des Barsches neigt im Gewühl gelegentlich dazu, einen Passanten zu schlagen oder einen Knirps zu ohrfeigen, und es werden Stimmen laut, der Junge möge doch seinen Barsch etwas behutsamer herumtragen. Der Junge schaut nur traurig umher – wer weiß, wie viele Stunden er diesen schweren Fisch schon mit sich herumschleppt, und noch immer ist kein Käufer in Sicht.

Die Suaheli-Küche: Pilau

1 kg Reis, 1 kg Fleisch (was gerade vorhanden ist: Huhn, Fisch – möglichst fest –, frische Garnelen, Rind, Schaf oder Ziege), ein halbes Kilo geschnittene Zwiebeln, ein halbes Kilo gewürfelte Tomaten, ein halbes Kilo geschälte und in vier Stücke geschnittene Kartoffeln, einige Zehen Knoblauch, zwei Teelöffel frischer grüner Ingwer, ein Teelöffel Kümmel, einige ganze schwarze Pfefferkörner, 6-8 Nelken, 2 kleine Stangen Zimt, eine Brise Kardamom, 125 ml Öl.

Die Gewürze in einer Tasse mischen und mit Wasser bedecken. Mit dem Mörser den Knoblauch und Ingwer zu einem Brei zerstampfen. Zwiebeln kurz anbraten, Knoblauch und Ingwer hinzufügen und so lange braten, bis alles gut vermischt ist. Das in größere Stücke geschnittene Fleisch hinzufügen, danach die Tomaten. Ständig umrühren. Eine Weile köcheln lassen, dann die Gewürze hinzufügen Den Reis mit etwas Wasser hineinrühren. Wasser nach Bedarf regelmäßig nachgießen. Schließlich die Kartoffeln hinzufügen. Auf kleiner Flamme kochen, bis der Reis fertig ist. Dann umrühren. Im Ofen (100-150°C) 15-20 Minuten warm halten. Wenn die Kartoffeln fertig sind, kann das Gericht serviert werden.

Anhang

Reisezeit

Ostafrika ist das ganze Jahr hindurch einen Besuch wert. Je nach Reiseart und Besuchsziel kann auch die Regenzeit angenehm sein. Dann sind nicht nur die Preise für Hotels und Lodges günstiger, sondern auch das Reisen ist angenehmer – weniger Staub und Hitze. Auch werden Sie Ihre Pirschfahrten angesichts der geringeren Zahl anderer Touristenbusse eher genießen. Andererseits ist eine Bergbesteigung und ein Badeurlaub an der Küste nur während der Trockenzeit zu empfehlen.

Auch wenn in den letzten Jahren die **Regenzeiten** immer unpünktlicher wurden oder teilweise gar nicht eintrafen, so kann man doch von einer großen Regenzeit von April bis Juni und einer kleinen im November ausgehen.

Natürlich ist das **Klima** von der Topographie abhängig. Entgegen den Erwartungen, daß es am Äquator brütend heiß ist, kann es nachts im Hochland, wo sich die meisten Sehenswürdigkeiten befinden, in den Monaten Juni bis September auch tagsüber kalt werden.

Visa

Deutsche können nach Kenia und Ruanda für einen Aufenthalt bis zu drei Monaten mit einem noch sechs Monate gültigen Reisepaß ohne Visum einreisen. Für Tansania und Uganda benötigen Deutsche ein Visum, erhältlich bei der Botschaft in Bonn, wo Sie am besten persönlich vorbeigehen, um lange Wartezeiten zu vermeiden. Österreicher und Schweizer benötigen für alle Länder Ostafrikas ein Visum.

Buchung und Anreise

Während der Hauptsaison ist zu empfehlen, Flug, Unterkunft in den gehobeneren Lodges und Hotels sowie Autoanmietung einige Monate im voraus zu buchen. Fast alle großen europäischen Fluggesellschaften fliegen Nairobi an. Erkundigen Sie sich in Ihrem Reisebüro nach den gerade günstigsten Angeboten, die abhängig von der Saison stark variieren können. Für Kenia und Tansania werden eine Viel-

Auf und in den vollbeladenen Matatus, den Sammeltaxis, läßt sich Ostafrika ein Stück weit kennenlernen

zahl von **Pauschalreisen** angeboten, meistens eine Kombination einer einwöchigen Safari mit einem anschließenden Badeurlaub. Dabei liegen die Preise während der Nebensaison deutlich niedriger. Empfehlungen zu den jeweiligen Pauschalreisen stehen in den einzelnen Kapiteln.

Die **Anreise mit eigenem Motorrad oder Auto** ist momentan schwierig. Die übliche Route über Ägypten und Sudan ist wegen des Bürgerkriegs im südlichen Sudan versperrt. Allerdings können Sie Ihre Motorräder von der Lufthansa nach Nairobi oder Dar-es-Salaam fliegen lassen, was teuer, dafür aber auch sehr zuverlässig ist. Eventuell können Sie sogar mit derselben Maschine fliegen. Das Motorrad muß einige Tage vorher bei der Frachtabteilung abgegeben werden. Die Verzollungsmodalitäten in Nairobi sind in einigen Stunden erledigt, so daß Sie bei der üblichen Ankunft früh am Morgen mittags schon in die City fahren können.

Auch der **Transport per Schiff** ist möglich, über internationale Speditionen wie zum Beispiel Kühne & Nagel. Das Motorrad muß seefertig in einer stabilen Kiste verpackt sein. Sie müssen allerdings reichlich Zeit haben und sich darüber im klaren sein, daß bei der Entladung und Lagerung in Mombasa einiges passieren kann. Sie sollten vor Ihrem Schiff eintreffen, um die hohe Diebstahlsgefahr zu mindern.

Auf jeden Fall brauchen Sie ein **Carnet de Passage**, den die hiesigen Automobil-Clubs gegen Hinterlegung einer Kaution ausstellen und mit dem Sie alle Zollformalitäten in Ostafrika problemlos überstehen werden. Auch benötigen Sie eine Haftpflichtversicherung, die Sie vor Ort abschließen können, und einen internationalen Führerschein.

Organisierte Motorradtouren können Sie bei *Explo-Tours* in München buchen.

Finanzielles

In allen Ländern Ostafrikas ist die **Einfuhr von Devisen** in beliebiger Höhe erlaubt. Mit Ausnahme von Kenia erhalten Sie überall eine Währungsdeklaration (Foreign Currency Declaration). Jeder offizielle Umtausch (Quittung aufheben!) wird darin vermerkt, die verbliebenen Devisen darf man wieder ausführen. Die Devisenbestimmungen werden in den einzelnen Staaten unterschiedlich streng gehandhabt, doch Sie müssen mit empfindlichen Strafen rechnen, wenn Sie beim Schwarztauschen erwischt werden. Tauschen Sie nicht in den Hotels um, sondern vergleichen Sie die wesentlich günstigeren Kurse in den verschiedenen Banken bzw. Wechselstuben. In Tansania müssen Nationalparkgebühren sowie teilweise auch Hotelkosten

und die Kosten für Safaris in Devisen bezahlt werden.

Reiseschecks: Amex und Thomas Cook werden in allen Banken und Geschäften in größeren Städten und touristischen Zentren angenommen. **Kreditkarten** sind bislang nur in größeren Städten Kenias von Nutzen, wobei Visa die bekannteste ist. **Euroschecks** werden nur in den Hotels an der kenianischen Küste akzeptiert. **Bargeld** sollten Sie nie in größeren Mengen mit sich herumtragen. In Kenia gibt es Traveller-Schecks in kenianischen Shilling. Behalten Sie genügend Fremdwährung, da immer mehr Lodges und Hotels dazu übergegangen sind, Extras in Devisen zu berechnen.

Gesundheit

Impfungen. Wenn man von Europa einreist, benötigt man für Kenia und Tansania (Festland) keine Impfungen. Für Sansibar, Uganda und Ruanda ist der Nachweis einer Gelbfieber- und Choleraimpfung erforderlich. Auf jeden Fall sollte man sich gegen Tetanus, Gelbfieber und Polio impfen lassen. Auch kann eine Hämoglobinspritze gegen Hepatitis empfehlenswert sein. Allerdings ist der beste Schutz Ihr gesunder Menschenverstand beim Reisen. Trinken Sie kein ungekochtes Wasser, essen Sie kein ungewaschenes Obst und Gemüse, vermeiden Sie Eis, baden Sie wegen der Bilharziosegefahr nicht in Tümpeln und stehenden Gewässern, laufen Sie nicht barfuß, und schützen Sie sich ständig vor der Sonne!!! Auch sollten Sie auf Skorpione und Schlangen achten, die sich bevorzugt unter Steinen und in Altholz aufhalten. Auch Schuhe und Schlafsäcke ziehen solche Besucher an.

Malaria. Eine Prophylaxe ist unbedingt erforderlich, wenn Sie an die Küste oder in Gebiete reisen, die unter 1500 Höhenmetern liegen. Ihre Hauptaufmerksamkeit sollten Sie jedoch der Verhinderung von Moskitostichen widmen. Sie können sich mit langer Kleidung, mit insektenabstoßenden Cremes und Sprays, mit mosquito coils (Spiralen, die man zum Glühen bringt) sowie mit Moskitonetzen schützen. Was die Medikation angeht, so sind die Meinungen geteilt, nachdem immer mehr Erregerstämme die chemische Industrie überlistet haben. Fragen Sie Ihren Hausarzt oder das nächstgelegene Tropeninstitut nach ihrer Empfehlung.

Wenn Sie individuell reisen, sollten Sie eine kleine **Reiseapotheke** einpacken, mit Mitteln gegen Malaria, Fieber, Schmerzen, Durchfall, Verstopfung, Infektion, Verbrennungen und Wundbrand. Außerdem sollten Sie genügend Verbandszeug, Einwegspritzen, Wasserdesinfektionstabletten und Insektenschutzmittel mitnehmen. Auch eine Rolle Klopapier kann manchmal ganz nützlich sein.

Aids. Ob in den USA, in Deutschland oder in Kenia, Aids gibt es überall, und es wird überall auf dieselbe Weise übertragen. Meldungen in den hiesigen Medien, Aids würde durch Insektenstiche verbreitet und bis zu 80 % der Kenianer seien infiziert, sind dummes Geschwätz. Sie sollten sich in Ostafrika so verhalten wie auch zu Hause: Verwenden Sie bzw. bestehen Sie auf der Verwendung von Kondomen. Zum Thema Prostitution: Bedenken Sie, daß über 50 % der Prostituierten HIV-positiv sind – und viele leiden auch an Geschlechtskrankheiten.

Medizinische Einrichtungen. Auch in den abgelegeneren Landesteilen gibt es Ambulanzzentren (Health Care Centre und Dispensaries), wo man Antibiotika und einfache medizinische Betreuung erhalten kann. Denken Sie daran, Ihre eigenen Einwegspritzen mitzubringen. Bei schwereren Fällen sollten Sie versuchen, in eine der großen Städte zu gelangen, wo es gut ausgerüstete Krankenhäuser gibt, zum Beispiel das private Spital *Nairobi Hospital* in der kenianischen Hauptstadt.

Ihre **Reiseversicherung** sollte einen Ambulanzrückflug in die Heimat abdecken. In Nairobi können Sie Mitglied der *Flying Doctors Society of Africa* werden (siehe Adresse im Kapitel Nairobi). Diese wohltätige Organisation holt Sie im Krankheitsfall oder nach einem Unfall per Flugzeug innerhalb Ostafrikas ab und bringt Sie nach Nairobi. Auch verfügt sie über geprüfte Blutreserven.

Transport

Nehmen Sie auf jeden Fall einen Internationalen Führerschein mit, selbst wenn Sie nicht vorhaben, selbst zu fahren. Die Autovermietungen (Adressen siehe weiter unten) sind zwar nicht gerade preiswert – Sie müssen mit mindestens 50 US$ am Tag rechnen –, bieten aber einen guten Service und zumeist gutgewartete Fahrzeuge an. Wenn Sie ausreichende Mittel zur Verfügung haben, verspricht ein Mietwagen mit Chauffeur einen nicht nur interessanten, sondern auch komfortablen Urlaub. Grundsätzlich sollten Sie sich überlegen, ob Sie das Risiko eingehen wollen, selbst zu fahren. Bedenken Sie den für Sie ungewohnten Linksverkehr, das ungestüme Fahrverhalten der Ostafrikaner, die meist schlechten Straßenzustände und die Schwierigkeit, die Landschaft wahrzunehmen, wenn man sich auf die Piste konzentrieren muß. Andererseits bietet ein eigenes Fahrzeug bei weitem die größte Individualität und Freiheit. Auf jeden Fall sollten Sie über gewisse kraftfahrzeug-

technische Kenntnisse verfügen, um geringere Schäden selbst beheben zu können. Wenn Sie ein Auto mieten, sollten Sie sich bei Ihrer Botschaft oder bei einem Reisebüro nach der Sicherheitslage in dem Gebiet, in das Sie fahren wollen, erkundigen.

Übernachtung

In vielen Orten gibt es luxuriöse Hotels und Lodges, die oft ein romantisches Ambiente haben. Näher an der Landschaft sind Sie natürlich, wenn Sie campieren. Offizielle Campingplätze sind eher selten, dafür wird auch selten ein Beamter auftauchen und Sie maßregeln, wenn Sie irgendwo im Freien übernachten. Sie sollten dann aber Sicherheitsvorkehrungen treffen: ein Lagerfeuer entzünden und in der Nacht glühen lassen, auf Schlangen und Skorpione unter Steinen achten sowie sicherstellen, daß Sie nicht die Bewohner der nahegelegenen Dörfer stören (zum Beispiel, indem Sie in ihren Feldern oder auf ihren Wegen zelten) – am besten, Sie fragen um Erlaubnis, selbst wenn das dazu führen kann, daß ein gewieftes Gegenüber Geld verlangt. Näher am afrikanischen Leben sind Sie, wenn Sie in einer der unzähligen einfachen Pensionen übernachten, die meist nur ein einfaches Bett in einem winzigen Zimmer bieten. Heißes Wasser und sanitäre Anlagen im Zimmer sind selbstverständlich nicht vorhanden. Wenn Sie ein eigenes Laken und eigene Decke dabeihaben, können wir diese Übernachtungsweise nur empfehlen – Sie werden viele interessante Begegnungen haben und einen Eindruck von dem ostafrikanischen Alltag mit nach Hause nehmen.

Fotografie

Alles, was irgendwie offiziell aussieht, bis hin zu Straßenpolizisten und Bahnhöfen, sollten Sie nicht fotografieren. Auch lassen sich viele Menschen ungern abknipsen. Versuchen Sie zuerst einen persönlichen Kontakt herzustellen, und bitten Sie dann höflich um Erlaubnis. Auf überhöhte Geldforderungen sollten Sie allerdings nicht eingehen.

Sprachen

In Ostafrika sind Hunderte von Sprachen beheimatet, aber abgesehen von Ruanda kommen Sie fast überall mit Englisch durch. An der kenianischen Küste ist jede Sprache willkommen. In den abgelegeneren Gebieten Tansanias werden Sie sich oft nur auf Kisuaheli unterhalten können. Wer einen längeren Aufenthalt in Ostafrika plant, sollte sich mit dieser lingua franca etwas beschäftigen. Selbst rudimentäre Kenntnisse erleichtern den Kontakt. Allerdings werden Sie auch ohne jedwede Sprachkenntnisse keine Verständigungsprobleme haben, denn die Ostafrikaner werden mit Gesten, Mimik und Lauten in freundlicher und hilfsbereiter Weise alles daransetzen, Sie zu verstehen.

Wenn Sie Zeit und Lust haben, lernen Sie ein bißchen Kisuaheli (siehe Literaturempfehlungen weiter unten). Selbst einige Sätze können, sorgfältig und respektvoll angewandt, nützlich sein.

Sicherheit

Wie überall, wo extreme Unterschiede zwischen Reich und Arm herrschen, ist auch in den ostafrikanischen Städten Kriminalität verbreitet. Seien Sie deshalb auf der Hut, ohne jedoch ständig mißtrauisch sein zu müssen. Die größte Gefahr, beraubt oder betrogen zu werden, besteht in den ersten Tagen nach Ihrer Ankunft. Lassen Sie Wertsachen und Geld immer im Hotelsafe oder an einem anderen sicheren Ort zurück. Laufen Sie nachts nicht alleine herum, schon gar nicht in den ärmeren Gebieten, wo Sie sich auch tagsüber nur in Begleitung eines Einheimischen aufhalten sollten. Seien Sie vorsichtig, wenn Ihnen Leute mitleiderregende Geschichten erzählen oder sich als Polizisten ausgeben. Trickbetrüger und Taschendiebe haben Konjunktur!

Verhalten, Kontakte, als Frau alleine reisen

Kaum sonstwo auf der Welt kommt man so leicht mit Menschen ins Gespräch wie in Ostafrika. Je offener Sie sind, desto mehr werden Sie über den Alltag und das Leben der Ostafrikaner erfahren. Die Neugierde, die Ihnen entgegenschlägt, ist das beste Zeichen dafür, daß Sie den touristischen Gettos entkommen sind. Zeigen Sie keine Ungeduld, wenn Sie bedrängt und ausgefragt werden, fragen Sie im Gegenzug aus, reden Sie über das, was Sie wirklich interessiert, und vor allem, unterhalten Sie sich so unbeschwert und natürlich, als würden Sie mit Ihrem Bäcker oder Nachbarn reden. Es gibt keine größere Hürde für anregende Gespräche als ein paternalistisches, joviales oder krampfhaft kumpelhaftes Verhalten.

Der Autor im Gespräch bei einem Beschneidungsfest – es ist ziemlich leicht, Bekanntschaften zu knüpfen und Gespräche zu führen, vorausgesetzt Sie zeigen Interesse und die eigentlich selbstverständliche Achtung vor dem anderen

Toleranz und Respekt vor ungewohnten und unerwarteten Ereignissen und Verhaltensweisen sollten selbstverständlich sein. Und wenn manches nicht so funktioniert, wie Sie es sich vorstellen, versuchen Sie nicht, auf Ihrem Recht zu beharren, starrköpfig oder unhöflich zu sein. Lassen Sie sich von der grundsätzlich fröhlichen Lebenseinstellung der Einwohner anstecken. Ein griesgrämig verbissenes Gesicht entlarvt Sie als verstockten *muzungu* (Fremder, Weißer), mit dem nicht viel anzufangen ist.

Beim Umgang mit Verkäufern können Sie durchaus bestimmt und klar auftreten. Treiben Sie das Feilschen jedoch nicht zu weit. Es ist unwürdig. Gastfreundschaft sollte weder abgelehnt noch ausgenutzt werden; sie verlangt immer auch ein Gastgeschenk von Ihnen.

An der islamischen Küste sollten Sie nicht von sich aus Gespräche mit Frauen beginnen. Versprechen Sie nichts, was Sie nicht zu halten gewillt sind, z.B. Fotos oder Geschenke zu schicken, Briefe zu schreiben. Männliche Anmache auf Machoart ist eher selten und kommt, wenn überhaupt, mit einem gewissen Humor daher. Es wird Ihnen leichtfallen, Ablehnung zu zeigen und Distanz zu schaffen. In manchen Stadtgegenden sollten Sie als Frau selbst in einer Gruppe nicht spazierengehen, aber das gilt auch für Männer. Als Tourist**in** werden Sie meistens zuvorkommend behandelt.

Telefon
Die Vorwahl von Kenia, Uganda und Tansania ist 00254, die von Ruanda 00250.

Adressen (wenn nicht anders angegeben in Nairobi).
Reiseunternehmen/Tour Operator.
Luxuriös: Privat Safaris (CH-8039 Zürich, Freigutstr. 9, Postfach, ☎01,2029343, ✒01,2029458; oder in Kenia: Nairobi Caxton House, Kenyatta Avenue, P.O. Box 45205, ☎337115, 332153, ✒338438 – diese Firma bietet eine Vielzahl interessanter und origineller Routen an); Reisebüro Gottschalt (München, Berg am Laim 79a, ☎4314602, ✒437240), Archer´s Tours & Travels Ltd. (Nairobi, P.O. Box 40097, ☎223131, 331825, 224069, ✒212656), UTC (Nairobi Fedha Towers, Muindi Mbingu Street; P.O. Box 42196, ☎331960, ✒216871), Ea Ornithological Safaris für Vogelliebhaber (Fedha Towers, Standard Street; P.O. Box 48019, ☎331684, ✒216528). Abenteuer: Let´s Go (Standard Street, P.O. Box 60342, ☎213033, ✒336890), Safari Camp (P.O. Box 44801, ☎330130, ✒212160), Gametrackers (Nairobi, ☎338927, ✒330903), Yare Safaris (Union Towers, Moi Avenue; P.O. Box 63006, ☎214099, ✒213445).

Autovermietungen. Habib´s Tours and Travel (Agip House, Haile Selassie Avenue, P.O. Box 48095, ☎223816, 220463, ✒220985; vermieten auch volle Camping-Ausrüstung), Rasul´s (☎558234, ✒540341), Payless (Hilton Hotel; Shimba Street; P.O. Box 49713, ☎223581/2, ✒339779)

Botschaften. Deutschland: Williamson House, 4th Ngong Avenue, P.O. Box 30180, ☎226661-3, ✒714886, geöffnet 8:30-12:30. Luxemburg: International House, Mama Ngina Street, P.O. Box 30610, ☎226183, ✒229938, geöffnet 8:30-12:45 und 14:00-17:00. Österreich: City House, Wabera Street, P.O. Box 30560, ☎228281/2, ✒331972, geöffnet 9:00-16:00. Ruanda: International House, Mama Ngina Street, P.O. Box 48579, ☎334341, ✒336365, geöffnet 8:30-12:30 und 14:00-17:00. Schweiz: International House, Mama Ngina Street, P.O. Box 30752, ☎228735/6, ✒217388, geöffnet 8:30-11:00. Tansania (gewährt Visum innerhalb von 24 Stunden): Continental House, P.O. Box 47790, ☎331056/7, ✒218269, geöffnet 8:30-12:30 und 14:30-17:00. Uganda: Uganda House, Kenyatta Avenue, P.O. Box 60853, ☎330801, geöffnet 9:00-12:45 und 14:00-16:30.

Literaturempfehlungen.
Wenn Sie sich einen Reiseführer mit ausführlichen praktischen Informationen besorgen möchten, können wir vor allem *Ostafrika – Richtig Reisen*, Michael Köhler (Hg.), Du Mont Verlag, 1991 empfehlen.

Alternativen:
Kenia, Richard Trillo, Stefan Loose Verlag, 1992.
Tanzania, Nelles-Jumbo-Guide, Nelles Verlag 1993.

Eine hervorragende politische, historische und kulturelle Einführung bietet der amerikanische Journalist David Lamb in *Afrika Afrika*, Marino Verlag, 1990.

Erfreulicherweise sind die wichtigsten Werke der ostafrikanischen Literatur in deutscher Übersetzung erhältlich. Gute Romane sind eine der besten und angenehmsten Arten, ein fremdes Land kennenzulernen. Eine Auswahl:

Afrikanissimo, Anthologie, Serie Piper, 1994.
Verbrannte Blüten, Ngugi wa Thiong´o, Peter Hammer Verlag, 1991, Roman aus Kenia.
Die Kinder der Regenmacher, Aniceti Kitereza, Peter Hammer Verlag, 1991, ein Klassiker aus Tansania.
Der Berg am Rande des Himmels, Timothy Wangusa, Marino Verlag, 1989, Roman aus Uganda.
Die Narben des Himmels, Meja Mwangi, Peter Hammer Verlag, 1992, unsere besondere Empfehlung!
Das Erbe der Muscheln, Moyez Vassanji, Marino Verlag, 1990, Familiensaga über die Inder in Ostafrika.

LUST ZU REISEN

REISERATGEBER

Dieter Kreutzkamp
Durch West-Kanada und Alaska

Die schönsten Nordlandrouten mit Auto, Bahn, Boot und zu Fuß.
176 Seiten, 30 Farb-, 70 s/w-Fotos, 15 Karten

Dieter Kreutzkamp
Im Westen der USA

Zwischen Pazifik und Arizona. Die schönsten Routen mit Auto, Motorrad, Kanu und zu Fuß.
198 Seiten, 30 Farb-, 99 s/w-Fotos, 21 Karten

Dieter Kreutzkamp
Australien

Outback, Queensland und Norfolk Island.
Mit Geländewagen, Camper, Kajak, Windjammer, Fahrrad und Kamel durch den fünften Kontinent.
184 Seiten, 31 Farb-, 98 s/w-Fotos, 18 Karten

Thomas Troßmann
Der Wüste begegnen

Mit Motorrad, Auto, Kamel und zu Fuß durch die Sahara.
188 Seiten, 43 Farb-, 44 s/w-Fotos, 3 Karten

ISBN 3-89405-309-7

ISBN 3-89405-303-8

ISBN 3-89405-322-4

ISBN 3-89405-319-4

Intensives Naturerleben, historische Rückblicke und spannende Erlebnisberichte sind die Mischung dieser reich bebilderten Reiseratgeber. Eine Auswahl der schönsten Routen, viele Farb- und Schwarzweißfotos, Karten und nützliche Informationen verlocken dazu, selbst auf die Reise zu gehen. Die Autoren schildern aus eigener Erfahrung, auf welch vielfältige Weise dies möglich ist.

Jeder Band im Format 20x26,5 cm, geb. mit Schutzumschlag

FREDERKING & THALER

LUST ZU LESEN

BILDBÄNDE UND REISEABENTEUER

Afrikanische Frauen malen kunstvolle Farbmuster auf Vasen und Wände, Ausdruck ihrer Lebenswelt – Eine Forscherin berichtet über ihre bewegenden Erlebnisse mit Elefanten in der Wildnis, wunderbare Bilder von den Weiten Afrikas – Der spannende, hintergründige Erlebnisbericht einer Frau über Ägypten – Das vielschichtige Bild von Südafrika, Zimbabwe und Botswana, Reiseabenteuer mit Tiefgang. Buchreisen führen zu Begegnungen vielfältiger Art, und immer sind es Abenteuer. Gehen Sie mit, auf die spannende innere Reise!

ISBN 3-89405-323-2

ISBN 3-89405-329-1

ISBN 3-89405-320-8

ISBN 3-89405-318-6

Margaret Courtney-Clarke
Die Farben Afrikas

Die Kunst der Frauen von Mauretanien, Senegal, Mali, Elfenbeinküste, Burkina Faso, Ghana, Nigeria.
204 Seiten mit 183 Farbfotos, Format 29 x 29 cm

Cynthia Moss/Martyn Colbeck
Das Jahr der Elefanten

Tagebuch einer afrikanischen Elefantenfamilie.
192 Seiten, 70 Farbfotos, Format 22,2 x 27,2 cm

Christine Cerny
Ägyptenreise

Wo Vergangenheit und Gegenwart sich treffen.
213 Seiten, 41 Farb-, 35 s/w-Fotos, Format 17 x 24 cm

Rainer M. Schröder
Zwischen Kapstadt und Kalahari

Spurensuche im südlichen Afrika.
208 Seiten, 40 Farb-, 36 s/w-Fotos, Format 17 x 24 cm

FREDERKING & THALER